# 新编销售人员管理必备制度与表格

《新编销售人员管理必备制度与表格》编委会

企业管理出版社

图书在版编目（CIP）数据

新编销售人员管理必备制度与表格/《新编销售人员管理必备制度与表格》编委会编著. —北京：企业管理出版社，2010.5
ISBN 978-7-80255-542-6

I. ①新… Ⅱ. ①新… Ⅲ. ①企业管理：销售管理
Ⅳ. ①F274

中国版本图书馆 CIP 数据核字（2010）第 078721 号

| | |
|---|---|
| 书　　名： | 新编销售人员管理必备制度与表格 |
| 编　　著： | 《新编销售人员管理必备制度与表格》编委会 |
| 责任编辑： | 启　烨 |
| 书　　号： | ISBN 978-7-80255-542-6 |
| 出版发行： | 企业管理出版社 |
| 地　　址： | 北京市海淀区紫竹院南路17号　　邮编：100048 |
| 网　　址： | http：//www.emph.cn |
| 电　　话： | 出版部 68414643　发行部 68467871　编辑部 68428387 |
| 电子信箱： | 80147@sina.com　zbs@emph.cn |
| 印　　刷： | 北京东海印刷有限公司 |
| 经　　销： | 新华书店 |
| 成品尺寸： | 185毫米×260毫米　16开本　20印张　335千字 |
| 版　　次： | 2010年6月第1版　2010年6月第1次印刷 |
| 定　　价： | 45.00元 |

版权所有　翻印必究·印装有误　负责调换

# 前　言

　　销售人员应该具备怎样的心态去迎接挑战？如何去看透客户的心理？销售中难道真的没有一种更有效的手段吗？如何有效地引导客户朝着对销售人员有利的方向进行决策？如何从普通的销售代表向顶尖销售代表发展呢？这些无疑都是众多从事销售工作的管理人士经常思考的问题。

　　因此，搞好销售工作，首先是要搞好销售管理工作。许多企业销售业绩不佳，如产品销售不畅、应收账款一大堆、销售人员没有积极性、销售费用居高不下等问题，并非是单纯由于销售策略不正确、销售人员不愿努力，与销售管理工作不到位也有一定的关系。

　　销售工作的基本法则是，制定销售计划和按计划销售。销售计划管理既包括如何制定一个切实可行的销售目标，也包括实施这一目标的方法。具体内容有：在分析当前市场形势和企业现状的基础上，制定明确的销售目标、回款目标和其他定性、定量目标，根据目标编制预算和预算分配方案，落实具体执行人员、职责和时间。

　　然而，许多企业在销售计划的管理上存在一些问题。如无目标明确的年度、季度、月度的市场开发计划。销售目标不是建立在准确把握市场机会、有效组织企业资源的基础上确定的，而是拍脑袋拍出来的。销售计划没有按照地区、客户、产品、业务员等进行分解，从而使计划无法具体落实。各分公司的销售计划是分公司与公司总部讨价还价的结果。公司管理层只是向业务员下达目标数字，却不指导业务员制定实施方案。许多企业销售计划的各项工作内容，也从未具体地量化到每一个业务员头上，业务员不能根据分到自己头上的指标和内容制定具体的销售活动方案，甚至，有的业务员不知道应该如何制定自己的销售方案等。

　　由于没有明确的市场开发计划，结果，企业的销售工作失去了目标，各种销售策略、方案、措施不配套、预算不确定、人员不落实、销售活动无空间和时间概念，也无销售过程监控和效果检验措施。

　　为什么有些企业客户档案长期不真实？为什么某些企业应收款收不回来的现象得不到纠正？为什么有些企业给公司造成的同类事件反复发生而不能根治？为什么有些企业在营销方面的严重问题长期不能发现？一旦发现，则已经处于破产边缘，无力回天！其根本原因均出于对企业营销管理过程中发生的各种信息无监控管理，尤其是无及时的制度性的管理反馈。

　　因此，我们就这些问题编写了本书，就销售人员管理过程中使用的一些制度与表格进行了梳理和归类，希望能够有助于问题的解决和销售业务的增长。

编　者

# 目 录

## 第1章 销售人员的组织 ········································· 1

    1.1 销售组织设计时应考虑的主要因素 ························· 2
    1.2 销售组织及设计原则 ····································· 2
    1.3 销售组织设计的程序 ····································· 4
    1.4 销售组织模式及特点 ····································· 6
    1.5 销售部门的主要活动 ····································· 9
    1.6 销售部门与市场部门的主要职责 ··························· 10
    1.7 销售经理的职责 ········································· 11
    1.8 销售人员的基本职责 ····································· 14
    1.9 销售代表职位说明书范本 ································· 15
    1.10 确定销售人员数目的方法 ································ 17

## 第2章 销售人员的招聘与选拔 ································· 21

    2.1 聘用销售人员的政策及程序 ······························· 22
    2.2 销售人员招聘与测试制度 ································· 23
    2.3 建立销售人员聘用制度 ··································· 24
    2.4 销售人员人力资源规划表 ································· 26
    2.5 销售人员状况记录表 ····································· 27
    2.6 销售人员增补申请表 ····································· 28
    2.7 销售人员调动申请表 ····································· 29
    2.8 销售人员调职申请表 ····································· 30
    2.9 销售人员甄选程序 ······································· 31
    2.10 销售人员招募须知 ······································ 32
    2.11 销售人员应聘登记表（一） ······························· 33

| 2.12 | 销售人员应聘登记表（二） | 34 |
| --- | --- | --- |
| 2.13 | 销售人员应聘面试表 | 35 |
| 2.14 | 销售人员面试记录表 | 36 |
| 2.15 | 销售人员应聘面试比较表 | 37 |
| 2.16 | 销售人员应聘复试表 | 38 |
| 2.17 | 销售人员应聘甄选报告表 | 39 |
| 2.18 | 销售人员招聘工作计划表 | 40 |
| 2.19 | 销售人员招聘追踪报告表 | 42 |
| 2.20 | 公司销售人员招聘流程图 | 43 |
| 2.21 | 公司销售人员招聘程序 | 44 |
| 2.22 | 公司销售人员面试指导书 | 45 |
| 2.23 | 公司销售人员面谈结构内容 | 48 |
| 2.24 | 销售人员面试时的100个关键问题 | 50 |
| 2.25 | 怎样才能发现一名优秀的销售经理 | 53 |

## 第3章 销售人员的上岗与离职 …… 57

| 3.1 | 销售人员任用办法 | 58 |
| --- | --- | --- |
| 3.2 | 销售人员试用申请及考核表 | 60 |
| 3.3 | 销售人员试用通知书 | 61 |
| 3.4 | 销售人员报到手续表 | 62 |
| 3.5 | 销售人员职前介绍表 | 63 |
| 3.6 | 销售人员试用标准表 | 65 |
| 3.7 | 销售人员试用表 | 66 |
| 3.8 | 销售人员试用协议书 | 67 |
| 3.9 | 销售人员试用评核表 | 68 |
| 3.10 | 销售人员聘用合同书 | 69 |
| 3.11 | 销售人员辞职管理办法 | 71 |
| 3.12 | 销售人员离职面谈记录表 | 73 |
| 3.13 | 销售人员离职申请表 | 74 |
| 3.14 | 销售人员离职通知单 | 75 |
| 3.15 | 销售人员离职单 | 76 |
| 3.16 | 销售人员免职通知单 | 77 |

3.17 销售人员离职移交手续清单 …………………………………… 78
3.18 销售人员业务交接报告表 ……………………………………… 79

# 第4章 销售人员职务分析与岗位职责 …………………………………… 81

4.1 销售总监岗位职责 ……………………………………………… 82
4.2 销售总监秘书岗位职责 ………………………………………… 84
4.3 销售经理岗位职责 ……………………………………………… 85
4.4 客户经理岗位职责 ……………………………………………… 86
4.5 渠道经理岗位职责 ……………………………………………… 87
4.6 销售工程师岗位职责 …………………………………………… 88
4.7 商务代表岗位职责 ……………………………………………… 89
4.8 商务助理岗位职责 ……………………………………………… 90
4.9 销售主管岗位职责 ……………………………………………… 91
4.10 销售代表岗位职责 …………………………………………… 92
4.11 电话销售代表岗位职责 ……………………………………… 93
4.12 医药销售代表岗位职责 ……………………………………… 94
4.13 销售助理岗位职责 …………………………………………… 95
4.14 销售统计员岗位职责 ………………………………………… 96
4.15 促销主管岗位职责 …………………………………………… 97
4.16 促销员岗位职责 ……………………………………………… 98
4.17 发货与统计主管岗位职责 …………………………………… 99
4.18 发货员岗位职责 ……………………………………………… 100
4.19 销售会计岗位职责 …………………………………………… 101
4.20 销售行政文员岗位职责 ……………………………………… 102
4.21 计调主管岗位职责 …………………………………………… 103
4.22 计划员岗位职责 ……………………………………………… 104
4.23 调度员岗位职责 ……………………………………………… 105
4.24 档案管理员岗位职责 ………………………………………… 106
4.25 销售培训主管岗位职责 ……………………………………… 107

## 第5章 销售人员的培训与教育 …………………………………………… 109

5.1 销售人员培训实施办法 ………………………………………………… 110
5.2 销售人员培训制度 ……………………………………………………… 110
5.3 销售人员培训规定 ……………………………………………………… 111
5.4 销售人员培训程序 ……………………………………………………… 112
5.5 销售人员培训需求调查表 ……………………………………………… 114
5.6 销售人员年度培训计划表 ……………………………………………… 115
5.7 新进销售人员培训计划表 ……………………………………………… 116
5.8 新进销售人员培训成绩考核表 ………………………………………… 117
5.9 在职销售人员培训计划表 ……………………………………………… 118
5.10 在职销售人员训练费用申请表 ………………………………………… 119
5.11 在职销售人员培训测验表 ……………………………………………… 120
5.12 销售人员个人培训记录表 ……………………………………………… 121
5.13 销售人员培训考核表 …………………………………………………… 122
5.14 企业培训销售人员反馈表 ……………………………………………… 123
5.15 企业培训销售人员评估表 ……………………………………………… 124
5.16 销售人员培训与教育管理办法 ………………………………………… 125
5.17 销售人员入职培训管理规定 …………………………………………… 127
5.18 销售人员训练课程表 …………………………………………………… 130
5.19 销售人员业务素质培训表 ……………………………………………… 131
5.20 销售人员实地训练进行表 ……………………………………………… 132
5.21 药店销售人员培训实例 ………………………………………………… 133

## 第6章 销售人员的销售业务管理 …………………………………………… 137

6.1 销售计划表 ……………………………………………………………… 138
6.2 月份销售计划表 ………………………………………………………… 139
6.3 销售预算计划表 ………………………………………………………… 140
6.4 促销工作计划表 ………………………………………………………… 141
6.5 促销活动计划表 ………………………………………………………… 142
6.6 销售人员行动计划表 …………………………………………………… 143
6.7 销售人员客户拜访计划表 ……………………………………………… 144

| | | |
|---|---|---|
| 6.8 | 销售人员客户拜访报告表 | 145 |
| 6.9 | 销售人员拜访日报表 | 146 |
| 6.10 | 销售人员销售毛利日报表 | 147 |
| 6.11 | 销售人员业务预定及实绩报告表 | 148 |
| 6.12 | 销售款状况日报表 | 149 |
| 6.13 | 销售业务状况报告表 | 150 |
| 6.14 | 销售日报表 | 151 |
| 6.15 | 销售周报表 | 152 |
| 6.16 | 四季实绩报表 | 153 |
| 6.17 | 营业日报表 | 154 |
| 6.18 | 销售人员工作日报表 | 155 |
| 6.19 | 销售人员业绩增减月报表 | 156 |
| 6.20 | 月份销售实绩统计表 | 157 |
| 6.21 | 月份销售日报表 | 158 |
| 6.22 | 销售收款计划表 | 160 |
| 6.23 | 赊销货款回收状况报告书 | 161 |
| 6.24 | 销售人员实绩综合报表 | 162 |

## 第7章 销售人员的考核与评估 163

| | | |
|---|---|---|
| 7.1 | 销售人员考核办法 | 164 |
| 7.2 | 销售人员奖惩办法 | 165 |
| 7.3 | 销售人员绩效考核流程图 | 167 |
| 7.4 | 促销人员检查表 | 168 |
| 7.5 | 促销人员考核表 | 169 |
| 7.6 | 直销人员考核表 | 170 |
| 7.7 | 销售人员试用期考核表 | 171 |
| 7.8 | 销售人员基本能力检测表 | 173 |
| 7.9 | 销售人员人事考核表 | 175 |
| 7.10 | 销售人员能力考核表 | 177 |
| 7.11 | 销售人员综合考核表 | 178 |
| 7.12 | 销售人员年度工作质量标准和年度考核表 | 179 |
| 7.13 | 跳槽销售人员业绩考核表 | 181 |

| 7.14 | 销售部主管能力考核表 | 182 |
| --- | --- | --- |
| 7.15 | 销售经理能力考核表 | 183 |
| 7.16 | 销售经理综合素质考核表 | 184 |
| 7.17 | 选拔销售经理候选人评分表 | 185 |
| 7.18 | 销售部业绩考核表 | 186 |
| 7.19 | 销售部门业务能力考核表 | 187 |
| 7.20 | 对销售人员工作评估正确度测评 | 188 |
| 7.21 | 销售人员评估细则及评估表 | 190 |
| 7.22 | 销售人员主观考核记分表 | 193 |
| 7.23 | 销售人员工作考核记录表(主观考核记分表附表) | 194 |
| 7.24 | 商务代表工作考评记分表 | 195 |
| 7.25 | 销售人员相对业绩指标考核记分表 | 196 |

## 第8章 销售人员的薪酬与福利 …… 197

| 8.1 | 销售人员薪酬制度的设计原则 | 198 |
| --- | --- | --- |
| 8.2 | 建立销售人员薪酬制度的程序 | 199 |
| 8.3 | 销售人员薪酬类型比较表 | 200 |
| 8.4 | 销售人员工资管理规定 | 201 |
| 8.5 | 销售人员工资管理办法 | 202 |
| 8.6 | 销售人员奖金管理办法 | 204 |
| 8.7 | 销售人员奖金发放办法 | 206 |
| 8.8 | 销售人员工资设计模型 | 209 |
| 8.9 | 销售人员薪资核准表 | 213 |
| 8.10 | 销售人员工资提成计算表 | 214 |
| 8.11 | 销售人员工资表 | 215 |
| 8.12 | 销售人员工资明细表 | 216 |
| 8.13 | 销售人员调薪表 | 217 |
| 8.14 | 销售人员变更工资申请表 | 218 |
| 8.15 | 销售人员奖金核定表(一) | 219 |
| 8.16 | 销售人员奖金核定表(二) | 220 |
| 8.17 | 销售人员统一薪金等级表 | 221 |
| 8.18 | 销售人员提成比例一览表 | 222 |

8.19　兼职销售人员奖金提成核定表 ·········· 223
 · 8.20　销售干部奖金核定表 ·········· 224
   8.21　销售人员福利金申请表 ·········· 225
   8.22　销售人员重大伤病补助申请表 ·········· 226
   8.23　销售人员婚丧喜庆补贴申请表 ·········· 227
   8.24　销售人员旅游活动费用补助申请表 ·········· 228
   8.25　某公司销售人员薪酬制度范例 ·········· 229
   8.26　某公司销售人员福利制度 ·········· 231

## 第 9 章　销售人员管理范例 ·········· 235

   9.1　销售人员管理方案 ·········· 236
   9.2　销售人员管理办法 ·········· 240
   9.3　销售人员考核细则 ·········· 243
   9.4　销售人员激励细则 ·········· 246
   9.5　销售人员客户拜访管理办法 ·········· 247
   9.6　销售拜访作业计划查核细则 ·········· 249
   9.7　销售工作日报表审核制度 ·········· 250
   9.8　销售人员士气调查管理办法 ·········· 251
   9.9　某公司销售人员管理规定 ·········· 253
   9.10　促销和直销人员管理范本 ·········· 255
   9.11　某公司销售人员佣酬及考核晋升制度 ·········· 258
   9.12　某商店销售人员管理规定 ·········· 260

## 第 10 章　销售经理的塑造 ·········· 271

   10.1　销售经理的基本素质与能力 ·········· 272
   10.2　销售经理的五大任务 ·········· 272
   10.3　销售经理的职责和权限 ·········· 274
   10.4　优秀的销售经理应该具备的知识 ·········· 275
   10.5　销售经理成功的主要要素 ·········· 276
   10.6　销售经理如何建立影响力 ·········· 277
   10.7　销售经理如何激励员工 ·········· 280

10.8　销售经理的影响力记分表 …………………………………………… 286
10.9　销售经理的五类领导方式及选择 …………………………………… 287
10.10　销售经理管理部属的技巧 …………………………………………… 290
10.11　销售经理自我检测 …………………………………………………… 294
10.12　销售经理管理准则 …………………………………………………… 295

# 第1章　销售人员的组织

## 1.1 销售组织设计时应考虑的主要因素

企业在进行销售组织设计时应考虑一些主要的因素,如图 1-1 所示:
- 营销战略,如:
  —营销目标和市场份额目标;
  —市场细分和产品定位;

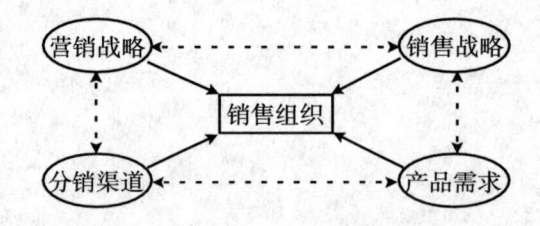

图 1-1 销售组织设计时应考虑的主要因素

  —营销传播策略。
- 销售战略,如:
  —市场覆盖目标;
  —销售量/销售额目标;
  —顾客情况。
- 分销渠道,如:
  —渠道客户状况;
  —竞争对手的渠道结构。
- 产品需求,如:
  —产品销售对销售人员的要求;
  —产品生命周期。

## 1.2 销售组织及设计原则

不同的组织由于其目标、环境以及构成要素之间的差异,其形式林林总总,但其设计的基本原则都遵循下述几点,销售组织也不例外。

### 1.2.1 精简有效原则

精简有效指的是要精简机构,提高效率。精简与效率是手段和目的的关系,只有精兵简政才能提高效率。这里讲的精简有效，包括如下含义：一是组织应具备较高素质的人和合理的人才结构，使人才资源得到合理而充分的应用，做到权责相等，人尽其才，避免浪费；二是要因事设人而非因人设事；三是组织结构应有利于形成群体合力，减少内耗。

### 1.2.2 统一指挥原则

统一指挥是组织理论的一项重要原则，早期管理学者已明确提出用这一原则处理上下级之间的关系。现代企业虽然表现为经营组织结构的多样化和指挥系统分工的复杂化、具体化，但是，统一指挥仍然不失为企业组织设计与管理的重要原则。贯彻统一指挥原则有以下要求：

（1）统一指挥使上下级之间组成一条等级链，它反映了上下级的权力、责任和联系渠道。从最上层到最基层，这个等级链是连续的，不能中断。

（2）任何下级只能有一个上级领导，他不应受到两个或两个以上的上级直接领导。因为多头领导会产生混乱和不一致。

（3）上级领导不可越级进行指挥，下级不可越级接受更高一级领导的指挥。

（4）组织内部的职能管理系统和参谋系统，同样也要执行统一指挥原则。他们对上级有权提出建议和意见，对执行系统则起到监督、服务的作用。无权直接指挥执行系统的工作。

### 1.2.3 管理幅度原则

管理幅度又称为管理宽度，传统组织理论肯定和提倡高耸结构（管理层次多，管理幅度小）；组织行为学派则竭力主张扁平式组织结构（管理层次少，管理幅度大）。无论怎样，管理幅度是有限的，组织设置必须遵循管理幅度原则。

### 1.2.4 权责对等原则

现代组织理论认为，在管理等级链上的每一个环节，每一个岗位都应规定其相应的权力和职责，必须遵循权责对等原则。职权和职责是组织理论中两个基本概念，职权是人们在一定职位上拥有的权力，主要是人、财、物方面的决策权和执行权；职责就是承担任务的义务。

### 1.2.5 分工协调原则

一般来说，企业规模越大，专业化要求越高，分工就越细。专业分工细分化的结果，造成专业之间的依赖性增强，协调就成了必不可少的任务。协调包括横向协调与纵向协调，其核心是服从系统和互利目标的沟通、协作或合作。贯彻分工授权和权责对等原则，加强管理的效益性和公开性以及合理监督，营造上下级之间直接沟通对话的机制，有利于搞好纵向协调。

改善横向协调，应注意做好如下两点：
(1) 使各项职能业务规范化，明确横向沟通流程，通过工作保障体系进行横向协调。
(2) 把职务相近部门加以合并，组成若干系统进行协调工作。

## 1.3 销售组织设计的程序

设计健全的组织结构必须遵循如下程序：

### 1.3.1 确立目标，细分工作

实现销售计划拟定的目标，是销售人员面临的总任务。设立销售组织的第一步是确定所要达到的总目标，其目标是企业的总目标分解到销售部门的分目标，主要包括销售量、销售利润、市场占有率、客户服务满意度等。

设计销售组织结构首先要考虑的问题是如何将总目标细分为具体的任务，并在组织的管辖范围内横向分解到边，纵向分解到底，无一遗漏。这样组织中的每个人都知道要完成总目标，自己该做什么。通过众人的努力去完成总体目标，这正是销售组织工作的精要所在。

对工作进行细分有利于实现销售工作的专业化，提高效率。由于专业化分工的特定优越性，它在现代组织管理中得到广泛采用。最初主要是生产领域实行专业化分工，后来，逐渐扩展到管理、营销等领域。销售管理专业化，已成为现代销售管理发展的一大趋势。但是，专业化分工也有一定限度，并不是越细分越好。分工过细一方面造成工作过分单调，影响工作人员的积极性和工作热情；另一方面增加组织的协调工作量以及协调的难度，从而易抵消专业化分工带来的好处。国外近来兴起的工作扩大化和工作丰富化，就是对专业化分工过细的调整，因此，我们在组建销售组织进行工作细分时应当把握一定的度，切忌走极端。

### 1.3.2 进行销售岗位分析，组成相关部门

在工作细分的基础上，即可进行岗位分析，确定岗位和职务。一个岗位和职位至少应包括三个要素：①任务；②责任；③使用资源的权力。一个岗位职务的任务和责任，通常称为岗位责任。从销售组织结构设计的高度来讲，一个职务或工作岗位，就是销售组织结构大厦之中的砖，是组织设计结构中最基础、最关键的环节。

岗位分析将组织的总任务具体到每一岗位。为了便于管理，发挥整体优势，必须对这些具体的任务和工作岗位进行归类合并，形成若干部门，一般将相同或相似的工作和岗位

归入同一部门，或按照其他一些特征进行归类。常见的划分部门的方法有：按职能组建部门，按产品组建部门，按地区组建部门，按顾客组建部门等。上述方法各有优势和不足，在具体操作中可根据实际情况，采用单一方法或几种方法并用。

### 1.3.3 按照销售岗位配置人员

根据已经确定的部门和岗位情况，应当确定各类销售人员的需求量、任职资格等，以便选择和任用合适的人员承担相应的工作，有岗有人，有人有责，避免出现岗位空缺，影响组织的正常运营。

### 1.3.4 明确职权关系

为了将各个职位、各个部门互相联结起来，并形成运行有效、信息通畅、协调方便的有机整体，必须确定恰当的职权关系。所谓职权，就是组织所赋予的合法的职责和权力。在现代组织中主要存在着两种职权关系：一种是上下级之间的职权关系，即纵向职权关系；另一种是直线与参谋之间的关系，即横向职权关系。建立纵向职权的关键问题是授权，也就是说将完成某项任务、履行某种职责所必需的权力授予下级。但是，授权不是随意的，应有一定的度和要遵守的程序。一般而言，授权有以下几种形式：

（1）充分授权

所谓充分授权，是指在下达任务的同时，将完成该项任务所需要的权力全部授予下属，允许下属自己决定行动方案，并自己创建完成任务的条件，如果失败，自己总结，以利于再次行动。这种授权方式能充分调动下属的积极性、主动性和创造性，并能减轻管理人员的工作负荷。

（2）不充分授权

不充分授权就是将完成一件任务所需的权力部分授予下属。

（3）弹性授权

弹性授权是指根据需要在完成一件任务的不同阶段采取不同的授权方式，它是一种动态授权，是充分授权、不充分授权等几种方式根据具体情况的交替使用。

（4）制约授权

制约授权是指把某项任务的职权分别授予两个或两个以上的职位和部门，使其相互制约，避免出现疏漏。

组织内部除了纵向职权关系外，还存在着一种横向职权关系，即直线人员与参谋人员的职权关系。通俗地说，直线人员的职权是指挥，参谋人员的职权是筹划，在确定职权关系时，应对直线职权和参谋职权加以明确界定，避免含混不清。

（5）明确工作标准及考核程序

销售组织构建完毕后就进入运行阶段，运行效果如何，必须通过考核。因此，明确组织以及各部门、各人员的工作标准,并针对标准进行适时考核,对考核结果进行评估,从而提出组织改善的措施,这是使组织始终处于自主控制、自我完善状态的关键所在。

## 1.4 销售组织模式及特点

### 1.4.1 区域型组织模式

按地区划分销售区域是最常见的销售组织模式之一。相邻销售区域的销售人员由同一名销售经理来领导,而销售经理向更高一级的销售主管负责,图1-2所示是按地区规划的销售组织模式。

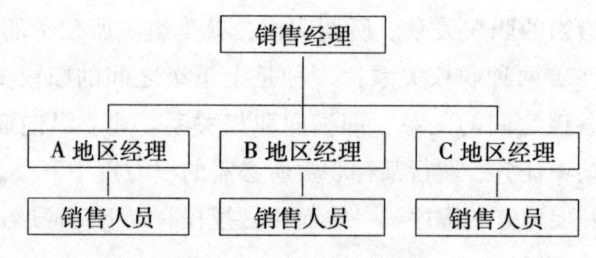

```
                    销售经理
        ┌──────────────┼──────────────┐
     A地区经理       B地区经理       C地区经理
        │              │              │
      销售人员        销售人员        销售人员
```

**图1-2 区域型组织模式**

区域型组织模式的特点可以归纳为:

**优点:**
- 地区经理权力相对集中,决策速度快;
- 销售人员与当地顾客及渠道客户容易建立关系网络;
- 地域集中、费用低;
- 人员集中、容易管理;
- 销售人员与顾客是一对一接触,顾客服务比较统一。

**缺点:**
- 销售人员从事所有的销售活动,技术上不够专业,不能适应种类多、技术含量高的产品;
- 不能应对全国性连锁零售企业的需要;
- 分公司或地区经理权力较大,不好协调与统一。

**适用企业类型:**
- 企业所经营的产品单一或相类似;
- 产品性能不太复杂;
- 面对的顾客数量众多;
- 顾客分布的地域广阔与分散。

### 1.4.2 产品型组织模式

产品型组织模式是按一种产品或一组相关产品来划分的。一般情况下，技术含量高的产品多采用这种销售组织模式（见图1-3）。这种模式的特点可以归纳为：

**优点：**
- 销售队伍与相关的生产线相联系，便于熟悉与产品相关的技术、销售技巧，以及产品的使用、维护、保养，有利于培养销售专家；
- 生产与销售联系密切，产品供货及时。

**缺点：**
- 由于地域重叠，造成工作重复；
- 成本高；
- 容易出现多名销售人员服务一个客户的情况。

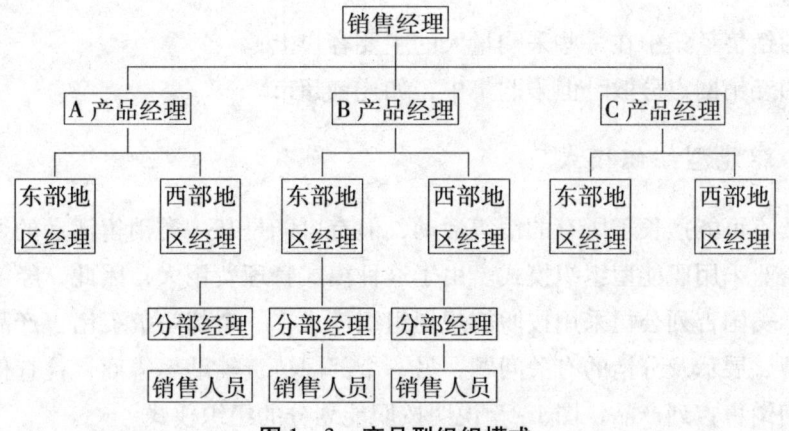

**图1-3 产品型组织模式**

### 1.4.3 顾客型组织模式

对不同的顾客销售相同的产品，由于顾客的需求不同，销售人员所需要掌握的知识也不同。企业采取按顾客类型来规划与设计组织模式，便于销售人员集中精力服务各种类型的顾客，从而成为服务于某类顾客的专家。图1-4所示是按顾客类型规划的组织模式模型。这种模式的特点可以归纳为：

**优点：**
- 专人负责重要客户，能更好地服务顾客和满足顾客需要；
- 可以减少销售渠道的摩擦；
- 有利于建立与客户的紧密联系，培养战略合作伙伴关系；
- 为新产品开发提供思路。

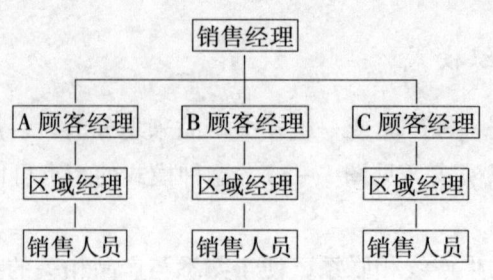

```
           销售经理
    ┌────────┼────────┐
 A顾客经理  B顾客经理  C顾客经理
    │        │        │
 区域经理   区域经理   区域经理
    │        │        │
 销售人员   销售人员   销售人员
```

图1-4　顾客型组织模式

**缺点：**
- 销售人员需要熟悉所有产品，培训费用高；
- 重要消费者或大客户减少带来的威胁；
- 销售区域重叠，造成工作重复，销售费用高；
- 销售人员离职带来的负面影响。

**适用企业：**
- 产品的销售量集中在一些采购量大的主要客户上；
- 客户的经销网点分散，但采购集中，如连锁超市。

### 1.4.4　职能型组织模式

销售人员不可能擅长于所有的销售活动，但有可能是某一类销售活动的专家，基于这种思路有些企业采用职能型组织模式。由于这种模式管理费用大，因此，经济实力小的企业不宜采用。美国吉列公司采用按职能规划组织模式，一个部门负责销售产品及协调产品的价格、促销、展示及分销的有关问题，另一个部门负责辅助零售商，检查他们的商品展示，协助他们销售吉列产品，图1-5说明按职能划分的组织模式。

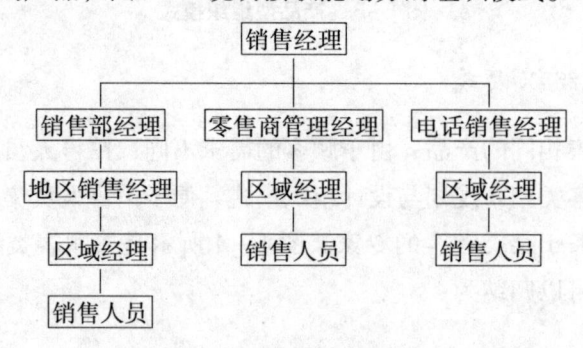

```
              销售经理
       ┌────────┼────────┐
    销售部经理 零售商管理经理 电话销售经理
       │        │            │
    地区销售经理 区域经理     区域经理
       │        │            │
    区域经理   销售人员      销售人员
       │
    销售人员
```

图1-5　职能型组织模式

职能型组织模式的特点归纳如下：

**优点：**
- 分工明确；
- 有利于培养销售专家。

**缺点：**

- 费用大；
- 销售活动缺乏灵活性，责任不明确。

适用企业：

- 企业所经营的产品需要提供大量的售后服务工作，而售前、售中和售后服务工作所需的工作技能又有所不同；
- 销售工作可以按销售内容进行分解。

## 1.5 销售部门的主要活动

销售部门作为企业实现利润回报的执行部门，其主要活动有：

- 实现既定的销售量目标。销售部门承担完成企业销售目标的任务，销售目标的实现是企业实现财务目标的前提与基础，也是实现企业发展目标的前提与基础；
- 分销。产品分销的目标不应该与销售数量目标挂钩，不过，较高的销售目标实现一般得益于有效的分销；
- 产品陈列与展示。产品陈列与展示是消费品企业的传统销售职能，通过零售店销售的一些工业品，企业在销售中也需要有效的产品陈列与展示；
- 顾客电话拜访。如果企业有比较稳定的顾客消费群体或渠道客户，那么按照一定的规律进行电话拜访能产生丰厚的销售业绩与销售回报，而且顾客电话拜访亦是客情维系的关系；
- 销售人员招募与培训。销售人员招募与培训即找到合适的人来担任销售岗位的工作，还要负责销售人员招聘后的职业培训，这些是销售部门最基本的职责；
- 销售业绩评估。企业必须通过销售目标、销售计划和销售费用三位一体的评估指标来评估销售人员的业绩和整个销售团队的业绩。常见的销售业绩评估指标有：销售额、销售量、盈利能力、产品分销、顾客拜访数量、产品展示，等等；
- 销售会议与销售沟通。销售部门内部所进行的沟通、协调工作，有利于共享信息、共享成功的经验与失败的教训，有利于销售部门团队精神的建立；
- 信用控制。通常是销售部门与财务部门共同承担信用控制职能，主要是对渠道客户进行信用分析与控制；
- 货款回收。在银行或信用条件比较发达的地区，货款回收通常体现为银行票据的回收，由财务部门直接接收负责即可。在一些比较落后的地区，则需要在销售人员拜访顾客的同时完成现款的回收工作；
- 顾客服务与顾客关心。最近几年，顾客服务工作在销售管理中的作用越来越重要。顾客要求是越来越高，越来越多，企业不仅仅只是向顾客提供产品和服务来满足顾客的期望，而且重在帮助顾客解决问题；

●定单处理。销售组织内部、顾客服务过程当中以及独立的分销部门内部都可能会有定单处理这项职能。尽管定单处理仅仅只是一个销售活动，但定单处理的速度、准确程度、定单管理等等却会影响到顾客感知的服务质量；

●销售活动记录。销售部门必须存有顾客及自身活动的档案。许多企业或许有建设完好的顾客记录体系，如完备的顾客卡，销售人员在上面记载有顾客所有详细信息、销售历史信息，等等；

●销售预测。一般是由销售经理和市场部门共同完成销售预测工作，包括销售量、销售额预测，有时必须细化到按地区、按产品（甚至是产品型号）、按顾客来预测销售量与销售额指标，当然，还要涵盖其他目标；

●价格政策制定。销售部门与市场部门紧密配合共同制定价格政策，并由销售部门予以贯彻实施；

●销售促销与销售竞赛。为了实现企业的战略目标，市场部门通常会制定许多促销活动，不过，销售部门在销售经理的领导下也会制定一些促销活动，但主要是针对销售人员的促销活动和销售竞赛；

●销售人员激励。销售经理有责任利用销售报酬和一些激励方法来刺激销售人员完成既定的销售任务目标（通常会在人力资源部门的协助下进行）；

●销售管理培训。除了对销售人员进行培训之外，还要对销售经理进行培训。销售管理培训的目的是应对企业未来发展的需要；

●其他活动。

## 1.6 销售部门与市场部门的主要职责

表1-1　　　　　　　　　　　销售及市场部门主要职责表

| 部门<br>职责 | 销售部门 | 市场部门 |
| --- | --- | --- |
| 管理职责 | ●完成既定的销售量目标；<br>●完成既定的分销目标；<br>●产品陈列/展示；<br>●销售人员招募；<br>●销售人员培训；<br>●销售人员管理；<br>●销售业绩监控；<br>●销售信息管理；<br>●销售业务管理；<br>●其他职责。 | ●品牌管理；<br>●市场研究；<br>●产品及市场分析；<br>●品牌传播；<br>●广告及促销；<br>●营销信息管理；<br>●其他职责。 |

续表

| 部门<br>职责 | 销售部门 | 市场部门 |
|---|---|---|
| 监控职责 | • 信用控制；<br>• 顾客服务；<br>• 定单处理；<br>• 货款回收；<br>• 销售活动记录备档；<br>• 顾客档案建设；<br>• 其他职责。 | • 顾客分析与评估；<br>• 销售人员评估；<br>• 销售业绩评估；<br>• 产品规划；<br>• 其他职责。 |
| 规划职责 | • 销售预测；<br>• 价格政策及利润分配；<br>• 销售促销；<br>• 销售竞赛；<br>• 销售人员报酬及激励；<br>• 销售技巧培训；<br>• 销售管理培训；<br>• 其他职责。 | • 销售与营销预测；<br>• 价格政策及利润分配政策；<br>• 新产品开发；<br>• 新产品试销；<br>• 产品设计；<br>• 其他职责。 |

## 1.7 销售经理的职责

销售经理为完成本部门的销售目标，依据企业的整体规划，全面负责本部门的业务及人员管理，其职责大致归纳如下：

### 1.7.1 正确掌握市场和竞争对手

- 需求预测；
- 销售效率分析；
- 市场容量分析；
- 销售潜量分析；
- 行业发展分析；
- 市场占有率调查；
- 购买动机调查；

- 顾客需求研究；
- 竞争者分析；
- 情报收集与分析；
- 销售资源与销售能力分析；
- 销售环境变化分析。

### 1.7.2 合理设定销售目标

- 销售额目标；
- 销售量目标；
- 分销目标；
- 陈列与展示目标；
- 市场占有率目标；
- 顾客满意度目标；
- 销售费用目标；
- 市场占有率目标；
- 销售价格政策；
- 销售比例；
- 销售目标细分与分解；
- 销售目标调整。

### 1.7.3 制定销售策略

- 产品策略；
- 销售渠道策略；
- 市场细分化；
- 销售人员促进策略；
- 渠道客户的销售促进策略；
- 广告策略；
- 经销商支援活动；
- 区域市场作战策略；
- 销售策略实施指导；
- 销售策略实施效果分析；
- 销售策略调整与改进；
- 销售策略评估。

### 1.7.4 制定销售计划

- 部门销售方针;
- 部门销售目标;
- 部门销售比例;
- 销售人员配置;
- 访问计划;
- 访问路线制定;
- 销售网络;
- 陈列效用;
- 售点生动化;
- 销售用具;
- 区域销售计划分解;
- 销售计划实施监控。

### 1.7.5 销售人员管理

- 商品知识传授;
- 销售技巧与方法的传授;
- 销售授权;
- 销售人员目标管理;
- 销售人员时间管理;
- 销售人员薪酬规划;
- 销售竞赛;
- 销售人员个人职业生涯规划;
- 销售人员销售活动指导;
- 销售会议及内部沟通;
- 销售人员评估;
- 销售人员培训。

### 1.7.6 资金管理与信息管理

- 预算控制;
- 费用项目界定与费用指标界定;
- 费用控制制度建设;
- 销售活动费用分解;

- 赊账管理；
- 客户档案管理；
- 客情进展管理；
- 客户信用调查；
- 销售活动记录；
- 销售信息管理规划；
- 账款回收；
- 资金杠杆。

### 1.7.7　销售分析

- 销售组织的规模规划；
- 销售职务分析与调整；
- 销售人力需求分析；
- 销售部门职能分析；
- 销售事务统筹；
- 销售统计分析；
- 业绩差异分析；
- 销售成本分析；
- 销售工作负荷分析；
- 顾客分析与分类；
- 销售目标分析；
- 销售活动分析。

## 1.8　销售人员的基本职责

销售人员的基本职责可以列为以下诸项：
- 市场考察与分析；
- 销售计划制定与实施；
- 发掘、评估及选择顾客；
- 访问计划制定与实施；
- 拜访新开发客户与渠道客户合作；
- 定单谈判和接受定单；
- 售后服务的访问；

- 平时的拜访问候与客情维系；
- 商品展示；
- 销售促进活动实施；
- 制作估价单；
- 公司情况获取与公司理念宣传；
- 与公司联系；
- 订购商品；
- 销售报告；
- 销售分析、销售统计；
- 客户信用调查；
- 行政事务；
- 账款回收；
- 信息整理资料；
- 招募和培养新销售人员。

## 1.9 销售代表职位说明书范本

| 单位：××公司 | 职位名称：销售代表 | 编制日期： |
|---|---|---|
| 部门：软件销售部 | 任职人： | 任职人签字： |
| 处室： | 直接主管：地区销售经理 | 直接主管签字： |
| 任职条件 | 学历：大专以上 ||
| ^ | 经验：一年以上相关工作经验 ||
| ^ | 专业知识：<br>　　市场营销管理、计算机等专业 ||
| ^ | 业务了解范围：<br>　　了解国内外软件销售情况及具备熟练的软件销售技能 ||

职位目的（目标、权限）：
　　根据公司经营目标和软件市场定位，负责销售现场的顾客接待、咨询、洽谈、跟踪、签约与回款等事务，维护好客户关系，以保证顺利完成销售任务

续表

| 沟通关系： | | | | | |
|---|---|---|---|---|---|
| 内部 | 市场部 | 销售支持部 | | | |
| | 售后服务 | 行业开发部 | | | |
| 外部 | 客户 | 同行业 | | | |
| | | | | | |

| 单位规模 | 下属人员 | | 人员类别 | |
|---|---|---|---|---|
| 职工总数 | 人数： | | 经理： | |
| | 直接： | | 专业人员： | |
| | 间接： | | 其他： | |

补充说明

| 职责范围 | 负责程度 | 衡量标准 |
|---|---|---|
| 按重要顺序依次列出每项职责及其目标 | 全责/支持 | 数量、质量 |
| （1）开发客户<br>根据公司营销管理制度及规定，积极开展销售活动，开发潜在客户，做好客户记录，完成规定或承诺的销售指标 | 全责 | 销售业绩<br>销售记录<br>客户增长率 |
| （2）现场接待<br>按照公司软件销售计划及有关制度，负责登门拜访及电话客户的接待与咨询，以及其他形式的销售工作 | 全责 | 客户接待量<br>签单量 |
| （3）销售实施<br>负责通过委托代理商销售，大客户销售等各种销售形式，与代理商及客户进行洽谈，签订相关软件销售合同，并督促合同正常如期履行，根据合同按期催收回款 | 全责 | 回款量 |
| （4）协调解决软件销售过程中的问题<br>根据在销售过程中出现的问题及需办理的有关手续，积极主动地协助或联系有关人员给予妥善解决，以保证客户满意。积极协助代理商增强销售能力，扩大销售量 | 支持 | 客户投诉率 |
| （5）客户档案管理<br>对每一个有意向的客户，从接触到销售实施，到服务完毕，把所有的信息资料进行客户分级管理，并整理归纳 | 全责 | 完整、有序 |

| 职责范围 | 负责程度 | 衡量标准 |
|---|---|---|
| (6) 客户跟踪和维护<br>　　根据客户及代理商资料，定期或不定期地与客户和代理商进行联系，维护好与客户及代理商的关系，并对代理商的销售情况进行统计分析 | 全责 | 客户关系、重复购买量 |
| (7) 信息反馈<br>　　收集一线销售信息和客户意见，对营销策略、广告、售后服务、采编信息和页面制作等提出参考意见 | 支持 | |

## 1.10　确定销售人员数目的方法

销售人员是企业的重要资产，企业每年投资在销售人员身上的资金不少。销售人员的数目与销售量和成本具有密切的联系：一般人员越多，销售量和销售成本亦越多，但二者增加不同步。多少销售人员才是最理想的数目？这是一个销售经理时常期望解决的问题。下面介绍三种决定销售人员数目的方法。

### 1.10.1　销售人员工作量法

销售人员工作量法由塔利（W. J. Tauey）所创。主要是考虑拜访现有及潜在顾客的次数，对所有销售人员订立相同工作量的原则来决定人员的数目。以下便是应用这方法的一些步骤。

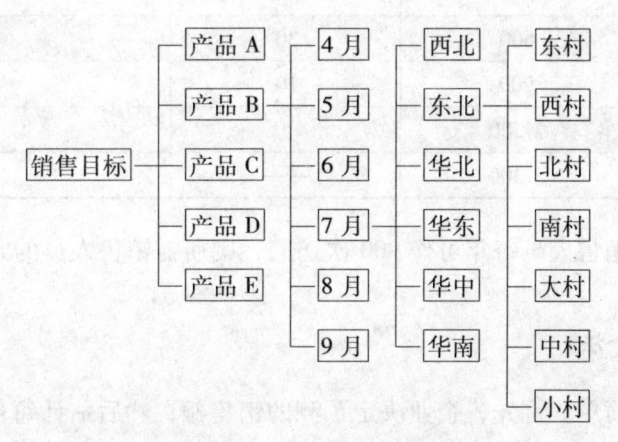

销售目标
- 产品 A — 4月 — 西北 — 东村
- 产品 B — 5月 — 东北 — 西村
- 产品 C — 6月 — 华北 — 北村
- 产品 D — 7月 — 华东 — 南村
- 产品 E — 8月 — 华中 — 大村
- 　　　　　 9月 — 华南 — 中村
- 　　　　　　　　　　　　　小村

**图1-6　销售分配的方法**

（1）选择一个可将顾客或潜在顾客清楚地分为几个等级的基础。这个基础可以是每年的销售量，也可以是从销售量中获得利润的数目或顾客的需求。通常较多使用的是销售量。

(2) 根据过去的购买形式、营销经验和销售量等，决定每一等级顾客的数目和一个相对的访问频率，即每年平均每一客户的访问次数。

(3) 计算企业销售访问的总次数。这便是销售人员的总工作量。

(4) 决定一个销售人员每年的平均访问次数。这个估计应考虑客户的地理分布和集中性、每次访问所需的时间、等待的时间和其他影响因素。

销售代表的活动可以大体上分为三项：打电话、访问客户、实施管理职能。如果我们第一步确定了销售代表工作量的构成要素，那么按每月小时数计算，便可估计他目前每项活动所花费的时间，以及目前工作量轻重的程度。这种估量活动可由第三者完成，由销售代表自己做更好。他们所要做的只不过是记录一下旅行的距离、打电话的起始时间以及推销的类型。然后，再对这些情况进行分析，从而得到每类销售中打一个电话需要时间的平均值，一个月内旅行的平均距离，不同地区（如城市、郊区或乡下）内行驶的平均速度。借助地图，考虑到与他们有关的时间价值观念以及相伴而生的对办公室工作和旅行的时间价值观，我们可以在反复试验的基础上对现有的客户进行分类，从而为销售代表计算出公正合理的平均访问工作量。

(5) 估计所需销售人员的人数。此数字可将访问次数除以每位销售人员的平均访问次数而得。

假若TYZ公司将顾客分为甲、乙、丙、丁四类，以下是每类客户的人数和每类所需访问的次数：

表1-2  客户分类与访问次数设计表

| 客户等级 | 客户数目 | 访问次数 | 访问总次数 |
| --- | --- | --- | --- |
| 甲 | 300 | 50 | 15 000 |
| 乙 | 600 | 30 | 18 000 |
| 丙 | 900 | 10 | 9 000 |
| 丁 | 1 500 | 5 | 7 500 |
| 合计 | 3 300 | —— | 49 500 |

假若平均每位销售人员每年可作900次访问，则所需销售人员的人数为$\frac{49500}{900}=55$人。

### 1.10.2  下分法

这种方法十分简单。首先，企业决定预测的销售额，然后估计每位销售人员每年的销售额，销售人员的人数可将预测的销售额除以销售人员的销售额所得。

假设TYZ公司要求明年的销售额达到1.1亿元，而根据以往的经验、销售预算、市场竞争情况，估计每名销售人员能够完成200万元的销售任务，那么就需要销售人员55名

$[1.1 \times 10^8 \div (2 \times 10^6) = 55]$。

### 1.10.3 边际利润法

这种方法来自经济学的边际概念。"边际"指最后或最新增加的一个单位，就增减销售人员来说，边际费用指最后或最新增加的一个销售人员所带来的费用增加，边际毛利指最后或最新增加的一个销售人员所带来的毛利增加。当边际毛利大于边际费用时，增加一位销售人员，企业的净利润便会增加；当边际毛利小于边际费用时，减少一位销售人员，企业的净利润也会增加；当"边际毛利等于边际费用"时，企业的利润最大。因此，应用此方法须考虑以下两个因素：

- 增加一位销售人员所增加的毛利，即边际毛利；
- 增加一位销售人员所增加的费用，即边际费用（包括工资、各类直接与间接费用）。

利用边际利润法估算销售人员规模的步骤是：

第一步，计算销售人员数目与销售额之间的关系，这基本是一个回归曲线。以每销售区域销售额为因变量，而每区域的销售人员数目为自变量。一般而言，销售人员数目与销售额有密切关系，但要注意，不同时期或不同销售人员基数的情况下，边际费用与边际毛利不同；若销售人员由1位增至2位，其销售额与费用增加的数目与销售人员由100位增至101位时有异。

第二步，计算在销售人员不同数目时增加1位销售人员所增加的不同的销售额（即边际销售额）。

第三步，计算增加1位销售人员时所增加的毛利额（即边际毛利）。这数目是边际销售额与边际销售成本的差额。

第四步，计算边际费用。

最后，决定增加或减少销售人员，使边际毛利与边际费用相等。

# 第 2 章　销售人员的招聘与选拔

## 2.1 聘用销售人员的政策及程序

公司聘用员工的基本政策及程序大体分为以下两大方面：

### 2.1.1 公司人事录用的目的

（1）公司人事录用源于以下八种情况下的人员需求：
- 缺员的补充；
- 突发的人员需求；
- 确保公司所需的专门人员；
- 确保新规划事业的人员；
- 公司管理阶层需要扩充时；
- 公司对组织有所调整时；
- 为使公司组织更具活力，而必须导入外来经验者时。

（2）公司人事录用为公司发展储备人才，促进企业目标的实现。

### 2.1.2 公司人事录用的政策及程序

（1）申请招聘手续
- 招聘员工的部门在确认并无内部横向调职的可能性后，向人事部门递交书面申请表，并附上需招聘职位说明书，职位说明书的资料可通过工作写实和经验座谈的方法获得；
- 人事部门详细审核申请职位的工作性质、等级等事项。如同意其申请，应先在本公司内刊登招聘广告，当确定本公司其他部门并无适当人选时，方可在公司外部刊登广告，并应及时将信息反馈给用人部门。

（2）招聘方法

人事部门在刊登外部招聘广告时须注意以下几点：
- 广告设计应突出公司徽记；
- 须依据用人部门提供的职位说明书拟订广告内容；
- 广告设计须使用鼓励性及刺激性用语；
- 广告须说明征聘的岗位、人数及所需的资格条件，并注明待遇。

## 2.2 销售人员招聘与测试制度

### 2.2.1 人员招聘作业程序

人事部收集人员增补申请单至一定时期，即行拟订招聘计划，内容包括下列项目：
- 招聘职位名称及名额；
- 资格条件限制；
- 职位预算薪金；
- 预定任用日期；
- 通报稿或登报稿（诉求方式）拟具；
- 资料审核方式及办理日期（截止日期）；
- 甄试方式及日程安排（含面谈主管安排）；
- 场地安排；
- 工作能力安排；
- 准备事项（通知单、海报、公司宣传资料等）。

### 2.2.2 诉求

即将招聘信息告诉大众及求职人，如下：
（1）登报征求。先拟广告稿，估计刊登费，决定何时刊登何报，然后联系报社。
（2）同仁推荐。以海报或公告方式进行。

### 2.2.3 应征信处理

（1）诉求信息发出后，会收到应征资料，经审核后，对合格应征者发出"初试通知单"及"甄选报名单"，通知前来公司接受甄试。
（2）不合格应征资料，归档一个月后销毁，但有要求退件者，应给予退件。为了给社会大众一个好的印象，对所有未录取者发出"谢函"也是应有的礼貌。

### 2.2.4 甄试

新进销售人员甄选考试分笔试及面谈。
（1）笔试包括下列内容：
- 专业测验（由申请单位拟订试题）；
- 定向测验；

- 领导能力测验（适合管理级）；
- 智力测验。

（2）面谈。由申请单位主管、人事主管、核定权限主管分别或共同面谈。面谈时应注意：

- 要尽量使应征人员感到亲切、自然、轻松；
- 要了解自己所要获知的答案及问题点；
- 要了解自己要告诉对方的问题；
- 要尊重对方的人格；
- 将口试结果随时记录于"面谈记录表"。

（3）如初次面谈不够周详，无法做有效参考，可再发出"复谈通知单"，再次安排约谈。

### 2.2.5 背景调查

经甄试合格，初步决定的人选，视情况应做有效的背景调查。

### 2.2.6 结果评定

经评定未录取人员，先发出谢函通知，将其资料归入储备人才档案中，以备不时之需，经评定录取人员，由人事主管及用人主管会商录用日期后发给"报到通知单"，并安排职前训练有关准备工作。

### 2.2.7 注意事项

应征资料的处理及背景调查时应尊重应征人的个人隐私权，注意保密工作。

## 2.3 建立销售人员聘用制度

公司可以参考如下制度制定自己的员工聘用制度。

（1）为加强公司员工队伍建设，提高员工的基本素质，特制定本规定。

（2）公司系统所有员工分为两类：正式员工和短期聘用员工。

正式员工是公司系统员工队伍的主体，享受公司制度中所规定的各种福利待遇。短期聘用员工指具有明确聘用期的临时工、离退休人员以及少数特聘人员，其享受待遇由聘用合同书中规定。短期聘用员工聘期满后，若愿意继续受聘，经公司同意后可与本公司续签聘用合同，正式员工和短期聘用员工均应与本公司签订合同。

（3）公司系统各级管理人员不许将自己亲属介绍、安排到本人所分管的公司里工作，属特殊情况的，需由董事长批准，且介绍人必须立下担保书。

（4）公司各部门和各下属企业必须制定人员编制，编制的制定和修改权限见人事责权划分表，各部门各企业用人应控制在编制范围内。

（5）公司需增聘员工时，提倡公开从社会上求职人员中择优录用，也可由内部员工引荐，内部引荐人员获准聘用后，引荐人必须立下担保书。

（6）从事管理和业务工作的正式员工一般必须满足下述条件：

- 大专以上学历；
- 两年以上相关工作经历；
- 年龄一般在35岁以下，特殊情况不超过45岁；
- 外贸人员还必须至少精通一门外语；
- 无不良行为记录。

特殊情况人员，经董事长批准后可适当放宽有关条件，应届毕业生及复员转业军人需经董事长批准后方可考虑聘用。

（7）所有应聘人员除董事长特批可免予试用或缩短试用期外，一般都必须经过3至6个月的试用期后才可考虑聘为正式员工。

（8）试用人员必须呈交下述材料：

- 由公司统一发给并填写招聘表格；
- 学历、职称证明；
- 个人简历；
- 近期相片2张；
- 身份证复印件；
- 体检表；
- 结婚证、计划生育证或未婚证明；
- 面试或笔试记录；
- 员工引荐担保书（由公司视需要而定）。

（9）试用人员一般不宜担任经济要害部门的工作，也不宜安排具有重要经济责任的工作。

（10）试用人员在试用期内待遇规定如下：

基本工资待遇分为：

- 高中以下毕业：一等；
- 中专毕业：二等；
- 大专毕业：三等；
- 本科毕业：四等；
- 硕士研究生毕业：五等；

● 博士研究生毕业：六等。

同时，试用人员享受一半浮动工资和劳保用品待遇。

（11）试用人员经试用考核合格后，可转为正式员工，并根据其工作能力和岗位重新确定职称，享受正式员工的各种待遇；员工转正后，试用期计入工龄，试用不合格者，可延长其试用期或决定不予聘用，对于不予聘用者，不发任何补偿费，试用人员不得提出任何异议。

（12）总公司和各下属企业的各类人员的正式聘用合同和短期聘用合同以及担保书等全部材料汇总保存于总公司人事监察部和劳资部，由上述两个单位负责监督聘用合同和担保书的执行。

## 2.4 销售人员人力资源规划表

部门名称：_____

| 期　间 | | | | |
|---|---|---|---|---|
| 员工需求数量 | | | | |
| 本年度变化 | | | | |
| 员工需求总量 | | | | |
| 员工需求层次 | | | | |
| 由调动和晋升得到的人员补充 | | | | |
| 由调离和晋升造成的人员损失 | | | | |
| 由于退休而造成的人员缺失 | | | | |
| 员工总体层次水平 | | | | |
| 员工供求平衡 | | | | |
| 需要补充的人员数目 | | | | |
| 需要精简的人员数目 | | | | |
| 备　注 | | | | |

制表人：_____　　制表日期：____年____月____日

## 2.5 销售人员状况记录表

| 部门名称 |  | 部门编号 |  |
|---|---|---|---|
| 工作名称 |  | 职位号 |  |
| 工作地址 |  |  |  |
| 标准 | 必要的 | 理想的 | 不合标准的 |
| 工作经验 |  |  |  |
| 专业知识 |  |  |  |
| 专业技能 |  |  |  |
| 个性特点 |  |  |  |
| 外在气质 |  |  |  |
| 兴趣爱好 |  |  |  |
| 教育、资格证书 |  |  |  |
| 培训 |  |  |  |
| 其他要求 |  |  |  |
| 起草人 |  |  |  |
| 职务 |  | 日期 |  |
|  |  |  |  |

制表人：_____ 制表日期：___年___月___日

## 2.6 销售人员增补申请表

| 申请单位 | | 职员数 | | |
|---|---|---|---|---|
| 编制定额 | | 作业员数 | | |
| 拟增加（补充）人员数量 | | | | |
| 原报到日期 | 月　日 | 报到单位 | 经办的工作项目增加（补充）人员名单 | |
| 增加人员理由 | | | | |
| 人事部意见 | | | | |

制表人：＿＿＿＿＿＿　　　　　　　　　　　　　　　　　制表日期：＿＿年＿＿月＿＿日

## 2.7 销售人员调动申请表

| 申请人员单位 | | 所需协助人员 | |
|---|---|---|---|
| 协助人员单位 | | | |
| 申请人员协助原因 | | | |
| 起止日期 | 自　　年　　月　　日起至　　年　　月　　日止 ||||
| 协助人员担任工作 | ||||
| 人事单位意见 | ||||

制表人：＿＿＿＿＿＿　　　　　　　　　　　　　　　　制表日期：＿＿年＿＿月＿＿日

## 2.8 销售人员调职申请表

| 申请调职单位 | | 调职人员姓名 | |
|---|---|---|---|
| 调职日期 | 年　月　日 | 调至单位 | |
| 调职理由 | | | |
| 单位主管对调职评议 | | 人事单位意见 | |
| 备注 | | | |

制表人：_____　　　　　　　　　　　　制表日期：___年___月___日

## 2.9 销售人员甄选程序

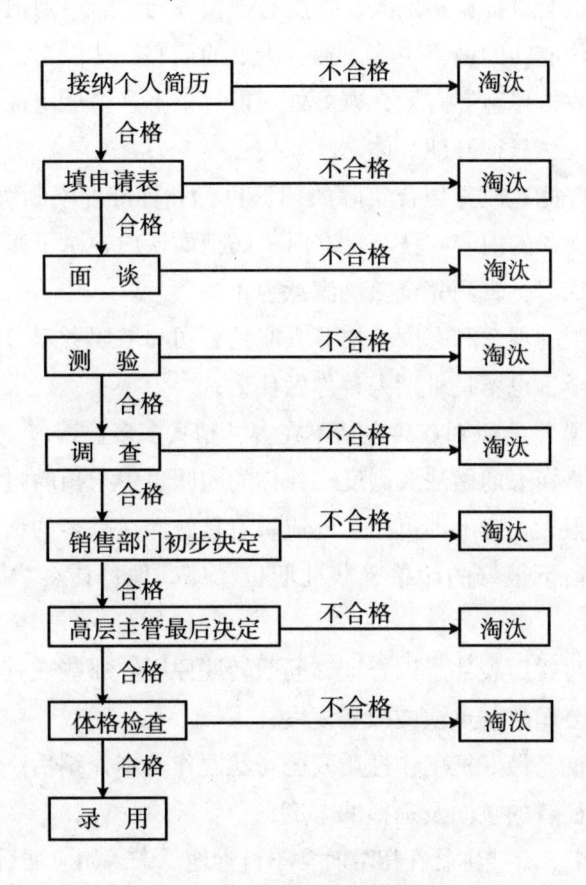

```
接纳个人简历 ──不合格──> 淘汰
     │合格
     ▼
  填申请表  ──不合格──> 淘汰
     │合格
     ▼
   面 谈    ──不合格──> 淘汰
     │合格
     ▼
   测 验    ──不合格──> 淘汰
     │合格
     ▼
   调 查    ──不合格──> 淘汰
     │合格
     ▼
销售部门初步决定 ──不合格──> 淘汰
     │合格
     ▼
高层主管最后决定 ──不合格──> 淘汰
     │合格
     ▼
  体格检查  ──不合格──> 淘汰
     │合格
     ▼
   录 用
```

图 2-1 销售人员甄选程序

## 2.10　销售人员招募须知

- 请记住招募工作也是销售工作。不仅要把工作机会告诉别人，而且要把观念、目标、成果、未来发展机会也推销给别人，把所有推销技巧都运用到招募工作上来；
- 表现出你是一位成功的销售主管。拥有十足的信心，并以自己的工作为荣耀。把自己的外表、交通工具收拾得整齐有致，事务处理得有条不紊。让应征者觉得与你一起工作会很愉快。要关心他人，显得开朗、体贴、亲切；
- 做好准备。定好能达成并切合实际的招募目标和标准。不断练习自己的招募技巧。反复多次地演练招募面谈的内容与技巧，有时不妨把面谈内容录下来，再放一遍，纠正自己的缺欠，不断反复练习，直到完全熟练满意为止；
- 要有平等、达观的观念和态度。招募入职是公司和求职者双方利益的契合，不是赐予别人良好的工作机会，也不是求别人替你做什么；
- 坚持"宁缺勿滥"的原则。兵在精不在多，精兵多多益善；
- 建立和健全招募新人的做法及制度。让你的团队也参与招聘过程。公司前台人员对应聘者的第一印象在很大程度上即可昭示此应聘者接触潜在顾客的情形。如果这个应聘者不够精明，无法给人留下很好的印象来获此职位，那么他拜访客户时就不会表现得更出色；
- 要求应征者填写履历表并予以查证，问明转职原因。那些在其他公司有违纪行为的人，难免不会在你的公司故伎重演或旧病复发；
- 招募时多问少说。最好把工作性质及公司状况作基本介绍后，即试探对方的感觉及反应如何，以确知应征者的意向及选择的态度；
- 避免过多地承诺。有些主管在招募时常不自觉地承诺，如应征后会要以何种新职位或被指派去开发某个新的地区。但当公司认为他表现不佳，不满意他时，必然会产生矛盾；
- 人不可貌相。有些主管太相信自己的眼光及判断能力，事实上，销售人员的素质主要在其韧性、情商与学习能力，与外表、性别、年纪、身材、打扮等因素没有太大的关联；
- 随时招聘。随时随地留意理想的销售人才。某家公司的销售俊杰即是在等待餐位时被主管慧眼发现的；
- 遵守面试"三字经"。面试人数至少三人，面试次数至少三次，面试场合至少三种。面试三个人令你有了比较的余地，面试三次能从差别中找出哪些是该求职者固有的特质，在不同场合面试（例如招聘会场、办公室、午餐时）令你对候选人能有一个全方位地了解；

- 向推荐人全面了解应聘人的相关情况。应聘人只会将那些会给予他们好评的人作为推荐人。即使这样，仍可以打电话给这些推荐人以了解情况，并向他们询问还有谁对应聘人员的专业或是人品有所了解。然后，再给这些人打电话询问以期更深入地了解应聘人的情况；
- 避免"经验主义"误区。销售人员遴选一定要走出经验主义的误区，找出具有良好销售潜质的人选，而不一定是销售经验丰富的人。所以，销售人员遴选的重点应在于建立科学的遴选标准，而难点则在于建立遴选的选评、测试方法。

## 2.11 销售人员应聘登记表（一）

| 姓名 | | 性别 | | 出生年月 | | 年 月 日 | |
|---|---|---|---|---|---|---|---|
| 籍贯 | | 民族 | | 婚姻状况 | | 学历 | |
| 身高 | cm | 体重 | kg | 健康状况 | | 血型 | |
| 家庭住址 | | | | | | | |
| 联系电话 | | | | | | | |
| 地　　址 | | | | | | | |
| 应聘职位 | | | | 需求待遇 | | | |
| 住房要求 | | □希望公司提供宿舍　□自己有住房　□自己租房 | | | | | |
| 计算机水平 | | □精通　□一般应用　□没接触过 | | | | | |
| 懂何种外语及精通程度 | | | | | | | |
| 业余爱好和兴趣 | | | | | | | |
| 对应聘职位的理解 | 1. 职位名称 | | | | | | |
| | 2. 主要职责 | ① | | | | | |
| | | ② | | | | | |
| | | ③ | | | | | |
| | | ④ | | | | | |
| | 3. 资格要求 | ① | | | | | |
| | | ② | | | | | |
| | | ③ | | | | | |
| | | ④ | | | | | |

## 2.12 销售人员应聘登记表（二）

最高学历：

| 院　校 | 科系 | 时　间 | 备　注 |
|---|---|---|---|
|  |  |  |  |

工作履历：

| 工作单位 | 时间 | 职　务 | 离职原因 |
|---|---|---|---|
|  |  |  |  |
|  |  |  |  |
|  |  |  |  |
|  |  |  |  |
|  |  |  |  |

问题调查：

| |
|---|
| 1. 除应聘职位外，您还可以适应其他何种工作： |
| 2. 请简述您的性格特点： |
| 3. 您具备哪些方面的技能： |
| 4. 您认为您有什么缺点： |

## 2.13 销售人员应聘面试表

应聘：_____

| 职位 | | | 面试人数 | | | 人 | | 面谈日期 | | | | | 口试人员 | | | |
|---|---|---|---|---|---|---|---|---|---|---|---|---|---|---|---|---|
| 面试记录 | 应聘人员姓名 | 学历 | 年龄 | 专业知识 | | | | 态度仪表 | | | | 工作经历 | | 反应能力 | | | 特别技术或专长 | 口才 | | | 口试人员意见 |
| | | | | 优 | 良 | 可 | 劣 | 优 | 良 | 可 | 劣 | 相关 | 非相关 | 优 | 良 | 可 | 劣 | | 优 | 佳 | 平 | |
| | | | | | | | | | | | | | | | | | | | | | | |

## 2.14 销售人员面试记录表

| 姓名 | | | 应征项目 | | | |
|---|---|---|---|---|---|---|
| 用表提要 | 请主持面试人员，就适当之格内划✓，无法判断时，请勿打✓。 | | | | | |
| 评分项目 | 评 分 | | | | | |
| | 5 | 4 | 3 | 2 | 1 | |
| 仪容 礼貌 精神 态度 整洁 衣着 | 极佳 | 佳 | 一般 | 略差 | 极差 | |
| 体格、健康 | 极佳 | 佳 | 普通 | 稍差 | 极差 | |
| 领悟、反应 | 特强 | 优秀 | 平平 | 稍慢 | 极劣 | |
| 对其工作各方面及有关事项之了解 | 充分了解 | 很了解 | 尚了解 | 部分了解 | 极少了解 | |
| 所具经历与本公司的配合程度 | 极配合 | 配合 | 尚配合 | 未尽配合 | 未能配合 | |
| 前来本公司服务的意志 | 极坚定 | 坚定 | 普通 | 犹疑 | 极低 | |
| 外文能力 | 区分 | 极佳 | 好 | 平平 | 略通 | 不懂 |
| | 英文 | | | | | |
| | 日文 | | | | | |
| 总评 | □拟予试用　　面试人：<br>□列入考虑<br>□不予考虑　　日期：　　月　　日 | | | | | |

## 2.15 销售人员应聘面试比较表

| 甄选职位 | | 应聘人数 | 人 | 初选合格 | 人 | 面试日期 | | 月 日至 月 日 | |
|---|---|---|---|---|---|---|---|---|---|
| 甄选结果 | 姓 名 | 学 历 | 年龄 | 工作经验 | | 专业知识 | 态度仪表 | 反应能力 | 其 他 | 口试人员意见 |
| | | | | 相关 | 合计 | | | | | |
| | | | | | | | | | | |
| | | | | | | | | | | |
| | | | | | | | | | | |
| | | | | | | | | | | |
| | | | | | | | | | | |
| | | | | | | | | | | |
| | | | | | | | | | | |
| | | | | | | | | | | |
| 口试人员签章 | | | | | | | | | | |

## 2.16 销售人员应聘复试表

| 应聘职位 | | 口试人员姓名 | | 日　期 | |
|---|---|---|---|---|---|
| 初试合格 | 人 | 复 试 人 数 | 人 | 需要人数 | 人 |
| 姓名 | | | | | |
| 专业知识 | | | | | |
| 工作看法 | | | | | |
| 工作积极性及领导能力 | | | | | |
| 发展能力 | | | | | |
| 要求待遇 | | | | | |
| 其他 | | | | | |
| 口试人员意见 | | | | | |

## 2.17 销售人员应聘甄选报告表

| 甄选职位 | | 应聘人数 | 人 | 初试合格 | 人 | 面试合格 | 人 |
|---|---|---|---|---|---|---|---|
| 复试合格 | 人 | 需要名额 | 人 | 合格比率 | 初试 %，面试 %，录用 % |||
| 甄选结果比较 | 说 明 || 预 定 || 实 际 |||
| ^ | 学历： || | | ||||
| ^ | 年龄： || | | ||||
| ^ | 相关工作经历： || | | ||||
| ^ | 具备条件 | | | | ||||
| ^ | ^ | | | | ||||
| ^ | ^ | | | | ||||
| ^ | ^ | | | | ||||
| ^ | 待遇： || | | ||||
| 录用人员名单 ||||||||

注：本表由人事部门填写并呈总经理核阅后归档。
总经理_____ 审核_____ 填表_____

## 2.18 销售人员招聘工作计划表

(1) 特定招募工作计划表

①特定招募目标如何？
个人目标……………………
整体目标……………………
面谈人数
………………………………
有业绩新人人数
………………………………
全体新人销售目标
………………………………
②招募计划日程
………………………………
开始日期………………………
完成日期……月……日
③招募方式及活动安排
招募方式………………………
时间………………………
日期………………………
地点………………………
负责人……………………
广告………………………
同行介绍…………………
人才中心…………………
属员介绍…………………
特种介绍…………………
其他………………………
④练习及准备工作
——公司介绍资料
——工作介绍（职责、任职标准、薪酬等）

续表

——面谈技巧
——各类招聘用表格（问题表、测评表、记录表等）

（2）计划的执行

按照计划的工作项目执行，做好所有实际记录。目标明确，责任分明。

（3）绩效评价

①面谈人数
②签约人数
③目标是否达到？
是，为什么？
否，为什么？
④这次招募计划特点如何？
说明具体成功的方式与技巧。
⑤这次招募计划缺欠在哪里？
指明缺欠的方式及内容，并分析原因。
⑥建议改进事项。

## 2.19 销售人员招聘追踪报告表

| 阶段＼执行绩效＼负责人 | 第一周 | | 第二周 | | 第三周 | | 第四周 | | 合　计 | |
|---|---|---|---|---|---|---|---|---|---|---|
| | 预定人数 | 实际人数 | 预定人数 | 实际人数 | 预定人数 | 实际人数 | 预定人数 | 实际人数 | 预定人数 | 实际人数 |
| | | | | | | | | | | |
| | | | | | | | | | | |
| | | | | | | | | | | |
| | | | | | | | | | | |
| | | | | | | | | | | |
| | | | | | | | | | | |
| | | | | | | | | | | |
| | | | | | | | | | | |
| | | | | | | | | | | |
| | | | | | | | | | | |

## 2.20 公司销售人员招聘流程图

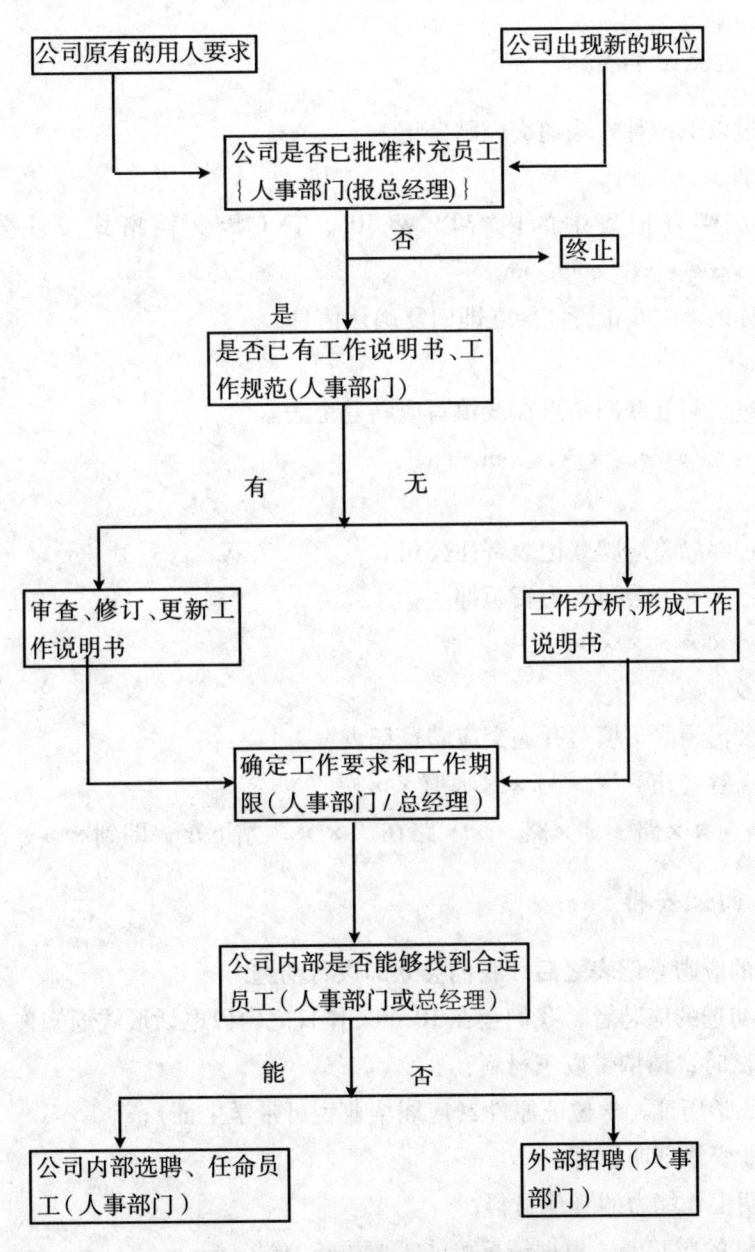

```
┌──────────────┐              ┌──────────────┐
│公司原有的用人要求│              │公司出现新的职位│
└──────┬───────┘              └──────┬───────┘
       │                             │
       │    ┌────────────────────┐   │
       └───▶│公司是否已批准补充员工│◀──┘
            │{人事部门(报总经理)} │
            └──────────┬─────────┘
                  否   │    ┌────┐
                  ────▶│终止│
                       │    └────┘
                  是   ▼
            ┌────────────────────┐
            │是否已有工作说明书、工│
            │  作规范(人事部门)    │
            └──────┬──────┬──────┘
                有 │      │ 无
                   ▼      ▼
        ┌──────────────┐ ┌──────────────┐
        │审查、修订、更新│ │工作分析、形成工│
        │  作说明书     │ │  作说明书     │
        └──────┬───────┘ └──────┬───────┘
               │                │
               ▼                ▼
            ┌────────────────────┐
            │确定工作要求和工作期 │
            │限(人事部门/总经理)  │
            └──────────┬─────────┘
                       ▼
            ┌────────────────────┐
            │公司内部是否能够找到合│
            │适员工(人事部门或总经理)│
            └──────┬──────┬──────┘
                能 │      │ 否
                   ▼      ▼
        ┌──────────────┐ ┌──────────────┐
        │公司内部选聘、任│ │外部招聘(人事  │
        │命员工(人事部门)│ │  部门)        │
        └──────────────┘ └──────────────┘
```

图2-2 公司销售人员招聘流程图

## 2.21 公司销售人员招聘程序

### 2.21.1 递交应聘登记

你可以通过以下四种方式递交应聘登记表。

1. 电子邮件

你可以将应聘登记表中的内容以 WORD、TXT 等文档格式发往公司招聘专用 E-mail 信箱：xxx@xxxx.com.cn

我们收到你的 E-mail 后，会立即回复确认信息。

2. 在线填表

你可以通过公司互联网站点在线填写应聘登记表。

网址：http://www.××.com.cn

3. 邮寄

你可以通过邮局将应聘登记表寄往公司。

邮寄地址：×××公司人力资源部

邮政编码：××××××

4. 当面递交

你可以来公司领取、填写并递交应聘登记表。

地址：××省（市）××号××大厦××层

（乘××路、××路、××路、××路在"××"站下车，即到××）

### 2.21.2 面试安排

1. 收到你的应聘登记表之后，我们会立即进行初选。

2. 凡通过初选的应聘者，我们会在10个工作日之内以电话形式通知你参加面试。

3. 参加面试时，请携带以下材料：

- 身份证、学历证、学位证原件（应届毕业生可带学生证）；
- 各类专业资格证明原件；
- 能够证明工作能力的其他材料；

4. 通过面试的应聘者，根据情况可能需要进行复试。

## 2.22 公司销售人员面试指导书

### 2.22.1 准备面试阶段

凡事预则立,不预则废。有效的面试始于精心的准备。你的第一项任务是回顾从招聘表、简历、电话考察等来源得到的关于应聘者的信息。然后根据这些背景信息整理出一个面试指导书。面试准备步骤表会指导你完成这项工作。它包括面试中两个部分的准备:对主要背景进行了解部分以及行为类问题部分。它同时让你对进行每个部分的时间做出大概的估计,这将帮助你在实际面试中有效地分配和使用时间。

面试开始的初始印象往往决定了整个面试的基调。为了得到一个正面的印象,我们需要安排好一个专业的面试,并可以增强应聘者的自尊。这些安排包括消除潜在的干扰,比如电话、传呼以及突然闯入的其他人。一个不受干扰的应聘给应聘者的信息是:这个谈话很重要,面试官认为你也很重要。

尽可能地把面试安排在专用的面试地点。假如你的办公室或工作场所不能满足私人谈话的条件,可以租用会议室。假如实在找不到私人谈话的地点,你应使应聘者的背向其他人,以使应聘者的谈话更开放。

### 2.22.2 面试开场白

1. 一个有效的面试开场白应做到:
- 让应聘者知道你想从面试中了解到什么,你打算如何去做;
- 让应聘者知道他将从面试中得到什么;
- 用积极的、友好的态度;
- 帮助应聘者消除紧张心理。

2. 欢迎应聘者,告诉他你的名字和职位,为接下来的面试打下积极的基调:
- 明确表示你欢迎应聘者来应聘本单位的某项职位;
- 赞扬应聘者的经验和成就,表示你想进一步了解他;
- 感谢应聘者按时来面试。

3. 解释面试的目的,告诉应聘者:
- 面试是双方深入了解的机会;
- 有助于你进一步了解应聘者的背景和经验;
- 有助于应聘者了解应聘的职位和组织。

4. 描述面试计划,告诉应聘者你将:

- 回顾应聘者的工作和经验，然后问他在过去的工作经历中做过的事情的实例，以及他是如何做到这一点的；
- 提供有关信息，并回答应聘者提出的有关职位和组织的问题；
- 提供为了更好地作出决策，双方都应需要的信息；
- 在面试过程中做记录。你可以向应聘者解释记录只是为了帮助你以后能记住面试的细节。

5. 简要描述工作说明

把话题转到主要背景了解部分，告诉应聘者你将开始回顾了解他的背景情况，要告诉他在了解他的背景概貌后，你将主要会问他更详细的信息。这将使应聘者大致明白你想要的信息的详细程度。

### 2.22.3 主要背景了解

1. 对主要背景了解的准备

你在面试之前对应聘者的背景了解得越多，那么在面试中你将花费越少的时间去了解其主要背景。精心的准备意味着在面试中你只需要花费几分钟来澄清和扩展你已经收集到的信息。除了节省时间以外，你对应聘者背景的了解越熟，应聘者就越能感受到尊重。你要告诉应聘者，他的背景对于你很重要，你还想了解得多一点。这使得面试有了良好的开端，为整个面试定下了积极的基调。

以下是一些帮助你准备背景回顾了解的技巧。

（1）申请材料回顾

把所有有关的申请材料放在一起，包括：简历、申请表以及电话交谈的结果，看看哪些工作和经验与目标工作相关。

（2）工作经历及经验

进一步了解有关这些的信息。注意那些你不太清楚以及你想进一步了解的地方（注意，此时你只是在寻找背景信息）。把你的问题写在主要背景了解表的适当地方。另外，记下你为了了解应聘者的工作、经验，还需要什么样的补充问题。

（3）断层

如果应聘者的工作或教育历史中存在断层，应该在背景回顾中和应聘者讨论存在的断层。只有通过交谈，你才能够清楚为什么会存在断层，以及这些断层是否对应聘者有负面影响。

（4）如何做好背景回顾了解

做好背景了解的关键在于要使应聘者能够集中于只提供概貌性的信息。这是因为你要迅速地做完这个部分，至多能用5到8分钟。假如有应聘者开始提供详细的信息，你应该提醒他现在你正在询问一般性的信息，不必说得那么详细。

做完背景回顾了解后，再把话题引向行为类问题部分。告诉应聘者现在讨论需要转向，以及他该怎么样回答。比如：

很好，现在我想问你一些工作中的具体情况。当你向我描述这些情况时，希望你能详细告诉我你的行动和结果，怎么样？

以这样的方式导向行为类问题部分会使应聘者明白他该说些什么和怎么去说。

（5）做好背景回顾了解的技巧

· 在背景回顾方面不要浪费时间。现在不要问其他的问题，但如果它们出现，可以先在相应的素质部分做个符号，等到该问这个问题时再提醒应聘者继续讲；

· 集中精力于应聘者的教育和工作简历中近期的、显著的以及与目标工作类似的方面；

· 不要问应聘者年代久远的问题；

· 当应聘者谈到他以前工作中令他满意和不满意的地方时，注意那些有助于评估其工作合适度、组织合适度以及地点合适度的信息；

· 不要把断层和工作变换想当然地视为不太好的，要找出原因才能判断；

· 只用必要的主要背景回顾结果。假如某位应聘者在同一职位上呆了10年，那么他更早期的信息的使用价值很小。

### 2.22.4 行为类问题

行为类问题部分是面试指导乃至整个目标甄选法的核心。在这部分，你将收集到详细的行为类信息，并用它们来评估应聘者在目标素质上的表现。

· 记录空间。当你记录回答时，你能方便地看到你是否缺了某个部分，以便用追问技巧来补全；

· 在面试结束后，使用分数来给应聘者的某项素质打分；

· 面试过程中记录下可观察素质的情况，例如，像交流能力和影响力这样的可观察素质。

1. 有负面影响的问题

一些事先设计好的行为类问题会问到应聘者的负面或敏感信息。尽管询问应聘者诸如一次错误的决策和一次失败的销售不是一件令人愉快的事情，但有重要的理由说明为什么要追究负面的问题：

· 可以全面、真实地了解应聘者的行为。为了全面地了解应聘者的行为和公平、准确地评估他，你既需要了解他的成功，也要了解他的失败；

· 可以了解到应聘者的一些严重缺点。假如一个应聘者因为不当和无效的行为反复失败，你应该在面试过程中就发现它们，而不是直到录用以后才发现；

· 发现应聘者在哪些方面需要发展。知道应聘者在哪些方面需要改进，你就知道假如录用了这个人，需要花费多大的努力来对他进行培训。

2. 重组问题

你可以自由地根据应聘者的经验和面试流程来改变行为类问题的先后次序。重组问题时要注意：你应该保持问题性质的平衡，即中性问题、正面问题和负面问题的平衡。

- 不要一次问太多的负面和敏感问题；
- 应该在负面问题之间给应聘者足够的时间描述他的成功的地方。

如果不注意保持问题性质的平衡，可能会使应聘者的自尊心受到伤害，会使他在面试中变得小心谨慎。

### 2.22.5 结束面试

当你要考察的素质都有了足够的反馈时，就该结束面试了。面试结束指导书能够使你做到：

- 回顾你的记录，确定你是否需要附加信息或澄清什么信息。如果你真的需要更多的信息，现在就有机会问附加问题；
- 提供关于职位、组织和地点的信息，回答应聘者的问题；
- 告诉应聘者招聘以后的步骤，感谢应聘者，结束面试。

## 2.23 公司销售人员面谈结构内容

姓名_____     申请职位_____

1. 工作兴趣
- 你认为这一职位涉及到哪些方面的工作；
- 你为什么想做这份工作；
- 你为什么认为你能胜任这方面的工作；
- 你对待遇有什么要求；
- 你怎么知道我们公司的。

2. 目前的工作状况
- 如果可能，你什么时候可以到我们公司上班；
- 你的工作单位是什么，工作职务；

3. 工作经历
- 目前或最后一个工作的职务（名称）；
- 你的工作任务是什么；
- 在该公司工作期间你一直是从事同一种工作吗；

- 如果不是，说明你曾从事过哪些不同的工作、时间多久及各自的主要任务是什么；
- 你最初的薪水是多少，现在的薪水是多少；
- 你为什么要辞去那份工作。

4. 教育背景
- 你认为你所受的哪些教育或培训将帮助你胜任所申请的工作；
- 对你受过的所有正规教育进行说明。

5. 工作以外的活动（业余活动）
- 工作以外你做些什么；
- 有哪些兴趣爱好。

6. 个人问题
- 你愿意出差吗；
- 你最大限度的出差时间可以保证多少；
- 你能加班吗；
- 你周末可以上班吗。

7. 自我评估
- 你认为你最大优点是什么；
- 你认为你最大的缺点是什么。

8. 你期望的薪水是多少。
9. 你为什么要换工作。
10. 你认为你上一个工作的主要工作成绩是什么。
11. 你对你上一个工作满意的地方在哪里，还有那些不满。
12. 你与你的上下级及同事的关系怎么样。
13. 你认为你有哪些有利的条件来胜任将来的职位。
14. 你对我们公司的印象怎样，包括规模、特点、竞争地位等。
15. 你对申请的职位的最大兴趣是什么。
16. 介绍一下你的家庭情况。
17. 对你的工作有激励作用的因素有哪些。
18. 你更喜欢独自工作还是协作工作。

## 2.24　销售人员面试时的 100 个关键问题

1. 谈谈你自己吧。
2. 你有什么问题要问吗。
3. 你的期望待遇是什么。
4. 为什么想离开目前的工作。
5. 你觉得自己最大的长处为何。
6. 你觉得自己最大的弱点（缺点）是什么。
7. 你什么时候可以来上班。
8. 目前的工作中，你觉得比较困难的部分在哪里。
9. 为什么你值得我们雇用呢。
10. 你的工作中最令你喜欢的部分是什么。
11. 对于目前的工作，你觉得最不喜欢的地方是什么。
12. 你找工作时最在乎的是什么，请谈一下你理想中的工作。
13. 请介绍你的家庭。
14. 请谈谈在工作时曾经令你感到十分沮丧的一次经历。
15. 你最近曾面谈过哪些工作，应聘什么职位，结果如何。
16. 请你用英文介绍目前服务的公司。
17. 如果我雇用你，你觉得可以为部门带来什么样的贡献。
18. 你觉得自己具备什么样的资格来胜任这项工作。
19. 谈谈你最近阅读的一本书或杂志。
20. 你觉得你的主管（同事）会给你什么样的评语。
21. 你如何规划未来，你认为 5 年后能达到什么样的成就。
22. 你觉得要获得职业上的成功需要具备什么样的特质及能力。
23. 谈谈你对于自己的表现不甚满意的一次工作经历。
24. 从你的履历来看，你在过去 5 年内更换工作颇为频繁，我如何知道如果我们录用你，你不会很快地离职。
25. 你曾经因为某一次特殊经历而影响日后的工作态度吗。
26. 你最近是否参加了培训课程，是公司资助还是自费参加，谈谈培训课程的内容。
27. 对于工作表现不尽理想的人员，你会以什么样的激励方式来提升其工作效率。
28. 你曾听说过我们公司吗，你对于本公司的第一印象如何。
29. 你如何克服工作的低潮期。

30. 你与同事之间的相处曾有不愉快的经历吗。
31. 谈谈你对加班的看法。
32. 请描述目前主管所具备的哪些特质是你认为值得学习的。
33. 你对于我们公司了解多少。
34. 你目前已离职了吗。
35. 如果这份工作经常要出差出国,平均每个月两次,每次约 5 天,你可以接受吗。
36. 你投入找工作的时间有多久了。
37. 你自认为还有哪些方面可以再加强。
38. 如何由工作中看出你是个自动自觉的人。
39. 在你过去的销售经历中,曾遇到什么样的难题,你如何克服它。
40. 你喜欢什么样的休闲活动。
41. 你对这份"行销助理"(或者其他职务)的工作有什么样的展望。
42. 你如何让部属有杰出的工作表现。
43. 对于"变化"你如何应付。
44. 你为何挑选这三位人士作为你的推荐人。
45. 请描述你目前(或之前)的主管最令人不满的地方是什么。
46. 你认为这个产业在未来 5 年内的发展趋势如何。
47. 你的主管认为你在哪些方面有改进的必要。
48. 你的工作通常能在时限内完成吗。
49. 你对于社团活动的看法如何。
50. 你觉得"秘书"(或其他职务)的工作内容究竟是什么。
51. 你为什么选择念(历史)系。
52. 你在同一家公司呆了这么久,难道不觉得若要再去重新适应新的企业文化,可能会产生严重的水土不服现象吗,你的适应能力、应变能力如何。
53. 对于明知实施后会引起反弹的政策,你仍能贯彻到底吗。
54. 如果时光能倒流,你会选择不一样的大学生活吗。
55. 你认为"成功"的定义是什么。
56. 如何兼顾事业与家庭。
57. 你觉得他人的肯定对你很重要吗,以(员工关系)这样性质的工作而言,通常是吃力不讨好的,你如何让自己保持冲劲呢。
58. 你认为什么是自己最需要改进的。
59. 你觉得学生时代所接受的各项培训足以令你胜任这份工作吗。
60. 如果你有机会重新选择,你会选择不一样的工作领域吗。
61. 你曾经有解雇员工的经历吗。

62. 请谈谈工作中令你感到无力的部分。
63. 你觉得自己还有哪些方面的特长是没有写在履历表上的。
64. 你比较喜欢团队合作的工作方式，还是独立作业。
65. 在你从前的工作经验中，哪一项是值得继续沿用至今的。
66. 你觉得你在时间安排运用方面的能力如何。
67. 通常对于别人的批评，你会有什么样的反应。
68. 如果明知"这样做不对"，你还是会依主管的指示去做吗。
69. 你知道这份工作需要常常加班吗，你觉得你能配合吗。
70. 什么样的管理风格是你所欣赏的。
71. 你如何作出决策。
72. 当你进入一家新的公司或新的产业，你会经由何种方式获得相关知识。
73. 身为一名业务人员，当你被客户拒绝时，你会如何处理。
74. 你对于主管的学历、能力都低于你有什么样的看法。
75. 你还有继续念研究生的计划吗。
76. 请叙述你个人的管理风格。
77. 谈谈最近一次因为工作而情绪失控的情形。
78. 你对于"创业"有什么样的看法。
79. 你的主管最常建议你哪方面的能力有待加强。
80. 你会希望做你老板的工作吗，为什么。
81. 你与同仁之间相处发生问题时，你会怎么做。
82. 可否描述一下你自己的个性。
83. 你的工作内容中包括列预算、审核费用以及监督部门支出的流向等方面吗，谈谈你在这方面的经验。
84. 如果我们的竞争对手也有意录用你，你的态度如何。
85. 你对于与女性主管共事的看法如何。
86. 你为什么会考虑接受一份各方面条件都低于目前职务的工作。
87. 你会考虑接受低于目前的待遇吗。
88. 你可以接受职务外调的安排吗。
89. 如果客户在前台处大声抱怨，你如何处理。
90. 如果你接到一个客户的抱怨电话，你确知无法立即解决他的问题时，你会如何处理。
91. 你有继续进修的计划吗，下班后的时间，你通常都做些什么。
92. 如果你进入本公司，对于这项职务以及这个部门，你打算做什么样的改进。
93. 你在原公司时，曾经有机会在制度或组织层面进行调整改变吗。

94. 你觉得什么样的人最难相处。
95. 请叙述你一天的工作情形。
96. 你在学校时曾参与哪些课外活动。
97. 求学时，曾经利用课余打工吗。
98. 你在学校时，曾担任系里或社团干部吗，是什么样的职务。
99. 我注意到你曾担任校园刊物的编辑，你的主要工作是什么。
100. 你曾经与晋升的机会失之交臂吗。

## 2.25　怎样才能发现一名优秀的销售经理

• 聘请销售经理时，有实力的候选人往往关心企业文化、公司内部运作环境、公司老总的个人经历、销售部门曾发生的重大事件、薪酬待遇等。"绣花枕头"却热衷讨论具体的销售工作，急着提出工作方案，表明自己的价值；

• 挑选销售经理，一定要看他的一线销售工作经历，有过站柜台、跑推销经历的最好。基层一线销售人员每日从事的工作、将要碰到的困难，销售经理必须熟悉，必须有所体会、有所心得。否则，所谓工作辅导、榜样作用、行动计划的制定乃至团队建设等都是一句空话；

• 优秀的销售经理往往都有"打攻坚战"的经历。询问经理候选人以前"打攻坚战"的销售经历和体会，可以了解他的经验是否丰富足够，是否有能力、有办法深入生意的表皮之下；

• 销售经理的任务是培养、创造超级销售人员，而不是寻找他们，或是等着他们来上门。因此，指望通过招聘新销售人员来一举解决面对的销售困难，是销售经理毫无工作经验的表现；

• 优秀的销售经理应该善于引导"超级销售人员"的工作。有时，从外面挖来的销售人才，其实是超级销售人员，做业务一流，搞管理外行，并不适合做销售经理。手上虽有现成的客户，但是带着来、带着走，哪家公司给的提成高，就往哪家公司跳槽，和公司是做生意的关系。对他们的工作安排是否恰当，关系到销售队伍的长期建设；

• 优秀的销售经理，都有与最终消费者保持接触的工作习惯。要询问经理人员上一次见到消费者的时间、地点和感受，以确认他是否对市场保持敏感；

• 销售经理在团队中最大的作用不是管理，不是监督，而是方向指引。士气低落、业绩不佳的销售队伍永远感到前途茫茫、不知何去何从，问题出在经理身上；

• 外来的和尚会念经，新到一个销售区域当经理的人，不管是从外面聘请来的，还是公司内部调任的，检验是否有管理能力的标准有两个：一是能否在新团队中尽快树立威

信。二是能否根据实际情况为区域销售引入新的运转机制,而不仅仅是照搬原来的制度;

• 优秀的销售经理应有足够的主观能动性。那些总是强调客观因素,向上面要政策、要支持的经理人,是影响销售队伍风气的害群之马。他们发现不了销售工作中存在的问题和市场中的机会,没有工作思路,制定不出能够实施的行动方案,无法为团队指明方向;

• 优秀的销售经理不会把主要精力放在制作表格、健全规章制度的事情上,他们相信"从办公桌上面看世界,世界是可怕的"这句格言。他们的特点是爱问、也会问"为什么";

• 优秀销售经理在与销售人员进行工作沟通时,不扮演"救援者"的角色。不简单地只关注问题的解决方案,随便说出"你干嘛不……"的话语来,这样只会把沟通停留在表面问题上。而是创造足够的沟通机会,能分清哪些是借口,哪些是问题本质。他经常问这样的问题:"你怎么看待目前碰到的问题","你准备用什么办法解决这些问题"或是"你已经做了哪些工作";

• 优秀的销售经理与销售人员进行工作沟通时,非常关注细节,其次是关注细节,第三还是关注细节。在细节中探讨工作,并从中发现问题的症结,是检验销售经理实力的时刻。在一名严谨而有威信的经理手下工作,没有哪个销售人员会不认真。强将手下无弱兵即这个道理;

• 当销售人员业绩不佳,优秀销售经理的第一反应应该是工作流程安排是否合理,其次考虑工作的技能经验是否足够,最后考虑工作动力不足抑或自我管理不够的问题,而不是把考虑顺序颠倒;

• 优秀的销售经理与销售人员保持良好的私人感情,并把关系维持在同志情、战友情阶段,如果想进一步关心销售人员,那么他会与销售人员的家人交朋友;

• 优秀销售经理会把一个大目标分解、转化为几个小目标,让大家看到工作的进展,有成就感,以保证团队的高昂士气。把工作目标转化为具体的工作行为,需要销售经理有丰富的经验;

• 优秀销售经理能够唤起团队精神、奉献精神,不是由于崇高,而是因为真实和真诚。往往发财、提升并不能让所有人振奋,而有时整个团队却能自发地聚集在"与竞争对手决一死战"的旗帜下;

• 优秀的销售经理不刻意追求迎合某种理想的团队文化。因为他知道文化不可能通过说教和宣讲建立起来。通宵达旦的文化灌输,可能在一次不得人心的利益分配后荡然无存。所有的优秀文化都可以通过行动表现出来。为团队文化建设做出贡献的销售经理,不是因为他们慷慨激昂地演讲,而是他们扎实的工作态度和堪称典范的榜样作用;

• 优秀的销售经理在谈及曾经离去的优秀销售人员时,都会有真诚地感情流露,或惋惜,或自责。

优秀销售经理的基本特征如表2-1所示。

表 2-1　　　　　　　　　　　　优秀销售经理基本特征表

| 品质 | 技能 | 知识 |
| --- | --- | --- |
| 1. 诚信 | 1. 观察分析能力 | 1. 企业知识 |
| 2. 自律 | 2. 应变能力 | 2. 产品知识 CSD |
| 3. 自信 | 3. 社交能力 | 3. 市场知识 |
| 4. 豁达大度 | 4. 组织能力 | 4. 顾客知识 |
| 5. 坚韧性 | 5. 沟通能力 | 5. 法律知识 |
| 6. 进取心 | | |

# 第 3 章　销售人员的上岗与离职

## 3.1 销售人员任用办法

第一条 依据。本办法依据本公司人事管理规则第七条规定制定。

第二条 人员的增补。各部门因工作需要，需增补人员时，以厂处为单位，提出"人员增补申请书"，依可能离职率及工作需要，临时工由各部拟订需要人数及工作日数呈经理核准，女性现场操作人员由各部门定期（视可能变化确定期限）拟订需要人数呈经理核准；其他人员呈总经理核准。并于每月5日前将上月份人员增补资料列表送总管理处总经理室转报董事长。

第三条 人员甄选。主办部门经核准增补人员的甄选，大专以上由总务管理处经营发展中心主办，高中以下由各公司（事业部）自办，并以公开登报招考为原则。主办部门核对报名应考人员之资格应详加审查，对不符合报考资格或有不拟采用的情况者，应即将报名书表寄还，并附通知委婉说明未获初审通过之原因。

第四条 甄选委员会的组成。新进人员甄选时应由主办部门筹组甄选委员会办理有关下列事项：

（一）考试日期、地点。
（二）命题标准及答案。
（三）命题、主考、监考及阅卷、人员及工作分配。
（四）考试成绩评分标准及审定。
（五）其他考试有关事项的处理。

第五条 成绩的评分。新进人员甄选成绩的评分标准分学科、术科、口试三项，其成绩分比例视甄选对象及实际需要由各甄选委员会订定，但口试成绩不得超过总成绩的40%。

第六条 录用情形填报。各甄选主办部门于考试成绩评定后，应将各应考人员成绩及录用情形填报总管理处总经理室。

第七条 录取通知。对于拟录取的人员，主办部门应通知申请部门填写"新进人员试用申请及核定表"，大专毕业以上人员总经理核准，并列表送总管理处总经理室转报董事长。高中毕业程度以下（除现场女性操作人员及临时人员由经理核准外）人员呈总经理核准后，即通知录取人员报到。备取人员除以书面通知列为备取外，并说明遇有机会得依序通知前来递补。对于未录取人员除应将原书表退还外，并附通知委婉说明未录取原因。自登报招考至通知前来报到的期间原则上不得超过一个月。

第八条 报到应缴文件。新进人员报到时应填缴人事资料卡、安全资料、保证书、体格检验表、户口附本及照片，并应缴验学历证书、退伍证以及其他经历证明文件。

第九条　试用。新进人员均应先行试用40天。试用期间应由各厂处参照其专长及工作需要，分别规定见习程序及训练方式，并指定专人负责指导。

第十条　训练计划。有关新进人员的训练计划规定另定。

第十一条　试用期满的考核。新进人员试用期满后由各该负责指导人员或主管于"新进人员用申请及核定表"详加考核（大专以上人员应附实习报告），并依第七条规定权限呈核，如确认其适合则予以正式任用，如确认尚需延长试用则酌予延长，如确属不能胜任或经安全调查有不法情事者即予辞退。

第十二条　处分规定。新进人员于试用期间应遵守本公司一切规定，如有受记过以上处分者，应即辞退。

第十三条　试用期间考勤规定。对新进人员于试用期间的考勤规定如下：

（一）事假达5天者应即予辞退。

（二）病假达7天者应即予辞退或延长其试用期间予以补足。

（三）曾有旷工记录或迟到三次者应即予辞退。

（四）公假依所需日数给假，其已试用期间予以保留，假满复职后予以接计。

（五）其他假比照人事管理规则第二十一条规定办理。

第十四条　停止试用或辞退。被停止试用或辞退者，仅付试用期间的薪资不另支任何费用，亦不发给任何证明。

第十五条　试用期间的待遇。试用期间薪资依人事管理规则薪级表标准核支，试用期间年资、考勤、奖惩均予并计。

第十六条　实施及修改本办法经经营决策委员会通过后实施，修改时亦同。

## 3.2 销售人员试用申请及考核表

| | | | | | | |
|---|---|---|---|---|---|---|
| 试用申请 | 姓名 | | 性别 | □男 □女 | （1）试用部门 | 部　　厂处<br>依　字第　号通知增补<br>拟派任工作：<br>拟训练计划：<br><br>主管：　经办： |
| | 籍贯 | | | | | |
| | 年龄 | | | | | |
| | 地址 | | | | | |
| | 服役 | | | | | |
| | 学历 | | | | | |
| | 专长 | | | | （2）甄选主办部门 | 聘用方式：□公开招考 □推荐挑选<br>聘用日期：　年　月　日<br>办理经过：<br>评语： |
| | 资历 | | | | | |
| | （5）直接主管意见 | | | | （3）人事部门 | 预定试用日期：自　年　月　日<br>　　　　　　　至　年　月　日<br>暂拟工资：自试用日起暂支　元<br>其他意见： |
| | （6）董事长意见 | | | | （4）经理意见 | |
| | （7）事业关系室 | | | | 试用期间：自　年　月　日<br>　　　　　到　年　月　日<br>工作项目： | |
| | （9）人事部门意见 | 考勤记录<br>职位：<br>薪资：<br>其他： | | | （8）试用部门 | 工作情形：<br>评语：<br>□拟正式任用　□拟予辞退<br>拟给职位：自　月　日起以　任用<br>拟给工资：自　月　日起支　元<br>主管：　经办： |
| | 直接主管意见 | | | | | |
| | （12）董事长 | | （11）总经理 | | （10）经理 | |

## 3.3 销售人员试用通知书

| 姓名 | | | 性别 | | 年龄 | | 籍贯 | | 学历 | | | 经历 | | |
|---|---|---|---|---|---|---|---|---|---|---|---|---|---|---|
| 派工试用单位 | 职别 | | | | | 薪金 | | 本薪：等 级 元 | | | 人力资源部 | 通知编号 | | |
| | 试用期 | 从 年 月 日到 年 月 日，共计 天 | | | | | | 津贴：等 级 元 | | | | 主任 | | |
| 试用结果 | 考核意见 | 1. 试用满意请照原工资办理聘用手续（ 月 日起）<br>2. 试用成绩优良请以 等 级 元工资给办理手续（ 月 日起）<br>3. 需继续试用<br>4. 试用不合适另行安排<br>5. 附呈鉴定报告一份 | | | | | | | | | 试用部门 | 考核人 | | |
| | 主管意见 | 1. 同意考核人意见拟准以试用原薪金（支等级薪金）<br>2. 拟不予任用， 日再另行签核<br>3. 延长试用期 天 | | | | | | | | | | 主任 | | |
| 批示 | | | | | | 人力资源部意见 | 1. 拟照试用单位意见自 月 日起以 等 级工资元正式任用<br>2. 试用不合格除发给试用期间的工资外拟自 月 日起辞退 | | | | | 人事组长 | | |
| | | | | | | | | | | | | 主管 | | |

## 3.4 销售人员报到手续表

姓名_____

| 部门 | | | 职称 | | 职等 | |
|---|---|---|---|---|---|---|
| 应聘资料 | □ | 身份证复印件 | □ | 审检证 | | |
| | □ | 毕业证书复印件 | □ | 务工证 | | |
| | □ | 体检报告书 | □ | 抚养亲属申报表 | | |
| | □ | 职工资料卡 | □ | 员工保证书 | | |
| | □ | 照片 | 经办人签章 | | | |
| 应领事项 | 1 | 员工手册或简价单 | 4 | | | |
| | 2 | 识别证 | 5 | | | |
| | 3 | 考勤卡及打卡说明 | 报到人签章 | | | |
| 人事登记 | 1 | 人员变动记录 | 4 | 人员状况差 | 7 | 劳健保 |
| | 2 | 简易名册 | 5 | 到职通报 | 8 | 核薪 |
| | 3 | 办理识别证 | 6 | 核对担保人 | 9 | 建档 |
| 总务协办 | 1 | 住宿申请 | 经办人签名 | | 领物人签名 | |
| | 2 | 领制服 | 经办人签名 | | 领物人签名 | |
| | 3 | 领衣柜钥匙 | 经办人签名 | | 领物人签名 | |

## 3.5 销售人员职前介绍表

| 姓　　名 | | 职务 | | 报到日期 | | 年　　月　　日 | |
|---|---|---|---|---|---|---|---|
| 内　　　　容 | | | | | | 介绍人 | 时间 |
| 准备接待 | 1. 了解他的工作经验，教育程度与所受之专业训练 | | | | | | |
| | 2. 他的工作说明书，他的职责与责任的说明都准备妥当 | | | | | | |
| | 3. 将他的工作场所，所需用具准备妥当 | | | | | | |
| 欢　　迎 | 1. 放松心情 | | | | | | |
| | 2. 他的从属关系说明 | | | | | | |
| | 3. 他的工作场所安排，并发给他所需之用具 | | | | | | |
| 表示关切 | 1. 与他讨论他的背景与兴趣 | | | | | | |
| | 2. 询问居住有无问题 | | | | | | |
| | 3. 上下班交通有无问题 | | | | | | |
| | 4. 在发薪水之前财务上有无问题 | | | | | | |
| 单位之任务 | 1. 介绍本单位之任务 | | | | | | |
| | 2. 简介组织概况 | | | | | | |
| | 3. 解释他在本单位之职责 | | | | | | |
| | 4. 解释他与其他同仁的关系 | | | | | | |
| | 5. 介绍他的直属主管与他的属员 | | | | | | |
| 介　　绍 | 1. 向原有同仁介绍新同仁并说明他的职责 | | | | | | |
| | 2. 向他介绍每位同仁的工作并略加赞许 | | | | | | |
| | 3. 安排同仁与他共进午餐（第一日） | | | | | | |

续表

| | | | |
|---|---|---|---|
| 主要工作内容 | 1. 逐次指示他的工作 | | |
| | 2. 解释工作标准 | | |
| | 3. 指示他工作的场所 | | |
| | 4. 指示他当工作发生困难时，何人可帮助他 | | |
| | 5. 将有关工作规定、技术手册等交他阅读 | | |
| | 6. 指导工具与装备之使用 | | |
| | 7. 强调工作安全 | | |
| | 8. 强调公司机密不可外泄 | | |
| 绩 效 | 1. 察看了解进步情形 | | |
| | 2. 鼓励他提出疑问 | | |
| | 3. 改正错误并给予鼓励 | | |
| 其 他 | | | |

人事部＿＿＿＿　　部门主管＿＿＿＿　　新进人员＿＿＿＿

## 3.6 销售人员试用标准表

制定日期：＿＿年＿＿月＿＿日

| 职　别 | 无工作经验 || 两年以下相关经验 || 两年以上相关经验 ||
|---|---|---|---|---|---|---|
| | 试用期 | 薪资标准 | 试用期 | 薪资标准 | 试用期 | 薪资标准 |
| 销售总监 | | | | | | |
| 销售总监秘书 | | | | | | |
| 销售经理 | | | | | | |
| 客户经理 | | | | | | |
| 渠道经理 | | | | | | |
| 销售工程师 | | | | | | |
| 商务代表 | | | | | | |
| 商务助理 | | | | | | |
| 销售主管 | | | | | | |
| 销售代表 | | | | | | |
| 销售助理 | | | | | | |
| 销售统计员 | | | | | | |
| 销售会计 | | | | | | |
| 销售培训主管 | | | | | | |
| | | | | | | |
| | | | | | | |
| | | | | | | |
| | | | | | | |
| | | | | | | |

## 3.7 销售人员试用表

| 人事资料 | 姓　名 | | 应聘职位 | | 聘用日 | | | |
|---|---|---|---|---|---|---|---|---|
| | 任职部门 | | 甄选方式 | | □公开招聘　□内部提升　□推荐 ||||
| | 工作经验 | 相关　　年,非相关　　年,共　　年 |||||||
| | 年龄 | | | | 学历 | ||||
| | 特殊训练技能 ||||||||

**试用计划**

1. 试用职位_____
2. 试用期限_____
3. 督导人员_____
4. 督导人员工作□观察　□训练
5. 拟安排工作_____
6. 训练项目_____
7. 试用薪资_____

核准_____ 拟订_____

**试用结果考核**

1. 试用期间自____年____月____日至____年____月____日
2. 安排工作训练项目_____
　_____
3. 工作情形　□满意　□尚可　□差_____
4. 出勤状况　迟退　　次,病假　　天,事假　　天_____
5. 评语　□拟正式任用　□拟于辞退,正式薪资拟核_____

人事经办_____　核准_____　考核_____

## 3.8 销售人员试用协议书

兹协议条件如下：

一、试用期间：自　　年　　月　　日起
　　　　　　　至　　年　　月　　日止
　　　　　　（计　　月　　日）

二、工作部门，在　　部　　科担任　　一职。

三、工作时间：每日工作　　小时，如需加班应全力配合，不得以任何不当理由拒绝。

四、薪资：1. 依照双方协议，月支　　　　元，按实际工作天数计算（含星期例假日），凡缺勤或请假均依公司规定办理。

　　　　　2. 薪资于每月　　日固定发放。

五、试用：试用期间应遵守公司管理规则，若任何一方对其职不满，则可经通知对方后随时终止试用，并不得要求任何一方赔偿。

　　此致

　　　　　　　　　　　　　　　　　　　　　　　　　　　　公司

　　　　　　　　　　　　　　　　　　　　　立协议书人：
　　　　　　　　　　　　　　　　　　　　　　　年　月　日

## 3.9 销售人员试用评核表

| 姓　名 | | 部　门 | | 职　务 | |
|---|---|---|---|---|---|
| 报到日期 | | 预定转正日期 | | | |
| 自我评价 | colspan全部 | | | | |
| 主管评价 | 工作态度 | | | 批　准 | |
| | 配合性 | | | | |
| | 技　能 | | | 审　核 | |
| | 考核结果 | □转正　□延长试用____个月<br>□辞退 | | 拟　文 | |
| 人事意见 | | | | | |
| 分管领导意见 | | | | | |

## 3.10  销售人员聘用合同书

甲方：（单位名称）＿＿＿＿＿＿＿＿＿＿＿＿＿＿＿＿＿＿
单位性质＿＿＿＿＿＿＿＿＿＿＿＿＿＿＿＿＿＿＿＿＿＿
乙方：（员工姓名）＿＿＿＿＿＿＿＿＿＿＿＿＿＿＿＿＿＿
员工家庭住址＿＿＿＿＿＿＿＿＿＿＿＿＿＿＿＿＿＿＿＿
员工身份证号码＿＿＿＿＿＿＿＿＿＿＿＿＿＿＿＿＿＿＿
甲乙双方根据国家劳动法律、法规规定，在平等自愿和协商一致的基础上，签订本合同。

一、乙方的工作岗位为＿＿＿＿＿＿＿＿＿＿＿＿＿＿＿＿

二、本合同期限采取下列第（　）种形式：

（一）有固定期限。合同期为　　年，即从＿＿年＿＿月＿＿日起至＿＿年＿＿月＿＿日止，其中包括试用期＿＿个月［续订合同不改变乙方工种（岗位）的不包括试用期，试用期时间从合同生效日起开始计算］。

（二）无固定期限。合同期从＿＿年＿＿月＿＿日起开始计算，试用期为＿＿个月（采用此种形式应在本合同第十五条规定劳动合同的终止条件）。

（三）以完成＿＿＿＿＿＿＿＿＿＿（生产工作）为期限。

三、乙方在法定时间内提供正常劳动的试用期工资为　　　元。月工资包括：基础（标准）工资　　元；津贴补贴　　元（其中1.＿＿元、2.＿＿元、3.＿＿元等）；其他　　元；奖金按甲方的规定执行；加班加点工资按法律规定执行。乙方工资不得低于市政府每年7月1日公布的最低工资标准。实行计件工资（应明确乙方计件定额和计件单价）或提成工资等工资形式的，必须进行合理的折算，其相应的折算不得低于时、日、明确的相应的最低工资率。上述劳动报酬确定后，甲方根据乙方贡献大小、技术水平的提高及生产经营情况变化、内部工资的调整适时地确定乙方的工资水平。乙方的劳动报酬随岗位的变化而变化。甲方发放工资的日期为每月＿＿日。

四、甲乙双方在合同期内应按法律、法规及有关规定参加社会保险，缴纳社会保险险费。

五、甲方应按国家规定提供安全卫生的劳动条件，对乙方进行劳动安全卫生教育，按规定做好女员工、未成年工、危险性较大的特种作业人员的劳动保护。乙方在劳动过程中，必须严格遵守国家或甲方制定的安全生产操作规程。

六、在劳动合同期内，双方应遵守国家法律、法规及甲方制定的符合劳动法律、法规的规章制度。乙方违反劳动纪律、法规、规章制度，甲方可根据情节轻重，给予不同的处分，直至开除。

七、甲乙双方协商一致的,可以解除劳动合同。

八、乙方有下列情形之一的,甲方可以随时解除动合同:

（一）在试期间被证明不符合录用条件的。

（二）严重违反劳动纪律或甲方规章制度的。

（三）严重失职,营私舞弊,对甲方利益造成重大损害的。

（四）被依法追究刑事责任的。

（五）有贪污、盗窃、赌博、打架斗殴等行为的。

（六）犯有其他严重错误的。

九、有下列情形之一的,甲方可以解除劳动合同,但应提前三十日以书面形式通知乙方:

（一）乙方患病或者非因公负医,医疗期满后,不能从事原工作也不能从事由甲方另行安排的工作的。

（二）乙方不能胜任工作,经培训或调整工作岗位,仍不能胜任工作的。

（三）劳动合同订立时所依据的客观情况发生重大变化,致使原劳动合同无法履行,经甲乙双方协商不能就变更劳动合同达成协议的。

十、甲方濒临破产进行法定整顿期间或者经营状况发生严重困难,确需裁减人员的,应当提前三十日向工会或者全体员工说明情况,听取工会或员工的意见,经向劳动行政部门报告后,可以裁减乙方。

十一、有下列情形之一的,乙方可以随时解除劳动合同:

（一）在试用期内的。

（二）甲方以暴力威胁或者非法限制人身自由的手段强迫劳动的。

（三）甲方未按照劳动合同的约定支付劳动报酬或者提供劳动条件的。

（四）甲方违反劳动合同,严重侵害乙方合法权益的。

十二、乙方有下列情形之一的,甲方不得解除劳动合同:

（一）患职业病或因公负伤并被确认丧失劳动能力的。

（二）患病或负伤,在规定的医疗期内的。

（三）符合计划生育政策的女员工在孕期、产期和哺乳期的。

（四）其他不可抗力事件,使乙方不能履行合同的。

（五）法律、行政法规规定的其他情形。

十三、本合同订明的补充件、附件和甲乙双方协商一致的有关修改合同的文件以及双方订立的培训合同是本合同的组成部分。

十四、一方违反劳动合同,给对方造成损失的,应当根据损害后果和责任大小承担违约责任（违约金数额应在本合同第十五条中订明）。

十五、双方认为需要规定的其他事项:

十六、其他事项本合同没有订明的,按有关规定执行或双方协商解决。双方当事人需变更劳动合同内容的，应当遵循平等自愿、协商一致的原则。本合同订明的事项，与新法律、法规有抵触的，按新法律、法规执行。

十七、本合同签订后，应报劳动部门备案、鉴证。双方必须严格履行。本合同一式三份，甲、乙双方各执一份，一份交劳动部门备案，均具有同等效力。

甲方（盖章）　　　　　　乙方　　　　　　　　鉴证机关
法定代表人（签章）　　　（签章）　　　　　　（盖章）
___年__月__日　　　　　___年__月__日　　　　___年__月__日

## 3.11 销售人员辞职管理办法

### 第一章 总　则

第一条　为保证公司人员相对稳定、维护正常人才流动秩序，特制定本办法。

### 第二章 辞职程序

第二条　员工应于辞职前至少一个月向其主管提出辞职请求。
第三条　员工主管与辞职员工积极沟通，对绩效良好的员工努力挽留，探讨改善其工作环境、条件和待遇的可能性。
第四条　辞职员工填写辞职申请表，经各级领导签署意见审批。
第五条　员工辞职申请获准，则办理离职移交手续。公司应安排其他人员接替其工作和职责。
第六条　在所有必须的离职手续办妥后，到财务部领取工资。
第七条　公司可出具辞职人员在公司的工作履历和绩效证明。

### 第三章 离职谈话

第八条　员工辞职时，该部门经理与辞职人进行谈话；如有必要，可请其他人员协助。谈话完成下列内容：
1. 审查其劳动合同。
2. 审查文件、资料的所有权。
3. 审查其了解公司秘密的程度。

4. 审查其掌管工作、进度和角色。

5. 阐明公司和员工的权力和义务。

记录离职谈话清单，经员工和谈话经理共同签字，并分存公司和员工档案。

第九条　员工辞职时，人事经理应与辞职人进行谈话，交接工作包括：

1. 收回员工工作证、识别证、钥匙、名片等。

2. 审查员工的福利状况。

3. 回答员工可能有的问题。

4. 征求对公司的评价及建议。

记录离职谈话清单，经员工和谈话经理共同签字，并分存公司和员工档案。

第十条　辞职员工因故不能亲临公司会谈，应通过电话交谈。

## 第四章　辞职手续

第十一条　辞职员工应移交的工作及物品：

1. 公司的文件资料、电脑磁片。

2. 公司的项目资料。

3. 公司办公用品。

4. 公司工作证、名片、识别证、钥匙。

5. 公司分配使用的车辆、住房。

6. 其他属于公司的财物。

第十二条　清算财务部门的领借款手续。

第十三条　转调人事关系、档案、党团关系、保险关系。

第十四条　辞职人员若到竞争对手公司就职，应迅速要求其交出使用、掌握的公司专有资料。

第十五条　辞职人员不能亲自办理离职手续时，应寄回有关公司物品，或请人代理交接工作。

## 第五章　工资福利清算

第十六条　辞职员工领取工资，享受福利待遇的截止日为正式离职日期。

第十七条　辞职员工结算款项：

1. 结算工资。

2. 应得到但尚未使用的年休假时间。

3. 应付未付的奖金、佣金。

4. 辞职补偿金。按国家规定，每年公司工龄补贴 1 个月、最多不超过 24 个月的本人工资。

5. 公司拖欠员工的其他款项。

须扣除以下项目：

1. 员工拖欠未付的公司借款、罚金。

2. 员工对公司未交接手续的赔偿金、抵押金。

3. 原承诺培训服务期未满的补偿费用。

如应扣除费用大于支付给员工的费用，则应在收回全部费用后才予办理手续。

### 第六章　附则

第十八条　公司辞职工作以保密方式处理，并保持工作连贯、顺利进行。

第十九条　辞职手续办理完毕后，辞职者即与公司脱离劳动关系，公司亦不受理在 3 个月内提出的复职要求。

第二十条　本办法由人事部解释、补充，经公司总经理批准颁行。

## 3.12　销售人员离职面谈记录表

日期＿＿年＿＿月＿＿日

| 姓　　名 | | 职　　称 | |
|---|---|---|---|
| 到职日期 | | 拟离职日期 | |
| 服务部门 | | 担任工作 | |
| 学　　历 | |||
| 离职原因 | |||
| 离职人员对本公司之意见 | ① ② 　　　　　　　　面谈人＿＿＿＿　日期＿＿＿＿ |||
| 主管对该员工之评语并签章 | ① ② 　　　　　　　　　　　　　　　签章：＿＿＿ |||

## 3.13 销售人员离职申请表

申请日期___年___月___日

| 部门 | | | 姓名 | | 职称 | | 备注 | |
|---|---|---|---|---|---|---|---|---|
| 离职日期 | 年 月 日 | | 主动离职 | 另有它就 | | | | |
| | | | | 志趣不合 | | | | |
| | | | | 其他 | | | | |
| 在公司服务年资 | 由 年 月 日起 至 年 月 日止 共 年 月 | | 离职原因 | 被动解职 | | | | |
| | | | | 开除 | | | | |
| | | | | 资遣 | | | | |
| | | | | 试用不合辞退 | | | | |
| | | | | 其他 | | | | |
| 核准人 | 会 计 部 | | | 总 务 部 | | 本部门主管 | 填单人 | |
| | 薪资 | 借支 | 其他 | 业务交代 | 借物 | | | |
| | | | | | | | | |

## 3.14 销售人员离职通知单

| 部门 | | 职称 | | 姓名 | |
|---|---|---|---|---|---|
| 到职日期 | 年 月 日 | 离职日期 | 年 月 日 | 全年薪资 | |
| 离 职 原 因 ||||||
| 自 动 |||| 被 动 ||
| 另有它就 | | 志趣不合 | | 开 除 | | 试用不合辞退 | |
| | | 其 他 | | 其 他 | | | |
| 物品交还或应扣款 ||||||
| 部门 | 应办事项 | 已收还或应扣金额 | 应办事项 | 已收还或应扣金额 | 接收人或经管人 | 主管 |
| | 移交清楚 | | | | | |
| 总务部门 | 福利借款 | | | | | |
| | 其他扣款 | | | | | |
| | 服 装 | | | | | |
| | | | | | | |
| 人事部门 | 工作名称 | | 劳保费 | | | |
| | | | | | | |
| 财务 | 款项未清 | | 月中借支 | | | |
| 核定 | | | 人事部门： ||||
| 部门主管： ||| 离职人：<br><br>年 月 日 |||

## 3.15 销售人员离职单

| 工作部门 | | 姓　名 | | 工卡号 | | 宿舍号 | |
|---|---|---|---|---|---|---|---|
| 职　别 | | 到期日期 | | 离职日期 | | 衣柜号 | |
| 离职原因 | | | | | | | |
| 所属部门 | 主管意见： | | 经理： | | 交接物品：1. 工具<br>2. 手册<br>3. 其他 | | |
| 人事部门 | 1. 出入证　　5. 住宿<br>2. 员工手册　6. 图书<br>3. 衣柜匙　　7. 其他<br>4. 劳保 | | | | 人事经理： | | |
| 会计部门 | 1. 应领薪资<br>2. 扣缴金额<br>3. 实发薪资 | | | 出纳： | | 会计经理： | |
| 总经理批示 | | | 备注 | | | | |

## 3.16 销售人员免职通知单

日期____年____月____日　编号____

| 姓名 | | 部门 | | 职称 | |
|---|---|---|---|---|---|
| 生效日期 | | | 引用条款 | | |
| 免职原因 | ① | | | | |
| | ② | | | | |
| | ③ | | | | |
| 备注 | ① | | | | |
| | ② | | | | |
| | ③ | | | | |

总经理____　人事部____　主管____　制单____

## 3.17 销售人员离职移交手续清单

| 离职人 | 职别 | 姓名 | 离职事由 | | 部门 | 记事 | 主管签章 |
|---|---|---|---|---|---|---|---|
| | | | | 会签部门 | 总务课 | | |
| 移交物品文件 | 由直属主管指定：<br>□经办工作交接清楚<br>□贷款追讨<br>□资料、文件交接<br>□设备、仪器、工具交接<br>□宿舍交接<br>□领用文具交接<br>□服装扣款计算<br>□图书资料归还<br>□员工手册回收<br>□服务证件回收<br>□保证事项<br>□欠款结清<br>□担保责任检查 | | | | 会计室 | | |
| | | | | | 服务部门 | | |
| | | | | | 人事部门 | | |
| | | | | | 其　他 | | |
| | | | | | | | |
| | | | | | | | |
| | | | | | | | |
| | | | | 说明 | 1. 各部门对离职人员的离职手续请予即刻办理<br>2. 本单办妥后交人事部门 | | |
| 接收人 | 职别 | 姓名 | 移交手续 | 签章 | | | |
| | | | | | | | |

## 3.18 销售人员业务交接报告表

日期＿＿年＿＿月＿＿日

| 前任职务人 | | 部　门 | | 职　称 | |
|---|---|---|---|---|---|
| 接任职务人 | | 原任部门 | | 原任职称 | |
| 人事命令发布日 | 年　月　日 | 业务交接完成日 | | 年　月　日 | |

| 交接事项 | ① |
| --- | --- |
| | ② |
| | ③ |
| | ④ |

| 备注 | ① |
| --- | --- |
| | ② |
| | ③ |

人事部＿＿　　　　　　　　　经理＿＿　　　　　　　　　交接人＿＿

# 第 4 章  销售人员职务分析与岗位职责

## 4.1 销售总监岗位职责

| 职位名称 | 销售总监 | 职位代码 | | 所属部门 | |
|---|---|---|---|---|---|
| 直属上级 | 总经理 | 管辖人数 | | 职等职级 | |
| 晋升方向 | 总经理 | 候选渠道 | | 轮转岗位 | |
| 薪金标准 | | 填写日期 | | 核准人 | |

<u>工作内容</u>
　◇协助总经理建立全面的销售战略，全面负责公司的业务拓展、管理销售人员的工作
　◇组建公司销售团队，规范销售流程，制定销售制度，完成销售目标
　◇制定销售预测、预算和相关人力计划，设计并实施促销计划
　◇参与建立企业的分销体系及制定、执行业务计划
　◇负责对区域销售进行评估、跟踪及管理
　◇通过提供咨询的途径向最主要的客户销售企业产品并提供相关解决方案
　◇领导团队配合服务部门提供高质量的增值服务、技术服务、培训计划，加强与上游厂家的深入联系
　◇深入了解本行业，把握信息，向企业提供业务发展战略与依据
　◇拓展并推进主要的客户管理计划及活动

<u>权责范围</u>
　权力：
　◇有权对销售费用的支出进行总体控制
　◇有权代表公司对外谈判并签订销售合同
　◇对下属人员有考核权
　◇对公司产品的价格浮动有建议权、审核权、否决权
　责任：
　◇对销售计划的完成负组织责任
　◇对销售合同的签订、履行和管理负总体责任，如因合同的订立、履行及管理不善给公司造成损失，应负相应的经济责任、行政责任直至法律责任

续表

**任职资格**

教育背景：

营销管理或相关专业大学本科以上学历

经验：

有 8 年以上销售工作经验，3 年以上企业高层管理经验

技能：

◇有丰富的市场营销策划经验，能够识别、确定潜在的商业合作伙伴，熟悉行业市场发展现状

◇具有卓越的营销才能，极强的市场策划与运作能力，且业绩杰出

◇熟悉现代管理模式，熟练运用各种激励措施引导团队，有能力在短时间内组织有力的销售队伍，带领团队高质量地完成公司所制定的销售任务

◇具有出色的市场拓展、项目协调及组织管理能力

◇具有出色的谈判能力和说服力

个性特征：

强烈的进取心，精力充沛，身体健康，乐观豁达，富有开拓精神

**工作环境**

办公室

工作环境舒适，基本无职业病危险

## 4.2 销售总监秘书岗位职责

**岗位要求**：女性、大专以上学历；20~28岁，两年以上文秘经验，五官端正。

**岗位名称**：销售总监秘书

**直接上级**：销售总监

**直接下级**：无

**工作范围：**

1. 在销售总监领导下，做好各种文件、电函的收发，传递分类，装订存档，管理工作。
2. 负责办公室的清洁整理工作，领导及办公室人员办公用品的领发工作。
3. 负责上司签发的文件，报告的编写，校对，打印。
4. 负责外出函件的复核、盖章、封发及本部门人员考勤工作。
5. 各种会议的会务工作，并做好记录，整理有关会议记录。
6. 完成领导交办的临时工作。
7. 搞好来访接待，电话记录。

**责任：**

1. 对文件发放的及时性负责。
2. 对文件电函管理的科学性，查找的方便性负责。
3. 对反映情况，催办工作的正确性、及时性负责。
4. 对接待的效应负责。
5. 对印章和信件使用不当造成漏洞负责，对文件校对中出现的重大差错泄密负责。

**权力：**

1. 总监不在时代替总监，行使总监的职权。
2. 对文件传递，使用中违反保密制度及公司有关规定的现象有权制止和纠正。
3. 根据反映问题的重要性，有权安排来访人员。
4. 有权督促文明办公。
5. 对违反文件管理制度的现象有权纠正。

## 4.3 销售经理岗位职责

| 职位名称 | 销售经理 | 职位代码 | | 所属部门 | | 销售部 |
|---|---|---|---|---|---|---|
| 直属上级 | 销售总监 | 管辖人数 | | 职等职级 | | |
| 晋升方向 | 销售总监 | 候选渠道 | | 轮转岗位 | | |
| 薪金标准 | | 填写日期 | | 核 准 人 | | |

**工作内容**
　　◇负责组织的销售运作，包括计划、组织、进度控制和检讨
　　◇协助销售总监制定组织的销售计划，销售政策
　　◇与市场部及组织其他部门合作，执行销售计划
　　◇能强有力地将计划转变成结果
　　◇设置销售目标、销售模式、销售战略、销售预算和奖励计划
　　◇建立和管理销售队伍
　　◇大客户开拓和维护
　　◇销售培训及指导

**任职资格**
　　教育背景：
　　市场营销或相关专业本科以上学历
　　培训经历：
　　受过市场营销、管理学、产业经济、产品知识等方面的培训
　　经验：
　　5年以上工作经验
　　技能及个性特征
　　有良好的表达能力及策划能力
　　能在压力下工作并承担巨大责任
　　良好分析、规划、组织能力

**工作环境**
　　办公室
　　工作环境比较舒适，基本无职业病危险，工作要求经常出差

## 4.4 客户经理岗位职责

| 职位名称 | 客户经理 | 职位代码 | | 所属部门 | 销售部 |
|---|---|---|---|---|---|
| 直属上级 | 销售经理 | 管辖人数 | | 职等职级 | |
| 晋升方向 | 销售经理 | 候选渠道 | | 轮转岗位 | |
| 薪金标准 | | 填写日期 | | 核准人 | |
| <td colspan="6">**工作内容**<br>　　◇策划、组织有关的市场活动<br>　　◇分析客户需求，保持与客户的良好关系，寻求机会发展新的业务<br>　　◇管理、参与和跟进咨询项目<br>　　◇与相关媒体保持良好的关系<br>　　◇协调咨询员的业务活动<br>　　◇建立管理数据库，跟踪分析相关信息<br>　　◇同客户所在公司各部门建立并保持良好的工作关系<br>　　◇获得并保持主管要求的最低总利润<br>　　◇为公司提供精确的市场信息，主要关注未来趋势</td> |
| <td colspan="6">**任职资格**<br>　　教育背景：<br>　　市场营销或相关专业本科以上学历<br>　　培训经历：<br>　　受过市场营销、产品知识、产业经济、公共关系等方面的培训<br>　　经验：<br>　　2年工作经验<br>　　技能：<br>　　沟通协调能力强<br>　　优秀的沟通、演示技巧<br>　　扎实的分析技巧及策略规划的变通技巧<br>　　个性特征：<br>　　积极主动、刻苦，忠于业务</td> |
| <td colspan="6">**工作环境**<br>　　办公室，经常出差<br>　　工作环境比较舒适，基本无职业病危险</td> |

## 4.5 渠道经理岗位职责

| 职位名称 | 渠道经理 | 职位代码 | | 所属部门 | 销售部 |
|---|---|---|---|---|---|
| 直属上级 | 销售经理 | 管辖人数 | | 职等职级 | |
| 晋升方向 | 销售经理 | 候选渠道 | | 轮转岗位 | |
| 薪金标准 | | 填写日期 | | 核准人 | |

<u>工作内容</u>
　　◇寻找并管理渠道合作者
　　◇对渠道合作者的资格和开发工作负责
　　◇管理和组织对渠道合作者的持续的支持,包括对合作者的销售和技术培训、售前协助、售后客户服务、技术支持,等等
　　◇执行渠道战略
　　◇为推动渠道销售与渠道合作者共同组织联合行动或促销活动

<u>任职资格</u>
　　教育背景:
　　营销或相关专业本科以上学历
　　培训经历:
　　受过市场营销、渠道管理、产品知识等方面的培训
　　经验:
　　3年以上渠道或直接销售经验
　　有合资或外商独资企业工作经验
　　技能:
　　熟悉商业软件市场并对渠道战略具有丰富经验
　　英语说写流利
　　良好的人际关系和沟通技能

<u>工作环境</u>
　　办公室
　　工作环境比较舒适,基本无职业病危险,工作要求经常出差

## 4.6 销售工程师岗位职责

| 职位名称 | 销售工程师 | 职位代码 | | 所属部门 | | 销售部 |
|---|---|---|---|---|---|---|
| 直属上级 | 销售经理 | 管辖人数 | | 职等职级 | | |
| 晋升方向 | 销售经理 | 候选渠道 | | 轮转岗位 | | |
| 薪金标准 | | 填写日期 | | 核准人 | | |

**工作内容**
　　◇考证市场是否适宜
　　◇获取、汇总、更新客户项目有关信息资料
　　◇保证定期去客户采购部和产品设计部联络
　　◇与总经理室一起参加商务谈判，保证按客户建议进行生产
　　◇获取有关竞争情况信息，汇总有关资料
　　◇保证及时供货

**任职资格**
　　教育背景：
　　营销或相关专业大学本科以上学历
　　培训经历：
　　受过市场营销、产品知识等方面的培训
　　经验：
　　1~2年销售经验
　　技能：
　　熟练应用计算机
　　英语流利，可做工作语言翻译
　　具有较强的社会公关能力

**工作环境**
　　办公室
　　工作环境比较舒适，基本无职业病危险，工作要求经常出差

## 4.7 商务代表岗位职责

| | |
|---|---|
| 岗位职责 | ◇熟悉公司的各项业务流程，按照流程办事<br>◇熟悉产品性格及价格，了解产品的市场行情<br>◇协调好与供货商的关系，了解产品政策，争取优惠政策<br>◇负责收集供货商的资料并整理归档<br>◇负责收集各种产品资料并整理归档<br>◇负责产品的询价，及时更新报价单<br>◇负责产品的采购，执行采购流程<br>◇负责签订产品采购合同，执行公司合同评审流程<br>◇产品到货后，负责产品的入库手续<br>◇负责商务标书的制作<br>◇领导安排的其他工作 |
| 岗位要求 | 学历及专业：专科以上学历（电子、计算机、管理、市场营销等相关专业）<br>工作经验：一年以上实际工作经验 |
| 能力要求 | ◇有一定的计算机知识<br>◇具有一定的分析思考能力及解决问题的能力<br>◇能协调本部门内部及其他部门的关系<br>◇能很好地协调与供货商的关系<br>◇具有良好的书面及口头表达能力<br>◇达到国家三级以上英语水平 |

## 4.8 商务助理岗位职责

| 职位名称 | 商务助理 | 职位代码 | | 所属部门 | 销售部 |
|---|---|---|---|---|---|
| 直属上级 | 销售经理 | 管辖人数 | | 职等职级 | |
| 晋升方向 | | 候选渠道 | | 轮转岗位 | |
| 薪金标准 | | 填写日期 | | 核准人 | |

**工作内容**
　　◇收集汇总有关市场、同行业信息，及时反映市场和销售费用状况
　　◇建立统一、完整的客户档案，对各种合同文本进行收集备案
　　◇参加商务谈判，筹备相关工作并记录
　　◇负责销售费用和市场费用的统计
　　◇负责同区域客户经理和其他机构的全面联系
　　◇负责部门内部的日常接待工作
　　◇进行本部门与其他部门的协调沟通工作
　　◇负责完成部门主管安排的其他工作

**任职资格**
　　教育背景：
　　经济、市场营销、商务管理、法律相关专业本科以上学历
　　经验：
　　有3年以上商务工作经验，有一定的谈判经验
　　技能及个性特征：
　　熟悉商务谈判流程及会议安排，文笔好，能独立起草各种商务文档
　　英语口语流利，并能熟练使用计算机办公软件和设备
　　有较强的组织计划能力、独立处理问题能力
　　性格外向、思维敏捷、良好的判断力和沟通力
　　工作责任心强，有团队协作精神

**工作环境**
　　办公室
　　工作环境基本舒适，基本无职业病危险，能适应经常出差

## 4.9 销售主管岗位职责

| 职位名称 | 销售主管 | 职位代码 |  | 所属部门 |  | 销售部 |
|---|---|---|---|---|---|---|
| 直属上级 | 销售经理 | 管辖人数 |  | 职等职级 |  |  |
| 晋升方向 | 销售经理 | 候选渠道 |  | 轮转岗位 |  |  |
| 薪金标准 |  | 填写日期 |  | 核 准 人 |  |  |

<u>工作内容</u>
　　◇根据下达的计划、任务进行业务工作，保证计划任务的完成
　　◇开拓市场，寻找新客户，扩大业务量
　　◇经常与经销商联系，衔接与落实货源，协商与控制零售价
　　◇与零售系统人员配合做好现场展示与促销工作
　　◇签订销售合同，按时回笼货款，控制发出商品
　　◇收集各种有关信息并及时反馈
　　◇建好销售台账

<u>任职资格</u>
　　教育背景：
　　市场营销或相关专业大专以上学历
　　培训经历：
　　受过市场营销、人员管理、财务知识、产品知识等方面的培训
　　经验：
　　3年以上营销及管理经验
　　技能及个性特征：
　　较好的语言及沟通能力
　　具有敬业精神、高度责任心和创新精神
　　有很强的掌控大客户的能力，能吃苦有耐性

<u>工作环境</u>
　　办公室
　　工作环境比较舒适，基本无职业病危险，工作要求经常出差

## 4.10 销售代表岗位职责

| 职位名称 | 销售代表 | 职位代码 | | 所属部门 | | 销售部 | |
|---|---|---|---|---|---|---|---|
| 直属上级 | 销售主管 | 管辖人数 | | 职等职级 | | | |
| 晋升方向 | 销售主管 | 候选渠道 | | 轮转岗位 | | | |
| 薪金标准 | | 填写日期 | | 核 准 人 | | | |

**工作内容**
　　◇客户关系管理，完成公司的销售任务
　　◇建立客户关系
　　◇识别商业机会
　　◇捕捉商业机会
　　◇签单及收款
　　◇客户满意度调查

**任职资格**
　　教育背景：
　　市场营销专业大专以上学历
　　培训经历：
　　受过市场营销、产品知识等方面的培训
　　经验：
　　有一定销售经验
　　技能：
　　熟练使用 MS Office，英语流利
　　较强的学习与适应能力
　　良好表达与沟通能力
　　个性特征：
　　乐观进取，勤奋务实，愿意尝试挑战性工作

**工作环境**
　　办公室，经常出差
　　工作环境比较舒适，基本无职业病危险

## 4.11 电话销售代表岗位职责

| 职位名称 | 电话销售代表 | 职位代码 | | 所属部门 | 销售部 |
|---|---|---|---|---|---|
| 直属上级 | 电话销售主管 | 管辖人数 | | 职等职级 | |
| 晋升方向 | | 候选渠道 | | 轮转岗位 | |
| 薪金标准 | | 填写日期 | | 核准人 | |

**工作内容**
　　◇通过电话及直邮方式开发新客户
　　◇对客户进行回访、调查
　　◇客户数据统计分析

**任职资格**
　教育背景：
　市场营销或相关专业大专以上学历
　培训经历：
　受过市场营销、产品知识等方面的培训
　经验：
　具有销售或电话销售经验
　技能：
　良好的英文，基础计算机操作熟练
　头脑灵活，喜欢从事具有挑战性的工作

**工作环境**
　办公室
　工作环境比较舒适，基本无职业病危险

## 4.12 医药销售代表岗位职责

| 职位名称 | 医药销售代表 | 职位代码 | | 所属部门 | 销售部 |
|---|---|---|---|---|---|
| 直属上级 | 销售经理 | 管辖人数 | | 职等职级 | |
| 晋升方向 | | 候选渠道 | | 轮转岗位 | |
| 薪金标准 | | 填写日期 | | 核准人 | |

**工作内容**

◇ 负责公司产品在本区域内零售市场的销售和专业性支持工作
◇ 负责在本区域内建立分销网及扩大公司产品的覆盖率
◇ 按照公司计划和程序开展医药产品推广活动，介绍本公司的产品并提供相应资料
◇ 对所管辖药品零售店进行公司产品宣传，入店培训，理货陈列，公关促销等工作
◇ 建立客户资料卡及客户档案，完成相关日常性销售报表
◇ 及时提供市场反馈信息并作出适当建议
◇ 参加公司召开的会议或组织的培训及与药店工作有关的活动
◇ 与客户建立良好关系，保持公司形象

**任职资格**

教育背景：
医学、药学、生物或营销专业大学本科以上学历

经验：
1年以上销售经验

技能及个性特征：
有当地的销售网络和销售关系，熟悉医院运作模式
有良好的沟通技巧和说服力，有很强的团队合作精神
具有独立分析和解决问题的能力
诚实正直，开拓进取，愿意接受挑战，能承受较大的工作压力
英文阅读能力良好

**工作环境**

办公室
工作环境基本舒适，基本无职业病危险，能适应经常出差

## 4.13　销售助理岗位职责

| 职位名称 | 销售助理 | 职位代码 | | 所属部门 | 销售部 |
|---|---|---|---|---|---|
| 职　　系 | | 职等职级 | | 直属上级 | 销售部经理 |
| 薪金标准 | | 填写日期 | | 核 准 人 | |

**职位概要：**
协助销售部经理完成销售部门日常事务工作

**工作内容：**
__% 协助销售部经理和销售人员输入、维护、汇总销售数据
__% 进行成本核算，提供商务报表及部门销售业绩的统计、查询、管理
__% 依据统计整理的数据资料，向主管提交参考建议与方案，用于改善经营活动
__% 整理公司定单，合同的执行并归档管理
__% 协助公司做好售后服务工作
__% 内部收支、往来账核对等账目处理
__% 接待来访客户及综合协调日常行政事务

**任职资格：**
教育背景：
◇市场营销或相关专业大专以上学历
培训经历：
◇受过市场营销、财务知识、合同管理等方面的培训
经验：
◇1年以上相关工作经验
技能技巧：
◇对市场营销工作有较深刻了解
◇了解统计软件的使用
◇熟练操作办公软件和办公自动化设备
态度：
◇坦诚、自信、高度的工作热情
◇有良好的团队合作精神，有敬业精神
◇较强的观察力和应变能力，良好的判断力和沟通能力

**工作条件：**
工作场所：办公室
环境状况：舒适
危险性：基本无职业病危险

## 4.14 销售统计员岗位职责

| 职位名称 | 销售统计员 | 职位代码 | | 所属部门 | 销售部 |
|---|---|---|---|---|---|
| 职　系 | | 职等职级 | | 直属上级 | 销售部经理 |
| 薪金标准 | | 填写日期 | | 核 准 人 | |

职位概要：
　　建立、管理、维护销售部文件数据档案，为部门制定正确的销售方案、销售计划提供决策依据

工作内容：
　　__%编制销售月报，为公司制定正确的销售策略提供及时、准确的决策依据
　　__%编制并修改市场部有关文件，以保证销售市场部按照公司的管理模式及质量标准进行工作
　　__%与其他部门协调客户有关技术方面的需求，以保证及时满足客户要求，从而保证和扩大公司的市场份额
　　__%迅速而准确地将定单录入，为公司的运行提供及时和可靠的数据基础
　　__%随时了解客户的变化，配合销售人员的业务工作，保证公司能够及时满足客户的需求

任职资格：
　　教育背景：
　　◇统计、市场营销或相关专业大专以上学历
　　培训经历：
　　◇受过市场营销、产业经济、财务统计等方面的培训
　　经验：
　　◇1年以上相关工作经验
　　技能技巧：
　　◇对市场营销工作有所了解
　　◇熟练掌握统计软件
　　◇熟练操作办公软件
　　态度：
　　◇坦诚自信，高度的工作热情
　　◇具有团队合作精神

工作条件：
　　工作场所：办公室
　　环境状况：舒适
　　危险性：基本无危险，无职业病危险

## 4.15  促销主管岗位职责

| 职位名称 | 促销主管 | 职位代码 |  | 所属部门 | 销售部 |
|---|---|---|---|---|---|
| 职　　系 |  | 职等职级 |  | 直属上级 | 销售部经理 |
| 薪金标准 |  | 填写日期 |  | 核 准 人 |  |

职位概要：
　　拟订实施促销方案，并监督实施各项促销活动，进行促销效果评估

工作内容：
　　__%根据公司整体规划，组织实施年度、季度、月度以及节假日的各种促销活动
　　__%拟订各种促销方案，并监督各种促销方案的实施与效果评估
　　__%指导监督各区域市场促销活动计划的拟订和实施，制定各市场促销活动经费的申报细则以及审批程序，并对该项程序予以监督
　　__%设计、发放、管理促销用品
　　__%协调各区域进行销量的分析并提出推进计划
　　__%制定不同时期，不同促销活动的各项预算，并依据预算控制促销经费的使用

任职资格：
　　教育背景：
　　◇市场营销、企业管理或相关专业大专以上学历
　　培训经历：
　　◇受过市场营销、管理技能开发、财务会计基础知识等方面的培训
　　经验：
　　◇有2年以上同等职位工作经验
　　技能技巧：
　　◇具备良好的客户意识以及业务拓展能力
　　◇熟悉公司产品及相关产品的市场行情
　　◇熟练操作办公软件
　　态度：
　　◇独立工作能力强，有一定领导能力
　　◇出色的表达能力和说服力，良好的团队合作精神
　　◇学习能力强，有责任心

工作条件：
　　工作场所：办公室及工作场所
　　环境状况：舒适
　　危险性：基本无危险，无职业病危险

## 4.16 促销员岗位职责

| 职位名称 | 促销员 | 职位代码 | | 所属部门 | 销售部 |
|---|---|---|---|---|---|
| 直属上级 | 销售主任 | 管辖人数 | | 职等职级 | |
| 晋升方向 | | 候选渠道 | | 轮转岗位 | |
| 薪金标准 | | 填写日期 | | 核 准 人 | |

**工作内容**
　　◇执行市场营销计划，实施本公司产品和业务的推广工作
　　◇研究本公司产品和业务，向客户进行讲解、提供资料、推广
　　◇按照销售规范进行推销，与客户建立良好的关系，宣传和维护公司形象
　　◇及时反馈客户信息，提出市场运作和销售的整改建议
　　◇为分销商提供必要的讲解、培训和指导

**任职资格**
教育背景：
企业管理或市场营销及相关专业大专以上学历
培训经历：
受过市场营销、产品知识等方面的培训
经验：
最好一年以上促销、市场开发或公关工作经验，乐于招聘应届毕业生
有本行业工作经验者优先
技能及个性特征：
有着良好的形象和气质，很强的沟通和协调能力，有出色的表达能力和说服力
学习能力强，能够深入研究市场行情和客户心理，及时掌握相关信息
具备良好的客户意识及业务拓展能力
具有一定的中英文写作及阅读水平，熟练操作办公应用软件
独立工作能力强

**工作环境**
办公室
工作环境比较舒适，基本无职业病危险，工作要求经常出差

## 4.17 发货与统计主管岗位职责

| 岗位名称 | 发货与统计主管 | 岗位要求 | 性别 | 女 |
|---|---|---|---|---|
| | | | 年龄 | 23~30 岁 |
| 直接上级 | 销售管理部经理 | | 学历 | 大专以上 |
| | | | 专业 | 会计 |
| 直接下级 | 发货员、销售会计 | | 经验 | 3 年以上会计或统计 |
| 工作职责 | ● 建立健全各类统计台账和统计档案<br>● 负责日常销售统计，对各类销售报表进行审核、整理与汇总<br>● 负责销售合同任务完成情况以及客户让利情况统计<br>● 负责客户销售到款、提货及余额明细统计<br>● 进行统计信息的传送、定期不定期向市场部和销售部反馈统计结果。在已批准的情况及范围内接受统计数据的查询和咨询<br>● 广告品促销品发放与统计；整体与区域市场销售费用台账与统计 ||||
| 工作规程 | ● 每日工作<br>①每日发货统计<br>②执行发货与统计主管工作职责<br>● 每周工作<br>①每周销售汇款统计<br>②每周宣传品促销品统计<br>● 每月工作<br>①每月 3 日完成"客户 ABC 分析表"<br>②每月 5 日完成月销售汇款目标及实绩达成分析表（全国别、区域别，客户别、个人别）<br>③每月 10 日完成宣传品发放与使用统计<br>④每月 7 日完成上月各项费用统计（全国别、区域别、客户别、个人别） ||||

## 4.18 发货员岗位职责

| 岗位名称 | 发货员 | 岗位要求 | 性别 | 女 |
|---|---|---|---|---|
| | | | 年龄 | 20~28 岁 |
| 直接上级 | 发货与统计主管 | | 学历 | 大专以上 |
| | | | 专业 | 会计或统计专业 |
| 直接下级 | 无 | | 经验 | 1 年以上 |
| 工作职责 | • 受理订货电话或订货单<br>• 审核整理订货单，办理发货手续，协调发货安排<br>• 开具出库单、发货单、产品调拨单<br>• 建立发货台账<br>• 发货统计 | | | |

## 4.19 销售会计岗位职责

| 岗位名称 | 销售会计 | 岗位要求 | 性别 | 女 |
|---|---|---|---|---|
| | | | 年龄 | 23~30 岁 |
| 直接上级 | 发货与统计主管 | | 学历 | 大专 |
| | | | 专业 | 财会 |
| 直接下级 | 无 | | 经验 | 3 年以上 |
| 工作职责 | ●各种费用报告或宣传品促销申请统计<br>●建立各种费用台账<br>●根据费用台账对各级市场与客户进行月度季度年度销售与费用统计 | | | |

## 4.20 销售行政文员岗位职责

| 岗位名称 | 销售行政文员 | 岗位要求 | 性别 | 女 |
|---|---|---|---|---|
| | | | 年龄 | 20～28岁 |
| 直接上级 | 销售管理部经理 | | 学历 | 大专以上 |
| | | | 专业 | 文秘 |
| 直接下级 | 无 | | 经验 | 2年以上 |
| 工作职责： | <ul><li>与销售部工作有关的来人来电来函接待与处理</li><li>负责销售部一线人员的考勤与跟踪</li><li>负责销售部的卫生管理工作</li><li>销售人员各类工作报表的跟踪与收集</li><li>文书处理</li></ul> | | | |

## 4.21 计调主管岗位职责

| 岗位名称 | 计调主管 | 岗位要求 | 性别 | 男 |
|---|---|---|---|---|
| | | | 年龄 | 25~33 岁 |
| 直接上级 | 销售管理部经理 | | 学历 | 大专以上 |
| | | | 专业 | |
| 直接下级 | 计划员、调度员 | | 经验 | 3 年以上 |
| 工作职责 | <ul><li>根据市场销售情况与生产部沟通制定合理的产销计划</li><li>根据市场销售情况制定合理的安全库存</li><li>编制年度月度运输计划</li><li>随时分析储运成本变化，考核运输单位</li><li>根据发货单、产品调拨单安排运输</li><li>建立运输费用台账与统计</li><li>规划本部的工作和人员分工</li><li>对运输的成本和安全性负责</li><li>对计划及安全库存的合理性负责</li></ul> ||||

## 4.22 计划员岗位职责

| 岗位名称 | 计划员 | 岗位要求 | 性别 | 男女不限 |
|---|---|---|---|---|
| | | | 年龄 | 23~33 岁 |
| 直接上级 | 计调主管 | | 学历 | 大专以上 |
| | | | 专业 | |
| 直接下级 | 无 | | 经验 | 2 年以上 |
| 工作职责 | ● 结合销售、库存统计资料、各市场销售计划以及历史资料协助部门经理制定年度、季度、月度各地区配货计划<br>● 配合市场促销活动的开展，制定地区性配货计划<br>● 根据市场需求和配货计划，及时与生产部门进行协调，确保各区域市场供货计划的落实 |||||

## 4.23 调度员岗位职责

| 岗位名称 | 调度员 | 岗位要求 | 性别 | 男女不限 |
|---|---|---|---|---|
| | | | 年龄 | 20~33 岁 |
| 直接上级 | 计调主管 | | 学历 | 大专以上 |
| | | | 专业 | |
| 直接下级 | 无 | | 经验 | 1 年以上 |
| 工作职责 | <ul><li>制定运输计划</li><li>根据出货单安排发货车辆</li><li>确保运输安全</li><li>根据产品调拨单进行区域间产品调配</li></ul> | | | |

## 4.24 档案管理员岗位职责

| 岗位名称 | 档案管理员 | 岗位要求 | 性别 | 女 |
|---|---|---|---|---|
| | | | 年龄 | 20~33 岁 |
| 直接上级 | 销售管理部经理 | | 学历 | 大专以上 |
| | | | 专业 | 图书管理或档案管理 |
| 直接下级 | 无 | | 经验 | 1年以上 |
| 工作职责 | <ul><li>销售合同收集整理归档</li><li>客户资料收集整理归档</li><li>各种政策文件资料收集整理归档</li><li>对各种档案的安全性负责</li><li>保守公司机密，不得泄露所保管的资料的任何内容</li></ul> | | | |

## 4.25 销售培训主管岗位职责

| 岗位名称 | 销售培训主管 | 岗位要求 | 性别 | 男女不限 |
|---|---|---|---|---|
| | | | 年龄 | 25~33 岁 |
| 直接上级 | 销售管理部经理 | | 学历 | 大专以上 |
| | | | 专业 | |
| 直接下级 | 无 | | 经验 | 3 年以上 |
| 工作职责 | <ul><li>根据公司培训计划拟订年度季度销售部培训计划</li><li>收集和编写销售培训教材，指导实施销售培训工作</li><li>寻找、挑选专业培训机构和培训师，保证培训的质量和数量</li><li>检查各种销售培训实施情况，分析评估培训效果</li></ul> | | | |

# 第 5 章　销售人员的培训与教育

## 5.1 销售人员培训实施办法

### 5.1.1 不定期训练

- 本公司员工教育训练由各部主管对所属员工经常实施；
- 各单位主管应拟订教育计划，并按计划切实推行；
- 各单位主管经常督导所属员工以增进其处理业务能力，充实其处理业务时应具备的知识，必要时需指定所属限期阅读与业务有关的专门书籍。

各部主管应经常利用集会，以专题研讨报告或个别教育等方式实施机会教育。

### 5.1.2 定期训练

- 本公司员工教育训练每年两次，分为上半期（4、5月中）及下半期（10、11月中）举行，视其实际情况事务、技术人员分别参加；
- 各部由主管拟订教育计划，会同总务科安排日程并邀请各分公司经理或聘请专家协助讲习，以期达成效果；
- 本定期教育训练依其性质、内容分为普通班（一般员工）及高级班（股长以上干部），但视实际情况可合并举办；
- 高级主管教育训练分为专修班及研修班，由董事长视必要时随时设训，其教育的课程进度另定；
- 各级教育训练的课程进度另定；
- 各主管实施教育训练的成果列为平时考绩考核记录，以做年终考核的资料，成绩特优的员工，可呈请选派赴国外实习或考察；
- 凡受训人员于接获培训通知时，除因重大疾病或重大事故经该主管出具证明可申请免以受训外，应于指定时间内向主管报到；
- 教育训练除另有规定外一律在总公司内实施；
- 凡受训期间中，由公司供膳，不给其他津贴。

## 5.2 销售人员培训制度

- 凡新进人员的教育训练，除人事管理规则及员工教育实施办法另有规定外，悉依本纲要实施；

- 本纲要所谓新进人员是指临时员工、试用人员、临时聘用人员及其他认为应接受训练的员工而言。
- 本教育训练的宗旨与目的如下：
  · 让新进人员明了企业机构的组织系统，进而了解本公司组织概况，各部科分管的业务营业方针，暨有关人事管理规章，望能严格遵守；
  · 使新进人员深切体认本公司远大的抱负，激发其求知欲、创造心，不断充实自己，努力向上，藉以奠定公司基础。
- 本训练的实施应斟酌新进人员每批报到人数的多少另行排订训练时间，经核准后即可依照本纲要实施；
- 新进人员经训练后，视其能力给予调派适当单位服务，但依实际需要也可先调派各单位服务然后补训；
- 凡经指定接受训练的人员，除有特殊情况事，先经人事主管单位签报核准后准予请假或免训者外，一律不得故意规避或不到，否则将从严论处；
- 训练讲习人员以部门经理为主体，各科主管协助；
- 训练课程的内容除以公司组织、各种管理章则、各部科掌管的事务及营业方针等一般基本实务教育外，同时配合精神教育；
- 训练课程的编排及时间，可依实际需要另行制定；
- 本纲要经董事长核准后施行，修改时亦同。

## 5.3 销售人员培训规定

**第一条 目的**

为培养新员工的劳动意识，传授基本的业务知识，提高其劳动技能，特制定本规定。

**第二条 原则**

培训教育要消除新员工对新环境的恐惧和不安，培养他们对企业的信赖感，使之成为企业的优秀员工。

**第三条 分类**

培训教育包括正式工作前的以修养、知识为主的就职培训；基层管理者在生产实践中进行的不脱产的业务教育指导。

**第四条 培训资料**

根据培训教育计划，在不同的培训阶段，向学员分发指导手册、视听教材、参考资料和专业教材。

**第五条 时间安排**

就职教育由人事部出面组织，从新员工报到后进行，时间为3天。

第一天主要介绍企业的沿革、组织机构、业务范围及未来发展。

第二天主要介绍就业规则、工资报酬、考勤制度、职业道德、安全卫生规则等。

第三天进行企业业务知识介绍及实地参观。

**第六条　临时录用人员培训**

临时录用人员的培训，根据实际需要不定期进行。

**第七条　业务培训实施**

业务培训由各主管部门组织，首先提出培训计划，其中包括：培训者名单、培训内容、培训时间、教师与教材、经费预算等，然后正式组织实施。

**第八条　培训过程管理**

在培训过程中，主管部门领导要给予指导、督促和检查，注意协调各种关系，尽量提供各种条件。

**第九条　培训实施后管理**

培训教育结束后，要由指导者和被指导者分别提出培训报告，并由人事部加以评价分析。

## 5.4　销售人员培训程序

销售人员培训工作是一个完整的培训过程的不断往复与循环，是销售人员培训计划的准备，制定实施与效果检查的过程，包括PDCA管理循环，即"计划——实施——评价——处理"，管理循环（如图5-1所示）。

图示P环节中，根据经营方针，分析培训的现状和未来需要，找出问题，分析问题关键所在及主要原因，制定出相应的培训方案；D环节中，按培训方案进行实施；C环节中，对实施结果进行评价，考察培训效果，并将各种信息进行及时反馈；A环节中，将行之有效的培训成果巩固下来，将遗留下的问题转入下一个循环。在整个流程中形成闭环后永无终结，一个循环的结束意味着新的一轮工作的开始，从而推动销售培训工作不断深化和延续。

从目前企业的培训情况看，在PDCA的整个培训管理循环中，基本上进行了P循环和D循环的培训工作内容，而在此循环中最为关键C、A两个过程的内容基本没进行，对培训的效果，培训的效益性、有效性没有评价，更没有对这些培训信息的反馈，整个培训程序为简单的一条线，各环节培训不是建立在前期培训评价后信息反馈的基础上，使营销人员的培训基点基本上每每相同，培训效果不明显。如果营销人员的培训工作采用此程序，并按该程序环环落实，并将培训的最终评后结果进行信息反馈，作为第二周期的培训开始，使培训工作成为闭环，那么培训效果必将是阶梯状逐渐提高。

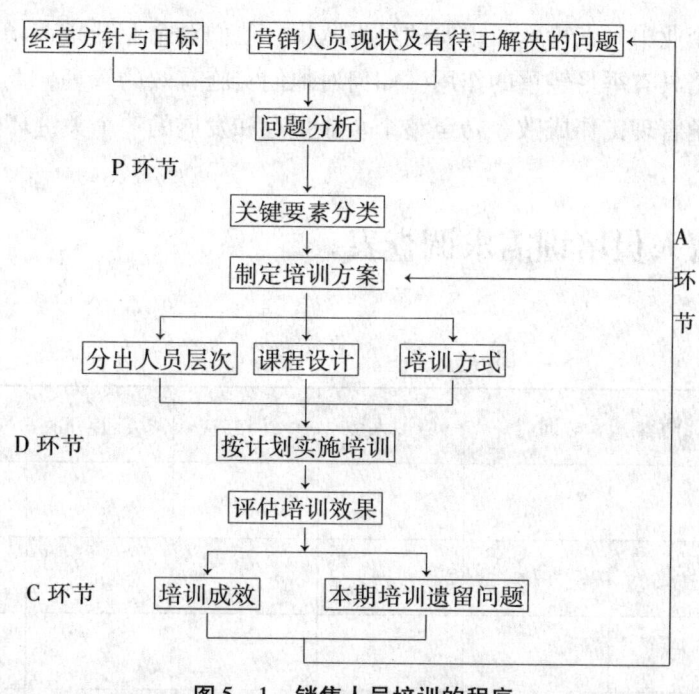

```
        ┌──────────────┐ ┌────────────────────────────┐
        │ 经营方针与目标 │ │ 营销人员现状及有待于解决的问题 │◀─┐
        └──────┬───────┘ └──────────────┬─────────────┘  │
               └────────┬────────────────┘               │
                        ▼                                │
                   ┌─────────┐                           │
   P 环节          │ 问题分析 │                           │
                   └────┬────┘                           │
                        ▼                                │
                 ┌────────────┐                          │
                 │ 关键要素分类 │                         │ A
                 └─────┬──────┘                          │ 环
                       ▼                                 │ 节
                ┌────────────┐                           │
                │ 制定培训方案 │◀──────────────────────── │
                └─────┬──────┘                           │
      ┌───────────────┼───────────────┐                  │
      ▼               ▼               ▼                  │
 ┌──────────┐  ┌──────────┐   ┌──────────┐               │
 │ 分出人员层次│  │ 课程设计 │   │ 培训方式 │              │
 └─────┬────┘  └────┬─────┘   └────┬─────┘               │
       └────────────┼───────────────┘                    │
                    ▼                                    │
              ┌──────────────┐                           │
   D 环节     │ 按计划实施培训 │                          │
              └──────┬───────┘                           │
                     ▼                                   │
              ┌──────────────┐                           │
              │ 评估培训效果 │                            │
              └──────┬───────┘                           │
          ┌──────────┴──────────┐                        │
          ▼                     ▼                        │
   ┌──────────┐        ┌──────────────────┐              │
C 环节│ 培训成效 │        │ 本期培训遗留问题 │──────────────┘
   └──────────┘        └──────────────────┘
```

**图 5-1 销售人员培训的程序**

营销工作现有流动性，不稳定性，而销售人员的各种素质水平也相差的较大，这样，就给培训工作带来一定的困难，所以要根据营销工作和销售人员的特点制定特殊的培训方式，如对营销人员进行分类，按照不同的层次制定不同的培训计划，分层进行培训，根据销售人员流动性大的特点，进行滚动培训等。

• 造就和培养人才，应按其负责的职位和其发展方向，锻炼其最需要的能力，同时亦可以把具有互为补充的能力的个体组成一个整体，去实现系统目标，完成组织规定的任务。个体应从自己位置上锻炼相应的能力。相互协调，不断增进，发展创新，丰富完善。选聘和考评人员，要求素质与能力相结合，不可偏颇哪一方。

• 对主管人员效果的考评与目标管理是联系在一起的。实行了目标管理，建立了目标管理体系，这种考评就比较容易了。主管人员在组织中的角色就是从整体上促使组织目标以及各层次和部门分目标的实现。考评内容一般就是一个主管人员能否适当地、合理地确定在一定时间内要实现的目标，采取什么措施实现这些目标，以及目标的最终实现程度。这里要重点考评两个方面：一是工作任务完成程度；二是其工作效益。

• 标准按照人员的职位标准和要求考评个体，主要包括两方面内容：一是按照职位说明书考评。考评其职权、职责、负责（对上对下）、界面关系处理等方面的执行情况；二是工作效率。主要包括组织效率、管理效率和机械效率等方面。组织效率提高主要靠见识，见识包括分析判断、决策和领导能力。管理效率提高主要靠协调，协调包括工作方法、民主作风及正确处理各种人际关系的能力。机械效率提高主要靠技能，技能包括本职位工作要求的知识技能和处理问题的工作能力。

销售人员是企业中一支特殊而重要的员工队伍，他们对企业开拓市场、制定正确的营销战略和发展战略具有举足轻重的作用。如何对他们实施有效的管理，尤其是有效的分配管理，是企业营销管理工作成败、乃至整个企业生存和发展的一个关键环节。

## 5.5　销售人员培训需求调查表

年度_____　　　　　部门_____　　　　　_____年___月___日

| 培训班别 | 培训内容 | 培训对象 | 培训人数 | 培训方式 | 培训期间 | 培训目的 |
|---|---|---|---|---|---|---|
|  |  |  |  |  |  |  |
|  |  |  |  |  |  |  |
|  |  |  |  |  |  |  |
|  |  |  |  |  |  |  |
|  |  |  |  |  |  |  |
|  |  |  |  |  |  |  |
|  |  |  |  |  |  |  |
|  |  |  |  |  |  |  |
|  |  |  |  |  |  |  |
|  |  |  |  |  |  |  |
|  |  |  |  |  |  |  |

## 5.6 销售人员年度培训计划表

| 培训班名称 | | 年度举办班数 | | 培训地点 | | 培训教授 | |
|---|---|---|---|---|---|---|---|
| 培训目的 | | | | 预算费用 | | | |
| 培训对象 | | 培训人数 | | 培训时间 | | 主办单位 | |
| 培训目标 | | | | | | | |
| 培训性质 | | | | | | | |
| 培训科目 | 科目名称 | 授课时数 | 讲师姓名 | 教材来源 | 教材大纲 | 科目代号 | 备注说明 |
| | | | | | | | |
| | | | | | | | |
| | | | | | | | |
| | | | | | | | |
| | | | | | | | |
| | | | | | | | |
| 培训方式 | | | | | | | |
| | | | | | | | |
| | | | | | | | |
| | | | | | | | |
| | | | | | | | |
| 培训进度 | 周次 | 主要培训内容 | | | | 备注说明 | |
| | 1 | | | | | | |
| | 2 | | | | | | |
| | 3 | | | | | | |
| | 4 | | | | | | |
| | 5 | | | | | | |
| | 6 | | | | | | |
| | 7 | | | | | | |
| | | | | | | | |
| | | | | | | | |

单位申请人：_____  制表人：_____  制表日期：____年____月____日

## 5.7 新进销售人员培训计划表

编号_____　　　　　　　　　　　　　　　　　　　　　拟订日期_____

| 受训人员 | 姓名 |  | 培训期间 | 月　日至　月　日止 | 辅导员 | 姓名 |  |
|---|---|---|---|---|---|---|---|
| | 学历 |  | 培训专题 |  | | 部门 |  |
| | 专长 |  | | | | 职称 |  |

| 项次 | 培训期间 | 培训日数 | 培训项目 | 培训部门 | 培训员 | 培训日程及内容 |
|---|---|---|---|---|---|---|
| 1 | 月　日至<br>月　日止 | 日 | | | 职称：<br>姓名： | |
| 2 | 月　日至<br>月　日止 | 日 | | | 职称：<br>姓名： | |
| 3 | 月　日至<br>月　日止 | 日 | | | 职称：<br>姓名： | |
| 4 | 月　日至<br>月　日止 | 日 | | | 职称：<br>姓名： | |
| 5 | 月　日至<br>月　日止 | 日 | | | 职称：<br>姓名： | |
| 6 | 月　日至<br>月　日止 | 日 | | | 职称：<br>姓名： | |

经理_____　审核_____　拟订_____

## 5.8 新进销售人员培训成绩考核表

编号＿＿＿＿　　　　　　　　　　　　　　　　　　填表日期＿＿年＿＿月＿＿日

| 姓名 | | 专长 | | 学历 | |
|---|---|---|---|---|---|
| 培训期间 | | 培训项目 | | 培训部门 | |

| 一、新进人员对所施予培训工作项目之了解程度如何 |
|---|
| 二、对新进人员专门知识之评核 |
| 三、新进人员对各项规章、制度了解情况 |
| 四、新进人员提出改善意见之评核，以实例说明 |
| 五、分析新进人员工作专长，判断其适任之工作为何，列举理由说明 |
| 六、辅导人员评语 |

总经理＿＿＿＿　　经理＿＿＿＿　　评核者＿＿＿＿

## 5.9 在职销售人员培训计划表

编号_____

| 序　号 | 课程名称 | 讲师来源 ||  数  | 预定月份 | 培训对象 | 经费对象 | 备注 |
|---|---|---|---|---|---|---|---|---|
| | | 内 | 外 | | | | | |
| | | | | | | | | |
| | | | | | | | | |
| | | | | | | | | |
| | | | | | | | | |
| | | | | | | | | |
| | | | | | | | | |
| | | | | | | | | |
| | | | | | | | | |
| | | | | | | | | |
| | | | | | | | | |
| | | | | | | | | |
| | | | | | | | | |
| | | | | | | | | |
| | | | | | | | | |
| | | | | | | | | |
| 合计 | | | | | | | | |

批准_____　　审核_____　　拟订_____

## 5.10 在职销售人员训练费用申请表

| 单位 | 姓 名 | 人员代号 | 讲授科目 | 时　数 | 钟点数 | 总计 | 盖(签)章 |
| --- | --- | --- | --- | --- | --- | --- | --- |
|  |  |  | 教材名称 | 字数（千字） | 教材费 | (元) |  |
|  |  |  |  |  |  |  |  |
|  |  |  |  |  |  |  |  |
|  |  |  |  |  |  |  |  |
|  |  |  |  |  |  |  |  |
|  |  |  |  |  |  |  |  |
|  |  |  |  |  |  |  |  |
|  |  |  |  |  |  |  |  |
|  |  |  |  |  |  |  |  |
|  |  |  |  |  |  |  |  |
|  |  |  |  |  |  |  |  |
|  |  |  |  |  |  |  |  |
|  |  |  |  |  |  |  |  |
|  |  |  |  |  |  |  |  |
|  |  |  |  |  |  |  |  |
|  |  |  |  |  |  |  |  |
|  |  |  |  |  |  |  |  |
|  |  |  |  |  |  |  |  |
| 会计部 |  | 教育训练部 |  |  |  | 单位 |  |

一式三联：①单位　　②教育训练部　　③会计部

## 5.11 在职销售人员培训测验表

| 编号 | 姓 名 | 分数 | 签 到 | 编号 | 姓 名 | 分数 | 签 到 |
|---|---|---|---|---|---|---|---|
| 1 | | | | 18 | | | |
| 2 | | | | 19 | | | |
| 3 | | | | 20 | | | |
| 4 | | | | 21 | | | |
| 5 | | | | 22 | | | |
| 6 | | | | 23 | | | |
| 7 | | | | 24 | | | |
| 8 | | | | 25 | | | |
| 9 | | | | 26 | | | |
| 10 | | | | 27 | | | |
| 11 | | | | 28 | | | |
| 12 | | | | 29 | | | |
| 13 | | | | 30 | | | |
| 14 | | | | 31 | | | |
| 15 | | | | 32 | | | |
| 16 | | | | 33 | | | |
| 17 | | | | 34 | | | |
| 会计部 | | 人事部 | | 教育培训部 | | 单 位 | |
| | | | | | | | |

填表人：_____                           制表日期：____年____月____日

## 5.12　销售人员个人培训记录表

部门_____　记录_____　编号_____

| 姓　名 | | | 工　号 | | 到职日期 | | 出生年月 | |
|---|---|---|---|---|---|---|---|---|
| 部　门 | | | | | | | | |
| 职称履历 | 日期 | | | | | | | |
| | 职称 | | | | | | | |
| 学　历 | | 日期 | | 学历 | | 专业 | | 学　校 |
| | 1 | | | | | | | |
| | 2 | | | | | | | |
| | 3 | | | | | | | |
| | 4 | | | | | | | |
| 外部培训 | | 日期 | | 职称/资格/证书/内容 | | 时数 | | 发证机构 |
| | 1 | | | | | | | |
| | 2 | | | | | | | |
| | 3 | | | | | | | |
| | 4 | | | | | | | |
| | 5 | | | | | | | |
| 内部培训 | | 日期 | | 培训内容 | | 时数 | | 评语 |
| | 1 | | | | | | | |
| | 2 | | | | | | | |
| | 3 | | | | | | | |
| | 4 | | | | | | | |
| | 5 | | | | | | | |
| 备　注 | | | | | | | | |

## 5.13 销售人员培训考核表

| 日　　期 | | | 地点 | | □内训　□外训 | |
|---|---|---|---|---|---|---|
| 培训名称 | | | 时数 | | 讲师 | |
| 应参加人数 | 人 | | 实参加人数 | | 人 | |
| 姓　　名 | 职别 | 部门 | 出勤状况 ||| 考核成绩 | 备　　注 |
| | | | | | | | |
| | | | | | | | |
| | | | | | | | |
| | | | | | | | |
| | | | | | | | |
| | | | | | | | |
| | | | | | | | |
| | | | | | | | |
| | | | | | | | |
| | | | | | | | |
| | | | | | | | |
| | | | | | | | |
| | | | | | | | |
| | | | | | | | |

总经理_____　人事主管_____　制表_____

## 5.14　企业培训销售人员反馈表

| 培 训 名 称 | | 培 训 编 号 | |
|---|---|---|---|
| 培训员工姓名 | | 培训员工性别 | |
| 培 训 方 式 | | 使 用 资 料 | |
| 培 训 时 间 | | 培 训 地 点 | |
| 讲 师 姓 名 | | 主 办 单 位 | |
| 培训后的检讨 | 培训员工意见 | 1. 本课程的时间安排 | |
| | | 2. 本课程的安排的场所 | |
| | | 3. 本课程的教材内容 | |
| | | 4. 本课程的讲师的表达 | |
| | | 5. 服务 | |
| | | 6. 建议 | |
| | | 7. 培训内容在工作上的运用程度 | |
| | | | |
| | | | |
| | | | |
| | 主办单位意见 | | |

总经理：_____　主办单位：_____　制表人：_____　填表日期：___年___月___日

## 5.15 企业培训销售人员评估表

| 部门名称 | |
|---|---|
| 姓　　名 | |
| 职　　务 | |
| 培训课程名称 | |
| 请从下列方面对你的培训课程进行评估,并将评估分数与意见写在相应的栏目中。其中:<br>A 代表非常满意;B 代表比较满意;C 代表可以接受;D 代表比较不满意;E 代表非常不满意 ||
| 培训地点 | 评价意见 |
| 培训日期 | 评价意见 |
| 培训时间 | 评价意见 |
| 培训人 | 评价意见 |
| 授课内容 | 评价意见 |
| 工具的使用 | 评价意见 |
| 授课的关联性 | 评价意见 |
| 总体授课的关联性 | 评价意见 |
| 备注说明 | |

| 填表人 | | 核准人 | |
|---|---|---|---|
| 签　名 | | 签　名 | |
| 日　期 | | 日　期 | |

主管人:_____

## 5.16 销售人员培训与教育管理办法

第一章 总　则
第一条　为鼓励员工参加提高其自身业务水平和技能的各种培训，特制定本办法。
第二章 范围和原则
第二条　公司全体员工均享有培训和教育的权力和义务。
第三条　员工培训是以提高自身业务素质为目标的，须有益于公司利益和企业形象。
第四条　员工培训和教育以不影响本职工作为前提，遵循学习与工作需要相结合、讲求实效，以及短期为主、业余为主、自学为主的原则。
第三章 内容和形式
第五条　培训、教育形式为：

1. 公司举办的职前培训。
2. 在职培训。
3. 脱产培训。
4. 员工业余自学教育。

第六条　培训、教育内容为：

1. 专业知识系统传授。
2. 业务知识讲座。
3. 信息传播（讲课、函授、影像）。
4. 示范教育。
5. 模拟练习（案例教学、角色扮演、商业游戏）。
6. 上岗操作（学徒、上岗练习、在岗指导）。

第四章 培训培育管理
第七条　公司培训教育规划

1. 公司根据业务发展需要，由人事部拟订全公司培训教育规划。每半年制定一次计划。
2. 各部门根据公司规划和部门业务内容，再拟订部门培训教育计划。

第八条　公司中高级（专业技术）人员每年脱产进修时间累计不低于 72 小时，初级（专业技术）人员每年脱产进修时间累计不低于 42 小时，且按每 3 年一个知识更新周期，实行继续教育计划。
第九条　公司定期、不定期地邀请公司内外专家举办培训、教育讲座。

第十条　学历资格审定。员工参加各类学习班、职业学校、夜大、电大、函大、成人高校的学历资格，均由人事部根据国家有关规定认定，未经认可的不予承认。

第十一条　审批原则

　　1. 员工可自行决定业余时间参加各类与工作有关的培训教育；如影响工作，则需经主管和人事部批准方可报名。

　　2. 参加业余学习一般不应占用工作时间，不影响工作效率。

第十二条　公司每半年考核员工培训教育成绩，并纳入员工整体考核指标体系。

第十三条　对员工培训教育成绩优异者，予以额外奖励。

第十四条　对员工业绩优异者，公司将选拔到国内或国外培训。

第十五条　凡公司出资外出培训进修的员工，须签订合同，承诺在本公司的一定服务期限；

1. 脱产培训6个月以上、不足1年的，服务期2年。

2. 脱产培训1年以上、不足3年的，服务期3年。

3. 脱产培训3年以上、小足4年的，服务期4年。

4. 脱产培训4年以上的，服务期5年。

多次培训的，分别计算后加总。

第十六条　凡经公司批准的上岗、在职培训，培训费用由公司承担。成绩合格者，工资照发；不合格者，扣除岗位津贴和奖金。

第十七条　公司本着对口培训原则，选派人员参加培训回来后，一般不得要求调换岗位；确因需要调岗者，按公司岗位聘用办法处理。

第五章　培训费用报销和补偿

第十八条　符合条件的员工，其在外培训教育费用可酌情报销。

第十九条　申请手续

　　1. 员工申请培训教育时，填写学费报销申请表。

　　2. 经各级主管审核批准后，送交人事部备案。

　　3. 培训、教育结束，结业、毕业后，可凭学校证明、证书、学费收据，在30天内经人事部核准，到财务部报销。

第二十条　学习成绩不合格者，学费自理。自学者原则上费用自理，公司给予一定补助。

第二十一条　学习费用很大，个人难以承受，经总经理批准后可预支使用。

第二十二条　学杂费报销范围。入学报名费、学费、实验费、书杂费、实习费、资料费及人事部认可的其他费用。

第二十三条　非报销范围。过期付款、入学考试费、计算器、仪器购置费、稿纸费、市内交通费、笔记本费、文具费、期刊费、打字费等。

第二十四条  员工在约定服务期限内辞职、解除劳动合同的，均应补偿公司的培训出资费用，其范围为：

1. 公司出资接收的大、中专毕业生、研究生。
2. 公司出资培训的中、高级技工。
3. 公司出资培训的高技术、特殊、关键岗位员工。
4. 公司出资出国培训的员工。
5. 公司出资在外办班、专业培训累计超过4个月教育的员工。不包括转岗再就业、领导决定调职、未被聘任落选后调离的情况。

第二十五条  补偿费用额计算公式

$$补偿额 = 公司支付的培训费用 \times \left(1 - \frac{已服务年限}{规定服务年限}\right)$$

其中，培训费用指公司支付的学杂费，公派出国、异地培训的交通费和生活补贴等。不包括培训期间的工资、奖金、津贴和劳动福利费用。

第二十六条  补偿费用由调出人员与接收单位自行协商其是否共同支付或分摊比例。该补偿费用回收后仍列支在培训费用科目下，用于教育培训目的。

### 第六章  附  则

第二十七条  本办法由人事部会同财务部执行，总经理办公会议通过后生效。

## 5.17  销售人员入职培训管理规定

**培训目的**

- 使新员工在入职前对公司有一个全方位的了解，认识并认同公司的事业及企业文化，坚定自己的职业选择，理解并接受公司的共同语言和行为规范；
- 使新员工明确自己的岗位职责、工作任务和工作目标，掌握工作要领、工作程序和工作方法，尽快进入岗位角色。

**培训期间**

新员工入职培训期1个月，包括2～3天的集中脱岗培训及后期的在岗指导培训。人力资源与知识管理部根据具体情况确定培训日期。学校定于每学期开学两周内组织新一期新员工培训。

**培训对象**

公司所有新进员工。

**培训方式**

- 脱岗培训。由人力资源与知识管理部制定培训计划和方案并组织实施，采用集中授课及讨论、参观的形式；

●在岗培训。由新员工所在部门负责人对其已有的技能与工作岗位所要求的技能进行比较评估，找出差距，以确定该员工培训方向，并指定专人实施培训指导，人力资源与知识管理部跟踪监控。可采用日常工作指导及一对一辅导形式。

培训教材

《员工手册》、部门《岗位指导手册》等。

培训内容

●企业概况。公司创业历史、企业现状以及在行业中的地位、学校品牌与经营理念、学校企业文化、学校未来前景、组织机构、各部门的功能和业务范围、人员结构、薪资福利政策、培训制度、历年重大人事变动或奖惩情况介绍、学校团队精神介绍、沟通技能训练及新员工关心的各类问题解答等；

●员工守则。企业规章制度、奖惩条例、行为规范等；

●入职须知。入职程序及相关手续办理流程；

●财务制度。费用报销程序及相关手续办理流程以及办公设备的申领使用；

●安全知识。消防安全知识、设备安全知识及紧急事件处理等；

●沟通渠道。员工投诉及合理化建议渠道介绍；

●实地参观。参观企业各部门以及工作娱乐等公共场所；

●介绍交流。介绍公司高层领导、各部门负责人及对公司有突出贡献的骨干与新员工认识并交流恳谈；

●在岗培训。服务意识、岗位职责、业务知识与技能、业务流程、部门业务周边关系等；

●学校教学模式及教学课题研究。

培训考核

培训期考核，分书面考核和应用考核两部分，脱岗培训以书面考核为主，在岗培训以应用考核为主，各占考核总成绩的50%。书面考核考题由各位授课教师提供，人力资源与知识管理部统一印制考卷；应用考核通过观察测试等手段考查受训员工在实际工作中对培训知识或技巧的应用及业绩行为的改善，由其所在部门的领导、同事及人力资源与知识管理部共同鉴定。

效果评估

人力资源与知识管理部通过与学员、教师、部门培训负责人直接交流，并制定一系列书面调查表进行培训后的跟踪了解，逐步减少培训方面和内容的偏差，改进培训方式，以使培训更加富有成效并达到预期目标。

培训工作流程

●人力资源与知识管理部根据各部门的人力需求计划统筹进人指标及进人时间，根据新入职员工的规模情况确定培训时间并拟订培训具体方案，并填写《新员工脱岗培训计划书》报送人力资源中心及相关部门；

- 人力资源与知识管理部负责与各相关部门协调，做好培训全过程的组织管理工作，包括经费申请、人员协调组织、场地的安排布置、课程的调整及进度推进、培训质量的监控保证以及培训效果的考核评估等；
- 人力资源与知识管理部负责在每期培训结束当日对学员进行反馈调查，填写《新员工入职培训反馈意见表》，并根据学员意见七日内给出对该课程及授课教师的改进参考意见汇总学员反馈表送授课教师参阅；
- 授课教师在七日内拿出改进方案并填写《教师反馈信息表》交人力资源与知识管理部审议；
- 人力资源与知识管理部在新员工集中脱产培训结束后一周内，提交该期培训的总结分析报告，报总裁审阅；
- 新员工集中脱产培训结束后，分配至相关部门岗位接受上岗指导培训（在岗培训），由各部门负责人指定指导教师实施培训并于培训结束时填写《新员工在岗培训记录表》报人力资源与知识管理部；
- 人力资源与知识管理部在新员工接受上岗引导培训期间，应不定期派专人实施跟踪指导和监控，并通过一系列的观察测试手段考查受训者在实际工作中对培训知识和技巧的运用以及行为的改善情况，综合、统计、分析培训为企业业务成长带来的影响和回报的大小，以评估培训结果，调整培训策略和培训方法。

## 5.18 销售人员训练课程表

| | | |
|---|---|---|
| 第一天 | 第1章 销售人员成功的法则 | |
| | 第2章 中坚销售人员的职务分析 | |
| | 第3章 营销的概念、原则、功能 | |
| | 第4章 地区市场攻略法 | |
| | 第5章 水平思考与潜在顾客开拓法 | |
| | 第6章 推销活动计划与准备 | |
| 第二天 | 第7章 营销地图的制作法与运用法 | |
| | 第8章 人类欲望的研究 | |
| | 第9章 洽谈进行方法（购买心理的七阶段） | |
| | 第10章 接近顾客的方法与如何开口讲话的研究 | |
| | 第11章 唤起购买意欲的标准推销说话法 | |
| | 第12章 产品知识、效用与销售基点 | |
| 第三天 | 第13章 FABE方法：FABE表的制作 | |
| | 第14章 应付顾客反对意见的方法 | |
| | 第15章 挑战式顾客资料卡 | |
| | 第16章 竞争者的分析与竞争情报的运用 | |
| | 第17章 促成销售的方法 | |
| | 第18章 推销说话技巧的改进法 | |
| 第四天 | 第19章 角色扮演法 | |
| | 第20章 情报收集法 | |
| | 第21章 分段式的商业书信写作法 | |
| | 第22章 自我管理实施法 | |
| | 第23章 处理抱怨的方法 | |
| | 第24章 销售人员的自我启发 | |

## 5.19 销售人员业务素质培训表

| 培训内容＼姓名 | 1 本公司的营业方针 | 2 专业推销员的心情 | 3 产品知识 | 4 推销基点 | 5 顾客资料卡的制作方法与应用 | 6 访问时机的选定 | 7 访问计划的制定 | 8 购买心理的七个阶段 | 9 推销说话法的研究 | 10 洽谈进行的方法 | 11 应付顾客反对意见的方法 | 12 促成销售的方法 | 13 标准推销说话法 | 14 信用调查的方法 | 15 收款的方法 | 16 处理顾客抱怨的方法 | 备注 |
|---|---|---|---|---|---|---|---|---|---|---|---|---|---|---|---|---|---|
| 赵一 | √ | √ | √ | √ | 7/15 | √ | √ | √ | √ | √ | √ | √ | √ | 9/20 | √ | √ | |
| 孙二 | √ | 6/10 | √ | √ | 7/15 | √ | √ | √ | √ | √ | √ | 9/1 | 9/1 | 9/20 | √ | 10/5 | |
| 张三 | 6/20 | √ | √ | √ | 7/15 | 7/5 | 7/5 | √ | √ | √ | 8/15 | 9/1 | 9/1 | 9/20 | √ | 10/5 | |
| 李四 | √ | √ | 6/5 | 6/5 | 7/15 | √ | √ | √ | √ | √ | 8/15 | √ | √ | 9/20 | 10/5 | √ | |
| 王五 | √ | √ | √ | √ | 7/15 | √ | 7/15 | 8/5 | √ | √ | 8/15 | √ | √ | 9/20 | √ | √ | |
| 陈六 | 6/20 | 6/20 | √ | √ | 7/15 | √ | √ | 8/15 | 9/1 | √ | 9/20 | √ | 10/5 | √ | √ | √ | |
| 郑七 | √ | √ | √ | √ | - | - | - | √ | √ | √ | √ | √ | - | 9/20 | 10/5 | √ | |
| 杨八 | 6/20 | - | 6/5 | - | 7/15 | √ | √ | √ | √ | √ | √ | √ | √ | √ | - | 10/5 | |

√ 已经学过的　　－ 不需学习的　　○ 必须培训的项目　　6/20 培训预定日期

## 5.20 销售人员实地训练进行表

| 姓名＼工作内容 | 1 本公司的营业方针 | 2 专业推销员的心情 | 3 产品知识 | 4 推销基点 | 5 顾客资料卡的制作方法与应用 | 6 访问时机的选定 | 7 访问计划的制定 | 8 购买心理的七个阶段 | 9 推销说话法的研究 | 10 洽谈进行的方法 | 11 应付顾客反对意见的方法 | 12 促成销售的方法 | 13 标准推销说话法 | 14 信用调查的方法 | 15 收款的方法 | 16 处理顾客抱怨的方法 | 备注 |
|---|---|---|---|---|---|---|---|---|---|---|---|---|---|---|---|---|---|
| 赵一 | □ | □ | □ | □ | ○ | □ | □ | □ | □ | □ | □ | □ | □ | □ | | | |
| 孙二 | □ | ○ | □ | □ | ○ | □ | □ | □ | □ | - | □ | - | - | | | | |
| 张三 | □ | □ | □ | □ | ○ | □ | □ | □ | □ | □ | △ | □ | - | - | | | |
| 李四 | □ | □ | □ | - | ○ | □ | □ | □ | □ | □ | △ | □ | □ | □ | | | |
| 王五 | □ | □ | □ | □ | ○ | ○ | - | □ | □ | □ | □ | □ | □ | □ | | | |
| 陈六 | □ | △ | □ | □ | ○ | □ | - | □ | □ | □ | □ | - | □ | - | - | | |
| 郑七 | □ | □ | □ | □ | - | - | | | | | | | □ | - | - | | |
| 杨八 | ○ | - | □ | - | ○ | - | | | | | | | | | | | |

△ 分配到作业中去　○ 在严格监督下作业　□ 可以一面指导一面作业
□ 在通常监督下作业　- 不需学习的

## 5.21 药店销售人员培训实例

有调查结果表明，除了电视广告药店店员对消费者购药的影响大于其他各种广告媒体。由于绝大多数患者对药品及其相关知识不懂或知之甚少，当店员向消费者推荐某种药品时，约有74%的消费者会接受店员的意见。而在零售市场上，面对消费者更多的是药店店员，店员是企业与消费者之间的纽带。随着医药卫生体制改革的深入，药品生产企业与零售企业会利用优势互补，进行强强联合，店员培训活动的开展将会增加两者的深层合作。由此，许多企业认识到拓展零售药店、培训合格的药店店员已成为竞争中有效的营销策略。

### 5.21.1 店员不能主动向消费者推荐药品的原因

- 不具备必要的专业知识，不能充分了解所推荐的药品，所以没有信心正确指导顾客购买使用；
- 不了解该产品的生产企业情况，特别是企业人才、技术、资金以及管理等方面的情况；
- 企业的医药代表与药店店员未建立良好的关系；
- 对该企业药品的质量。疗效不了解，缺乏信任，很难在自己的脑海里形成良好的印象。

### 5.21.2 消费者没有接受店员推荐药品的主要原因

- 店员的专业知识不够，对所推荐的药品，患者不能明了；
- 产品无品牌，企业无知名度；
- 产品的价格偏高，不能承受，只好选择其他品牌；
- 店员的服务态度和服务质量较差，很难与消费者交流；
- 具有明显夸大其辞的宣传，引起了消费者的反感。

### 5.21.3 如何开展店员培训

（1）做好活动前的准备、策划、预算工作

设定目标，写出活动安排，要具体到时间、地点、参加对象、人数、方式，会议的主题内容、纪念品、费用的预算等。

- 时间的选择。活动时间可选择在两班交接班时，或节假日、业余时间等。可根据实际情况而定；

- 活动地点的选择。可选择在药店的会议室，或租赁其他的活动场所，如电影院、酒店的会议室等；
- 参加对象。店员、柜组长、店主任、店经理、其他人员；
- 参加人数。每次60人左右为宜。
- 培训内容：

①企业介绍，可以放映介绍本公司情况的光盘、幻灯片，发放其他宣传资料；
②针对零售市场销售品种，进行公司产品及相关医学背景知识介绍；
③服务礼仪；
④药店管理的知识。

- 培训讲师的聘请：

①可以是本公司的零售医药代表，自己熟悉内容后，登台讲解企业相关知识；
②可请在相关方面有一定名望、熟悉本公司药品并与本公司有良好关系的当地临床医生/专家，讲解医药及产品知识；
③可以聘请营销和管理学方面的专家、教授，讲授营销管理以及公关服务礼仪。

- 纪念品的确定。根据参加对象，确定纪念品的形式、数量，纪念品的发放方式等；
- 进行费用预算。对活动所涉及到的费用进行合理的预算，并做到有效控制。主要包括，聘请专家费、场地租赁费、各种资料费、纪念品费用、其他费用；
- 将活动安排与药店负责人沟通，取得支持；
- 一旦确定之后，发邀请函或由药店领导发通知给与会者；
- 准备好活动的议程之后，本公司内部人员明确分工，各司其职，会场布置要清新别致，而且要注意检查会场及设施、器材，防止活动中出现问题；
- 活动主持人、主讲人要确定讲解内容，可适当增加一些有趣资料，以丰富会场的气氛；
- 事先要预演。

（2）活动的议程和控制

- 要有详细的活动议程安排，并将议程安排告知与会者；
- 要严格按议程进行；
- 要预想到各种会影响活动效果的事件，并想好补救方案。

### 5.21.4 事后的效果跟进

活动进行得顺利圆满，并不等于达到了预期的目的。如果活动后两周内没有跟进工作，店员对这次活动就会淡忘。事后跟进可做以下工作：

- 会议后进行逐个回访，了解活动的效果，特别是要与有不满情绪的与会人员进行沟通，表示歉意，争取达成共识；

- 做好回访记录，整理汇报，总结分析效果。

药品零售是一项长期性、综合性的工作，需要长期艰辛的努力，应不断总结和创新。开发药品零售市场是制药企业新的增长点，但更重要的是应通过零售市场的运作，树立企业的形象和品牌。

# 第 6 章　销售人员的销售业务管理

## 6.1 销售计划表

年度_____月份_____

| 目次 | 产品名称 | 单位 | 内销 ||| 外销 ||| 合作外销 ||| 合计 |||
|---|---|---|---|---|---|---|---|---|---|---|---|---|---|---|
| | | | 数量 | 单价 | 金额 | 数量 | 单价 | 金额 | 数量 | 单价 | 金额 | 数量 | 单价 | 金额 |
| | | | | | | | | | | | | | | |
| | | | | | | | | | | | | | | |
| | | | | | | | | | | | | | | |
| | | | | | | | | | | | | | | |
| | | | | | | | | | | | | | | |
| | | | | | | | | | | | | | | |
| | | | | | | | | | | | | | | |
| | | | | | | | | | | | | | | |
| | | | | | | | | | | | | | | |
| | | | | | | | | | | | | | | |
| | | | | | | | | | | | | | | |
| | | | | | | | | | | | | | | |
| | | | | | | | | | | | | | | |
| 合计 | | | | | | | | | | | | | | |

审核：　　　　填表：

## 6.2 月份销售计划表

_____年_____月_____日
（1）销售目标：　　　　　　　　　　　　　　　　　　（填各产品销售数量、金额）

| 业务人员 | | | | | | | | | | | |
|---|---|---|---|---|---|---|---|---|---|---|---|
| | | | | | | | | | | | |
| | | | | | | | | | | | |
| | | | | | | | | | | | |
| | | | | | | | | | | | |
| | | | | | | | | | | | |
| | | | | | | | | | | | |
| | | | | | | | | | | | |
| 合计 | | | | | | | | | | | |

（2）利润目标：毛利_____，扣除预计分摊费用_____%，净利预计_____

| 销售成本 | | | | | | | | | |
|---|---|---|---|---|---|---|---|---|---|
| 毛利 | | | | | | | | | |
| 销售费用 | | | | | | | | | |
| 净利 | | | | | | | | | |

（3）本月加强商品
（4）本月计划促销活动
（5）其他

## 6.3 销售预算计划表

☐个人提报
☐部门

___年___月___日

| 月份 | 人事费 | 广告费 | 交通费 | 邮电费 | 差旅费 | 交际费 | 其他 | 备注 |
|------|--------|--------|--------|--------|--------|--------|------|------|
| 一月 | | | | | | | | |
| 二月 | | | | | | | | |
| 三月 | | | | | | | | |
| 四月 | | | | | | | | |
| 五月 | | | | | | | | |
| 六月 | | | | | | | | |
| 七月 | | | | | | | | |
| 八月 | | | | | | | | |
| 九月 | | | | | | | | |
| 十月 | | | | | | | | |
| 十一月 | | | | | | | | |
| 十二月 | | | | | | | | |
| | | | | | | | | |
| | | | | | | | | |
| | | | | | | | | |
| | | | | | | | | |
| | | | | | | | | |
| 合计 | | | | | | | | |

## 6.4 促销工作计划表

| 产品名称 | _月_日预计 | _月_日实际销 | 本月营业额 | 配销方式 | 目前销售方式 | 销售客户 | 促销方式 | 方法说明 | 督导人员 |
|---|---|---|---|---|---|---|---|---|---|
| | | | | | | | | | |
| | | | | | | | | | |
| | | | | | | | | | |
| | | | | | | | | | |
| | | | | | | | | | |
| | | | | | | | | | |
| | | | | | | | | | |
| | | | | | | | | | |
| | | | | | | | | | |
| | | | | | | | | | |
| | | | | | | | | | |
| | | | | | | | | | |
| | | | | | | | | | |
| | | | | | | | | | |
| | | | | | | | | | |
| | | | | | | | | | |
| | | | | | | | | | |
| | | | | | | | | | |
| | | | | | | | | | |
| | | | | | | | | | |

## 6.5 促销活动计划表

　　　　　　　　　　　　　　　　　　　　　　　　　　　　　　　　　月　　日

| 促销编号 | 针对产品 | 促销方式 | 促销期间 起 | 止 | 负责人 | 配合事项 | 预计经营 | 预期效果 | 备注 |
|---|---|---|---|---|---|---|---|---|---|
| | | | | | | | | | |
| | | | | | | | | | |
| | | | | | | | | | |
| | | | | | | | | | |
| | | | | | | | | | |
| | | | | | | | | | |
| | | | | | | | | | |
| | | | | | | | | | |
| | | | | | | | | | |
| | | | | | | | | | |
| | | | | | | | | | |
| | | | | | | | | | |
| | | | | | | | | | |
| | | | | | | | | | |
| | | | | | | | | | |
| | | | | | | | | | |
| | | | | | | | | | |
| | | | | | | | | | |
| | | | | | | | | | |
| | | | | | | | | | |

## 6.6 销售人员行动计划表

月份重点行动目标表

| 姓　　名 |  | 总经理 |  | 区域经理 |  |
|---|---|---|---|---|---|
| 本月销售方针及计划 ||||||
| 重点销售商品 || 重点拜访客户名单 || 新开拓客户名单 ||
| 1. || 1. || 1. ||
| 2. || 2. || 2. ||
| 3. || 3. || 3. ||
| 4. || 4. || 4. ||
| 5. || 5. || 5. ||

周别行动计划表

| 重点目标 |||||||
|---|---|---|---|---|---|---|
| 重点销售商品 |||||||
| 重点拜访客户名单 |||||||
| 重点行动目标 || 星期一 | 星期二 | 星期三 | 星期四 | 星期五 |
| 1. |||||||
| 2. |||||||
| 3. |||||||
| 1. |||||||
| 2. |||||||
| 3. |||||||
| 1. |||||||
| 2. |||||||
| 3. |||||||

## 6.7 销售人员客户拜访计划表

| NO. | 客户名称 | 客户类型 | 拜访目的 | 预计时间 | 联系人 | 备注 |
|---|---|---|---|---|---|---|
| | | | | | | |
| | | | | | | |
| | | | | | | |
| | | | | | | |
| | | | | | | |
| | | | | | | |
| | | | | | | |
| | | | | | | |
| | | | | | | |
| | | | | | | |
| | | | | | | |

批准： 审核： 填表：

## 6.8　销售人员客户拜访报告表

| 客户名称 | | 客户类型 | |
|---|---|---|---|
| 拜访目的 | | 拜访时间 | |
| 接洽人 | | 联系方式 | |
| 客户拜访记录 | || | |
| 问题点及改善对策 | | | |
| 后续行动 | | | |

主管：　　　　　　　　　拜访人：

## 6.9 销售人员拜访日报表

日期：_____

制表：_____

| 项次 | 访问客户 | 访问时间 |||| 访问目的 |||||| 结果 |||
|---|---|---|---|---|---|---|---|---|---|---|---|---|---|---|
| | | 到达 || 离开 || 收款 | 订货 | 开发 | 服务 | 介绍 | 其他 | 收款 | 订货 | 其他 |
| | | 时 | 分 | 时 | 分 | | | | | | | | | |
| 1 | | | | | | | | | | | | | | |
| 2 | | | | | | | | | | | | | | |
| 3 | | | | | | | | | | | | | | |
| 4 | | | | | | | | | | | | | | |
| 5 | | | | | | | | | | | | | | |
| 6 | | | | | | | | | | | | | | |
| 7 | | | | | | | | | | | | | | |
| 8 | | | | | | | | | | | | | | |

| 总结 | 今日访问家数_____ 今日销收总额_____<br>本月累计访问家数_____ 本月销收总额_____<br>明日计划访问家数_____ 预定收款额_____ | 市场情报 | |
|---|---|---|---|
| 工作检讨及建议 | | 竞争者情报 | |
| | | 批示 | |

企划部： 销售部经理： 销售部主管： 制表人：

## 6.10 销售人员销售毛利日报表

| 编号 | 姓名 | 本日销售额 | 本日毛利额 | 当月销售额累计 | 当月销售目标额 | 完成率 | 当月毛利累计 | 利益率 |
|---|---|---|---|---|---|---|---|---|
|  |  |  |  |  |  |  |  |  |
|  |  |  |  |  |  |  |  |  |
|  |  |  |  |  |  |  |  |  |
|  |  |  |  |  |  |  |  |  |
|  |  |  |  |  |  |  |  |  |
|  |  |  |  |  |  |  |  |  |
|  |  |  |  |  |  |  |  |  |
|  |  |  |  |  |  |  |  |  |
|  |  |  |  |  |  |  |  |  |
|  |  |  |  |  |  |  |  |  |
|  |  |  |  |  |  |  |  |  |
|  |  |  |  |  |  |  |  |  |
|  |  |  |  |  |  |  |  |  |
|  |  |  |  |  |  |  |  |  |
|  |  |  |  |  |  |  |  |  |
|  |  |  |  |  |  |  |  |  |
|  |  |  |  |  |  |  |  |  |
|  |  |  |  |  |  |  |  |  |
|  |  |  |  |  |  |  |  |  |
|  |  |  |  |  |  |  |  |  |
|  |  |  |  |  |  |  |  |  |
|  |  |  |  |  |  |  |  |  |
|  |  |  |  |  |  |  |  |  |
|  |  |  |  |  |  |  |  |  |

## 6.11 销售人员业务预定及实绩报告表

＿＿年＿＿月＿＿日

| 日期 | | 1 | 2 | 3 | 4 | 5 | 6 | 7 | 8 | 9 | 10 | 11 | 12 | 13 | 14 | 15 | 16 |
|---|---|---|---|---|---|---|---|---|---|---|---|---|---|---|---|---|---|
| 星期 | | | | | | | | | | | | | | | | | |
| 天气 | 晴 | | | | | | | | | | | | | | | | | |
| | 阴 | | | | | | | | | | | | | | | | | |
| | 雨 | | | | | | | | | | | | | | | | | |
| | 台风 | | | | | | | | | | | | | | | | | |
| 访问家数 | | | | | | | | | | | | | | | | | | |
| 电话访问数 | | | | | | | | | | | | | | | | | | |
| 合　计 | | | | | | | | | | | | | | | | | | |
| 访问接单 | | | | | | | | | | | | | | | | | | |
| 来店下单 | | | | | | | | | | | | | | | | | | |
| 合　计 | | | | | | | | | | | | | | | | | | |
| 访问收款 | | | | | | | | | | | | | | | | | | |
| 来店缴款 | | | | | | | | | | | | | | | | | | |
| 合　计 | | | | | | | | | | | | | | | | | | |
| 经办人 | | | | | | | | | | | | | | | | | | |
| 部　长 | | | | | | | | | | | | | | | | | | |
| 经　理 | | | | | | | | | | | | | | | | | | |
| 备　注 | | | | | | | | | | | | | | | | | | |

## 6.12　销售款状况日报表

　　　　　　　　　　　　　　　　　　　　　　　___年___月___日

| 销售 | | 本日销售 ||||| 累计销售 ||||
|---|---|---|---|---|---|---|---|---|---|---|
| | | 现金销售 | 赊销 | 计 | 退货 | 退货累计 | 现金销售 | 赊销 | 总计 ||
| | | | | | | | | | | |
| | | | | | | | | | | |
| | 计 | | | | | | | | | |
| 收款 | | 现金收款 | 票据收款 | 计 | | | 现金收款累计 | 票据收款累计 | | |
| | | | | | | | | | | |
| | 现金销售收款 | | | | | | | | | |
| | 赊销收款 | | | | | | | | | |
| | 合计 | | | | | | | | | |
| 当日折扣 | | | | 赊销赊额 | | | | 备考 | | |
| 折扣累计 | | | | | | | | | | |

## 6.13 销售业务状况报告表

　　　年　　　月　　　日

| 访问 |||| 现款 | 欠款 | 有希望 | 无希望 | 访问经历 | 有无指导员 | 备注 |
|---|---|---|---|---|---|---|---|---|---|---|
| 姓名 | 住 || 址 | 职业 ||||||||
|  |  |  |  |  |  |  |  |  |  |  |
|  |  |  |  |  |  |  |  |  |  |  |
|  |  |  |  |  |  |  |  |  |  |  |
|  |  |  |  |  |  |  |  |  |  |  |
|  |  |  |  |  |  |  |  |  |  |  |
|  |  |  |  |  |  |  |  |  |  |  |
|  |  |  |  |  |  |  |  |  |  |  |
|  |  |  |  |  |  |  |  |  |  |  |
|  |  |  |  |  |  |  |  |  |  |  |
|  |  |  |  |  |  |  |  |  |  |  |
|  |  |  |  |  |  |  |  |  |  |  |
|  |  |  |  |  |  |  |  |  |  |  |
|  |  |  |  |  |  |  |  |  |  |  |
|  |  |  |  |  |  |  |  |  |  |  |
| 员工感想 |||||| 批示 |||||

## 6.14 销售日报表

| No | 客户名称 | 接洽人 | 订货名单 | 等级 | 数量 | 单价 | 金额 | 交货日期 | 其他接洽记录 |
|---|---|---|---|---|---|---|---|---|---|
| 1 | | | | | | | | | |
| 2 | | | | | | | | | |
| 3 | | | | | | | | | |
| 4 | | | | | | | | | |
| 5 | | | | | | | | | |
| 6 | | | | | | | | | |
| 7 | | | | | | | | | |
| 8 | | | | | | | | | |
| 9 | | | | | | | | | |
| 10 | 合计 | | | | | | | | |

| 今日访问家数 | | 本月累计访问家数 | | 明日预定访问客户 | | |
|---|---|---|---|---|---|---|

本月营业目标：　　当日收款总计：　　已完成目标累计：　　未完成目标累计：

| 市场动态品质反应 | | 主管评估工作价值 | |
|---|---|---|---|

总经理_____ 经理_____ 主管_____ 制表_____

## 6.15 销售周报表

填表人：_____

工地名称：_____ 日期：____年___月___日至___月___日

| 可售户数 | 户 | 销售金额 | 万 | 与底价差异 | 达成率 | 本周目标数 | 户 | 本周实际成交户 | 户 |
|---|---|---|---|---|---|---|---|---|---|
| 实售户数 | 户 | 实售金额 | 万 | | | 本周目标额 | 户 | 本周成交金额 | 万 |
| 签约户数 | 户 | 签约金额 | 万 | | | 本周广告费 | 元 | 本周实际费用 | 万 |
| 广告预算 | 元 | 实际发生金额：___元 | | | | | | | |
| 日期 | | | | | | | | | |
| 星期 | | | | | | | | | |
| 气候 | | | | | | | | | 合计 |
| 出勤情况 | | | | | | | | | |
| 广告或工作项目 | | | | | | | | | |
| 广告价格 | | | | | | | | | |
| 来人 | | | | | | | | | |
| 来电 | | | | | | | | | |
| 成交户数 | | | | | | | | | |
| 成交金额 | | | | | | | | | |
| 退户户数 | | | | | | | | | |
| 退户金额 | | | | | | | | | |
| 签约户数 | | | | | | | | | |
| 签约金额 | | | | | | | | | |

| 客户建议分析与产品建议 | | 下周销售计划 | |
|---|---|---|---|
| | | 目标 | |
| | | 派报 | |
| 本周检讨及建议 | | 报纸 | |

## 6.16 四季实绩报表

|  |  |  | 确认 |  |  |  |
|---|---|---|---|---|---|---|
| 第1季 | 月 日~月日 | 第2季 | 月 日— 月日 |

| 目标值 | 实绩 | 达成率 | 十一 | 目标值 | 实绩 | 达成率 | 十一 |
|---|---|---|---|---|---|---|---|
| 要因 | 成效 | 问题点 |  | 要因 | 成效 | 问题点 |  |
| 检讨 | 下季目标 | 对策 |  | 检讨 | 下季目标 | 对策 |  |

| 第3季 | 月 日~月日 | 第4季 | 月 日— 月日 |
|---|---|---|---|

| 要因 | 成效 | 问题点 |  | 要因 | 成效 | 问题点 |  |
|---|---|---|---|---|---|---|---|
| 检讨 | 下季目标 | 对策 |  | 检讨 | 下季目标 | 对策 |  |
| 年度统计 |  |  |  |  |  |  |  |

## 6.17 营业日报表

　　　　　　　　　　　　　　　　　　　　　　　　___年___月___日

| 客户名称 | 接洽内容 ||||订货额|收款额| 费用支出 ||||接洽时间|备注|
|---|---|---|---|---|---|---|---|---|---|---|---|---|
| | 订货 | 联络 | 收款 | 送货 | | | 交通费 | 差旅费 | 交际费 | 其他 | | |
| 1. | | | | | | | | | | | | |
| 2. | | | | | | | | | | | | |
| 3. | | | | | | | | | | | | |
| 4. | | | | | | | | | | | | |
| 5. | | | | | | | | | | | | |
| 6. | | | | | | | | | | | | |
| 7. | | | | | | | | | | | | |
| 8. | | | | | | | | | | | | |
| 9. | | | | | | | | | | | | |
| 10. | | | | | | | | | | | | |
| 11. | | | | | | | | | | | | |
| 12. | | | | | | | | | | | | |
| 摘要 | | | | | | | | | | | | |

## 6.18 销售人员工作日报表

___年__月__日 星期__　　　　　　　　　　　　　　上午天气：　　下午天气：

| 次目 | 访问客户 | 访问时间 | 访问目的 ||||| 商谈结果 ||| 客户类型 ||| 预定再访时间 | 其他记录 |
|---|---|---|---|---|---|---|---|---|---|---|---|---|---|---|---|
|  |  |  | 订货 | 收款 | 开发 | 服务 | 说明 | 决定 | 未定 | 失败 | 开发 | 新增 | 原有 |  |  |
|  |  |  |  |  |  |  |  |  |  |  |  |  |  |  |  |
|  |  |  |  |  |  |  |  |  |  |  |  |  |  |  |  |
|  |  |  |  |  |  |  |  |  |  |  |  |  |  |  |  |
|  |  |  |  |  |  |  |  |  |  |  |  |  |  |  |  |
|  |  |  |  |  |  |  |  |  |  |  |  |  |  |  |  |
|  |  |  |  |  |  |  |  |  |  |  |  |  |  |  |  |
|  |  |  |  |  |  |  |  |  |  |  |  |  |  |  |  |
|  |  |  |  |  |  |  |  |  |  |  |  |  |  |  |  |
| 备注 |||||||||||||||||
| 主管意见 |||||||||||||||||

## 6.19 销售人员业绩增减月报表

| 业务人员 | 客户家数 | | | | | 销售金额 | | | | | 说明备注 |
|---|---|---|---|---|---|---|---|---|---|---|---|
| 姓　名 | 原有 | 新增 | 删减 | 现有 | 增加 | 原客户 | 新客户 | 本期销售 | 上期销售 | 增加% | |
| | | | | | | | | | | | |
| | | | | | | | | | | | |
| | | | | | | | | | | | |
| | | | | | | | | | | | |
| | | | | | | | | | | | |
| | | | | | | | | | | | |
| | | | | | | | | | | | |
| | | | | | | | | | | | |
| | | | | | | | | | | | |
| | | | | | | | | | | | |
| | | | | | | | | | | | |
| | | | | | | | | | | | |
| | | | | | | | | | | | |
| | | | | | | | | | | | |
| 合计 | | | | | | | | | | | |

总经理_____　副经理_____　经理_____　填写_____

## 6.20 月份销售实绩统计表

| 姓名 | 销售额 | 销货退回 | 销货折让 | 销货报损 | 销货净额 | 成本 | 毛利 | 个人费用 ||||  部门分摊 | 净利益 | 收款记录 ||| 绩效 |
|---|---|---|---|---|---|---|---|---|---|---|---|---|---|---|---|---|---|
| | | | | | | | | 薪津 | 旅费 | 其他 | 合计 | | | 应收 | 实收 | 未收 | |
| | | | | | | | | | | | | | | | | | |
| | | | | | | | | | | | | | | | | | |
| | | | | | | | | | | | | | | | | | |
| | | | | | | | | | | | | | | | | | |
| | | | | | | | | | | | | | | | | | |
| | | | | | | | | | | | | | | | | | |
| | | | | | | | | | | | | | | | | | |
| | | | | | | | | | | | | | | | | | |
| | | | | | | | | | | | | | | | | | |
| | | | | | | | | | | | | | | | | | |
| | | | | | | | | | | | | | | | | | |
| | | | | | | | | | | | | | | | | | |

## 6.21 月份销售日报表

单位：_____　　　　　　　　　　　　　　　　　___年___月___日

| | | 本月份 | | | 累计 | | | 摘要（报告） |
|---|---|---|---|---|---|---|---|---|
| | | 预定额 | 实绩额 | 达成率 | 预定额 | 实绩额 | 达成率 | |
| 收款 | 现金、存款 | | | | | | | |
| | 应收票据 | | | | | | | |
| | 扣除 | | | | | | | |
| | 合计 | | | | | | | |
| 销售 | 本公司制品 | | | | | | | |
| | 品 | | | | | | | |
| | 品 | | | | | | | |
| | 品 | | | | | | | |
| | 他公司制品 | | | | | | | |
| | 其他 | | | | | | | |
| | 计 | | | | | | | |
| | | 前月未赊额 | 回收额 | 折扣额 | 退货额 | 销售额 | 本月底赊额 | |
| | 本公司销售 | | | | | | | |
| | 经销商销售 | | | | | | | |
| | 计 | | | | | | | |

| | | 上月底未赊额 | 收入部分 | | 转账 | 支出部分 | | 本月底赊额 | 对本公司送款 | |
|---|---|---|---|---|---|---|---|---|---|---|
| | | | 收款 | 由本公司接受 | | 其他经费 | 对本公司收款 | | | |
| 资金 | 现金 | | | | | | | | 本月累计 | 预定额 |
| | | | | | | | | | | 实绩额 |
| | 银行存款 | | | | | | | | | 差额 |
| | | | | | | | | | | 预定额 |
| | 先期支票 | | | | | | | | | 实绩额 |
| | 计 | | | | | | | | | 差额 |

续表

| | | | | 经费支出 | |
|---|---|---|---|---|---|
| 一般状况报告及联络 | | | 本月 | 预算额 | |
| | | | | 实绩额 | |
| | | | | 差额 | |
| | | | 累计 | 预算额 | |
| | | | | 实绩额 | |
| | | | | 差额 | |
| | | | | 销售 | |

| | 区分 | 男 | 女 | 合计 |
|---|---|---|---|---|
| 工作人员 | 管理部门 | | | |
| | 销售部门 | | | |
| | 合计 | | | |

## 6.22 销售收款计划表

负责人：　　　　地区：　　　　月份：　　年　月　日

| 编号 | 客户 | 销售预定 数量 | 销售预定 金额 | 前月赊余额 | 本月请款预定额 | 日期 月 | 日期 日 | 收款日 月 | 收款日 日 | 收款额 | 种类 | 日期内容 1-6 | 6-10 | 11-15 | 16-20 | 21-25 | 26-31 | 下月计划 1-5 | 6-10 | 备注 |
|---|---|---|---|---|---|---|---|---|---|---|---|---|---|---|---|---|---|---|---|---|
| 1 | | | | | | | | | | | | | | | | | | | | |
| 2 | | | | | | | | | | | | | | | | | | | | |
| 3 | | | | | | | | | | | | | | | | | | | | |
| 4 | | | | | | | | | | | | | | | | | | | | |
| 5 | | | | | | | | | | | | | | | | | | | | |
| 6 | | | | | | | | | | | | | | | | | | | | |
| 7 | | | | | | | | | | | | | | | | | | | | |
| 8 | | | | | | | | | | | | | | | | | | | | |
| 9 | | | | | | | | | | | | | | | | | | | | |
| 10 | | | | | | | | | | | | | | | | | | | | |
| 合计 | | | | | | | | | | | | | | | | | | | | |
| 合计 | | | | | | C | | | | | | | | | | | | | | |
| | | | | | | B | | | | | | | | | | | | | | |
| | | | | | | D | | | | | | | | | | | | | | |

## 6.23 赊销货款回收状况报告书

| 品　　名 | | | 定单金额 | |
|---|---|---|---|---|
| 付款方式 | □现金　　□支票 | 收款 | | |
| 品　　名 | | | | |
| 至目前的经过 | 1. 依笔记与本人约定<br>2. 打算依至笔记收款<br>3. 数次至公司催款<br>4. 前往家催款<br>5. 邮寄请款单 | | 余　　额 | |
| | | 预定 | | |
| 收款延迟理由 | 1. 不来取制品<br>2. 制品不良修理中<br>3. 因制品不良而不愿付款<br>4. 单方变更付款方法<br>5. 客户称不打折就不付款<br>6. 不在家无法照面，旅行中<br>7. 生病住院中<br>8. 以意外支出为理由而被拒绝<br>9. 无法做指定公司处理<br>10. 财务账簿错误 | | | |
| 销售担当者的希望处罚方法 | 希望财务部直接请款 | | | |
| | 希望打折扣，金额 | | | |
| | 希望取回制品解约 | | | |
| | 回收无望，生病，破产，下落不明 | | | |
| 报告人姓名 | | | | |
| 清账责任者意见 | 姓名：____ | 决定处置 | 再催收<br>折扣<br>解约<br>呆账 | |

## 6.24 销售人员实绩综合报表

销售员姓名： 　　　　　　　　　　　　　　　　月份： 年 月

| 日 | 星期 | 店面招呼客数 | 访问件数 | 送货件数 | 销售件数 | 收款件数 | 前月赊销额 | 销售金额 | 收款金额 | 赊销余额 | 备注 |
|---|---|---|---|---|---|---|---|---|---|---|---|
| 1 | | | | | | | | | | | |
| 2 | | | | | | | | | | | |
| 3 | | | | | | | | | | | |
| 4 | | | | | | | | | | | |
| 5 | | | | | | | | | | | |
| 6 | | | | | | | | | | | |
| 7 | | | | | | | | | | | |
| 8 | | | | | | | | | | | |
| 9 | | | | | | | | | | | |
| 10 | | | | | | | | | | | |
| 11 | | | | | | | | | | | |
| 12 | | | | | | | | | | | |
| 13 | | | | | | | | | | | |
| 14 | | | | | | | | | | | |
| 15 | | | | | | | | | | | |
| 16 | | | | | | | | | | | |
| 17 | | | | | | | | | | | |
| 18 | | | | | | | | | | | |
| 19 | | | | | | | | | | | |
| 20 | | | | | | | | | | | |
| 21 | | | | | | | | | | | |
| 22 | | | | | | | | | | | |
| 23 | | | | | | | | | | | |
| 24 | | | | | | | | | | | |
| 25 | | | | | | | | | | | |
| 26 | | | | | | | | | | | |
| 27 | | | | | | | | | | | |
| 28 | | | | | | | | | | | |
| 29 | | | | | | | | | | | |
| 30 | | | | | | | | | | | |
| 31 | | | | | | | | | | | |
| 当月计 | | 人 | 件 | 件 | 件 | 件 | | | | | |
| 前月计 | | 人 | 件 | 件 | 件 | 件 | | | | | |

# 第 7 章 销售人员的考核与评估

## 7.1 销售人员考核办法

### 7.1.1 总则

(1) 每月评分一次。

(2) 公司于次年一月核算每一位业务员该年度考核得分：

业务员该年度考核得分＝业务员该年度一月至12月考核总分÷12

(3) 业务员的考核得分将作为"每月薪资的奖金"、"年终奖金"、"调职"的依据。

### 7.1.2 考核办法

(1) 销售（占60%）

当月达成率100%及以上 60分

90%　50分

80%　40分

70%　30分

60%　20分

(2) 纪律及管理配合度（占40%）

①出勤；

②是否遵守本公司营业管理办法；

③收款绩效；

④开拓新客户数量；

⑤既有客户的升级幅度；

⑥对主管交付的任务是否尽心尽力完成；

⑦其他。

(3) "奖惩办法"的加分或扣分

①业务员的考核，由分公司主任评分，分公司经理初审，营业部经理复审；

②分公司主任的考核，按照所管辖业务的平均分数计算；

③分公司经理的考核，按照该分公司全体业务员的平均分数计算；

④营业部经理的考核，按照本公司全体业务员的平均分数计算；

⑤"考核"与"年终奖金"的关联如下：

年度考核得分　　　　年终奖金

90分（含）以上　　底薪×3

80 分（含）以上　　　底薪 ×2.5
70 分（含）以上　　　底薪 ×2
70 分以下　　　　　　底薪 ×1

## 7.2 销售人员奖惩办法

### 7.2.1 奖惩架构

（1）奖励
①小功；
②大功。
（2）惩罚
①小过；
②大过；
③解职；
④解雇。
（3）其他
①全年度累计三小功等于一大功；
②全年度累计三小过等于一大过；
③功过相抵：
例：一小功抵一小过，一大功抵一大过。
④全年度累计三大过者解雇；
⑤记小功一次加当月考核 3 分；
⑥记大功一次加当月考核 9 分；
⑦记小过一次扣当月考核 3 分；
⑧记大过一次扣当月考核 9 分。

### 7.2.2 奖励办法

（1）提供"行销新构想"可受奖励
①提供公司"行销新构想"，而为公司采用，即记小功一次；
②该"行销新构想"一年内使公司获利 50 万元以上者，再记大功一次，年终表场。
（2）开发"新产品"受奖励
①业务员主动反映可开发的"新产品"而为公司采用，即记小功一次；

②该"新产品"一年内使公司获利 50 万元以上者,再记大功一次,年终表扬。

(3) 提供竞争厂牌动态,被公司采用为决策者,记小功一次。

(4) 客户信用调查属实,事先防范得宜,使公司避免蒙受损失者(即:呆账),记小功一次。

(5) 开拓"新地区"、"新产品"、或"新客户",成效卓著者,记小功一次。

(6) 积极达成业绩目标者记功奖励。

①达成上半年业绩目标者,记小功一次;

②达成全年度业绩目标者,记小功一次;

③超越年度目标 20%(含)以上者,记小功一次。

(7) 凡公司列为"滞销品",业务员于规定期限内出清者,记小功一次。

(8) 其他表现优异者,得视贡献程度予以奖励。

### 7.2.3 惩罚办法

(1) 挪用公款者,一律解雇。本公司并循法律途径向保证人追踪。

(2) 与客主串通勾结者,一经查证属实,一律解雇。

(3) 做私人生意者,一经查证属实,一律解雇。直属主管若有呈报,免受连带惩罚。若未呈报,不论是否知情,记小过二次。

(4) 凡利用公务外出时,无故不执行任务者(含上班时间不许喝酒),一经查证属实,以旷职处理(按日不发给薪资),并记大过一次。若是干部协同部属者,该干部解职。

(5) 挑拨公司与员工的感情,或泄漏职务机密者,一经查证属实,记大过一次,情节严重者解雇。

(6) 涉足职业赌场或与客户赌博者,记大过一次。

(7) 严重未达销售目标者要受罚。

①上半年销售未达销售目标的 70% 者,记小过一次;

②全年度销售未达销售目标的 80% 者,记小过一次。

(8) 未按规定建立客户资料经上司查获者,记小过一次。

(9) 不服从上司指挥者:

①言语顶撞上司者,记小过一次;

②不遵照上司使命行事者,记小过一次。

(10) 私自使用营业车辆者,记小过一次。

(11) 公司规定填写的报表,未交者每次记小过一次。

## 7.3 销售人员绩效考核流程图

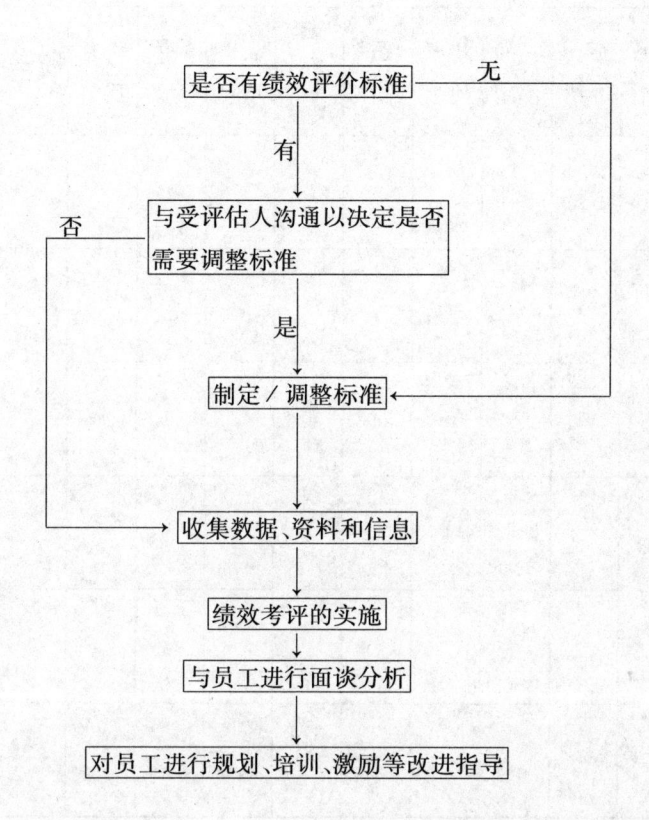

```
        是否有绩效评价标准 ──无──┐
              │                    │
              有                   │
              ▼                    │
     ┌──否── 与受评估人沟通以决定是否  │
     │      需要调整标准            │
     │        │                    │
     │        是                   │
     │        ▼                    │
     │      制定／调整标准 ◄────────┘
     │        │
     │        ▼
     └────► 收集数据、资料和信息
              │
              ▼
            绩效考评的实施
              │
              ▼
            与员工进行面谈分析
              │
              ▼
            对员工进行规划、培训、激励等改进指导
```

## 7.4 促销人员检查表

| 编号 | 促销员姓名 | 促销点名称 | 检查标准（计10分） ||||||||||| 备注 | 检查时间 |
||||产品介绍|活动介绍|礼品使用|POP使用|促销纪律|与客户关系|表格填写|整体形象|信息反馈|其他|累计得分|||
|---|---|---|---|---|---|---|---|---|---|---|---|---|---|---|---|
| | | | | | | | | | | | | | | | |
| | | | | | | | | | | | | | | | |
| | | | | | | | | | | | | | | | |
| | | | | | | | | | | | | | | | |
| | | | | | | | | | | | | | | | |
| | | | | | | | | | | | | | | | |

注1：（1）以上检查项目，检查人员满意计1分、不满意计0分。满分总计10分，最低分0分；

（2）整体形象包括：服装、站姿、精神面貌、服务态度等。促销人员必须穿本公司的促销服装；

（3）促销人员出勤时间：10：30～19：00（其中，12：00～13：00期间促销人员自由活动30分钟）；

（4）促销纪律：促销时间不得迟到、早退、串岗、闲聊等，不做与我公司活动无关的事情；

（5）促销礼品的使用包括正确的展示、发放、保管。POP使用包括POP张贴的效果、保存等；

（6）信息所馈：包括信息反馈的准确性、完整性、真实性、及时性等；

（7）表格填写：主要检查是否现场填写等。

注2：本表格由检查人员现场填写，必须在三日内反馈至公司销售部。

## 7.5 促销人员考核表

| 项目序号 | 工作质量指标 | 计算公式 | 标准分 | 权重 | 标准值 | 最高或最低 | 实际值 | 得分 | 合计 |
|---|---|---|---|---|---|---|---|---|---|
| 1 | 出勤率 | 出勤天数/规定天数 | 100 | 15% | 100% | 100% | | | |
| 2 | 退换货率 | 退换货量/销售量 | 100 | 5% | 0 | 5% | | | |
| 3 | 业务增长率 | （本月销量－上月销量×0.7）/上月销量 | 100 | 20% | 80% | 30% | | | |
| 4 | 信息反馈率 | 信息反馈量/公司规定的信息反馈量 | 100 | 10% | 100% | 95% | | | |
| 5 | 终端达标率 | 达标分数/100分 | 100 | 30% | 100% | 90% | | | |
| 6 | 直接上级评价 | 由销售主管依据员工表现打分 | 100 | 20% | 100% | 70% | | | |
| 合计 | | | | 100% | | | | | |
| 备注 | 1. 退换货若为产品本身质量原因，不计入退换货量<br>2. 公司不定期对促销员的产品知识进行考核，体现于终端达标率中 ||||||||||

## 7.6 直销人员考核表

| 项目序号 | 工作质量指标 | 计算公式 | 标准分 | 权重 | 标准值 | 最高或最低 | 实际值 | 得分 | 合计 |
|---|---|---|---|---|---|---|---|---|---|
| 1 | 出勤率 | 出勤天数/规定天数 | 100 | 15% | 100% | 100% | | | |
| 2 | 退换货率 | 退换货量/销售量 | 100 | 5% | 0 | 5% | | | |
| 3 | 业务增长率 | (本月销量－上月销量×0.7)/上月销量 | 100 | 25% | 80% | 30% | | | |
| 4 | 信息反馈率 | 信息反馈量/公司规定的信息反馈量 | 100 | 20% | 100% | 95% | | | |
| 6 | 直接上级评价 | 由销售主管依据员工表现打分 | 100 | 25% | 100% | 70% | | | |
| 合计 | | | | 100% | | | | | |
| 备注 | 1. 退换货若为产品本身质量原因，不计入退换货量<br>2. 公司不定期对促销员的产品知识进行考核，体现于终端达标率中 ||||||||||

## 7.7 销售人员试用期考核表

| 姓名 | | 员工编号 | | 部门 | | 所属中心 | |
|---|---|---|---|---|---|---|---|
| 职务 | | 入职时间 | | 试用到期时间 | | | |
| 综合能力评价 ||||||||

| 考核项目 | 考核内容 | 说明 | 权数 | 评价标准 ||||| 合计 |
| | | | | 不合格 较差，不符合要求 0.3 | 较差 低于一般，略需提高 0.5 | 一般 合格，基本达到要求 0.7 | 良好 良好，经常超出要求 0.9 | 优秀 优秀卓越，远超出要求 1 | |
|---|---|---|---|---|---|---|---|---|---|
| 工作业绩 (40分) | 工作目标完成度 | 是否理解公司经营目标，开展销售工作的方式和思路是否符合市场现状，并出色完成销售任务 | 20 | | | | | | 0 |
| | 工作效率 | 是否能及时按计划完成各项工作任务，时效性高 | 10 | | | | | | 0 |
| | 市场网络 | 市场关系网络的建立、维护、拓展情况 | 10 | | | | | | 0 |
| 工作态度 (30分) | 积极性 | 热爱本职工作，有高标准做好职务范围内业务工作的热情 | 8 | | | | | | 0 |
| | 人际协作 | 是否以公司主人翁身份协调上司、同事及其他相关人员的工作及关系，将业务圆满完成 | 8 | | | | | | 0 |
| | 服务意识 | 对内、外客户服务周到、热情 | 8 | | | | | | 0 |
| | 责任感 | 自觉把握在组织中的角色，执行任务时，遇到困难有不屈不挠完成工作的意志，对自己的工作行为表示负责的态度 | 6 | | | | | | 0 |

续表

| | | | | | | | | |
|---|---|---|---|---|---|---|---|---|
| 工作能力（30分） | 基本知识、技能 | 是否具有扎实的专业技术和丰富的实践经验，并在日常工作中充分发挥、运用 | 6 | | | | | 0 |
| | 自我管理 | 能否自主管理，自我要求高，独立承担、开展本职工作范围的工作任务 | 6 | | | | | 0 |
| | 计划组织 | 工作有条理，能事先预测变化并作出规划，合理利用时间，建立有效的追踪作业，使自己和他人行动起来以完成目标 | 6 | | | | | 0 |
| | 学习能力 | 勤奋好学，积极努力学习各项与工作相关的工作技能，更好地完成工作任务 | 6 | | | | | 0 |
| | 表达沟通 | 能否根据对方的心理，抓住重点，巧妙地使人接受意见，交流无间 | 6 | | | | | 0 |

| | 合计 | 0 |
|---|---|---|
| 考核人综合评价与考核人对员工的发展期望： | 签字： | |
| | 日期： | |

| （70~100分）<br>转正并加薪 | （60~69.9分）<br>转正但不予加薪 | （0~59.9分）<br>解约 |
|---|---|---|

| 直属总监意见 | | 人力资源部意见 | |
|---|---|---|---|
| 签字： | 日期： | 签字： | 日期： |

| | 签字： | |
|---|---|---|
| | 日期： | |

## 7.8 销售人员基本能力检测表

(1) 公司的经营理念　　　　　　　　　　　　　　　　第 1 次评价　第 2 次评价

| | | |
|---|---|---|
| □1. 了解公司的经营理念 | | |
| □2. 随口能背出经营理念 | | |
| □3. 会逐渐喜欢经营理念 | | |
| □4. 以经营理念为荣 | | |
| □5. 以经营理念为主题，写出感想 | | |

(2) 企业的存在意义

| | | |
|---|---|---|
| □1. 了解企业的社会存在意义 | | |
| □2. 了解本公司的社会使命 | | |
| □3. 了解何谓利益 | | |
| □4. 了解创造利益的重要 | | |
| □5. 了解什么是工资与福利 | | |

(3) 公司的组织、特征

| | | |
|---|---|---|
| □1. 能以简单的图解表示出公司的组织 | | |
| □2. 了解各部门的主要业务 | | |
| □3. 了解公司的产品 | | |
| □4. 能说出公司产品的特征 | | |
| □5. 能说出公司的资本额、市场比例等数字 | | |

(4) 热爱公司的精神

| | | |
|---|---|---|
| ☐1. 了解公司的历史概况 | | |
| ☐2. 了解公司创业者的信念 | | |
| ☐3. 了解公司的传统 | | |
| ☐4. 喜欢公司的代表颜色或标志 | | |
| ☐5. 由内心产生热爱公司的热忱 | | |

(5) 业界的理解

| | | |
|---|---|---|
| ☐1. 能说出公司所属的业界 | | |
| ☐2. 了解业界的现状 | | |
| ☐3. 了解公司在业界的地位 | | |
| ☐4. 能提出如何提高公司在业界地位的建议 | | |
| ☐5. 强烈地关注业界的整体的动向 | | |

## 7.9 销售人员人事考核表

申报日期：___年___月___日

| 姓 名 | | 职称 | | 部 门 | | | |
|---|---|---|---|---|---|---|---|
| 入本企业日期 | 年 月 日（年） | 职位 | | 学 历 | | | |
| 出生年月日 | 年 月 日（年） | 工资 | 元 | 现任主要工作 | | 现行工作时间 | _年_个月 |

| | 项 目 | 理由及建议 | 经理批示 | 总经理批示 |
|---|---|---|---|---|
| 目前工作 | (1) 你认为目前担任的工作对你是否适合<br>（□适合□不太适合□不适合）<br>(2) 工作的"量"是否恰当<br>（□太多□适中□很少）<br>(3) 在你执行工作时，你曾感到什么困难 | | | |
| 工作希望 | (1) 你认为你比较适合哪些方面的工作<br>(2) 你不适合哪些方面的工作<br>(3) 其中最适合你的工作是什么<br>(4) 你对现在的工作有什么希望 | | | |
| 薪资及职位 | (1) 你认为你的工作报酬是否合理<br>（□合理□不合理）<br>(2) 职位是否合理（□合理□不合理）<br>(3) 职称是否合理（□合理□不合理）<br>(4) 你的希望 | | | |

续表

| | | | | |
|---|---|---|---|---|
| 教育训练 | （1）你曾否参加公司内部或外部举办的训练<br>（□曾参加□未曾参加）<br>（2）曾参加什么训练<br>（3）你希望接受什么项目的训练<br>（4）你对本企业训练的意见如何 | | | |
| 工作分配 | （1）你认为你的部门当中工作分配是否合理<br>（□合理□不合理）<br>（2）什么地方急待改进 | | | |
| 工作目标 | （1）你的工作目标是什么<br>（2）你做到什么程度 | | | |
| 特殊贡献 | （1）你认为本年度对公司的特殊贡献是什么<br>（2）你做到什么程度 | | | |
| 工作构想 | 在你担任的工作中，你有什么更好的构想请具体说明 | | | |
| 其他 | （1）请代为安排和面谈<br>（2）本人希望或建议 | | | |

## 7.10 销售人员能力考核表

| 职称 | | 部 | 组 | 姓名： | | |
|---|---|---|---|---|---|---|
| 分类 | | 评 价 内 容 | | 满分 | 1次 | 2次 |
| 工作态度 | 1 | 能全心全意地工作，且能成为其他职员的模范 | | 10 | | |
| | 2 | 细心地完成任务 | | 5 | | |
| | 3 | 做事敏捷、效率高 | | 5 | | |
| | 4 | 具备商品知识，能应付顾客的需求 | | 5 | | |
| | 5 | 不倦怠、且正确地向上司报告 | | 5 | | |
| 基础能力 | 6 | 精通业务内容，具备处理事务的能力 | | 5 | | |
| | 7 | 掌握职务上的要点 | | 5 | | |
| | 8 | 正确理解上司的指示，并正确地转达 | | 5 | | |
| | 9 | 严守报告、联络、协商的秘密 | | 5 | | |
| | 10 | 在既定的时间内完成工作 | | 5 | | |
| 业务熟练程度 | 11 | 能掌握工作的前提，并有效地进行 | | 5 | | |
| | 12 | 能随机应变 | | 10 | | |
| | 13 | 有价值概念，且能创造新的价值概念 | | 5 | | |
| | 14 | 善于与顾客交涉，且说服力强 | | 5 | | |
| | 15 | 善于与顾客交际应酬，且不浪费 | | 5 | | |
| 责任感 | 16 | 树立目标，并朝目标前进 | | 5 | | |
| | 17 | 有信念，并能坚持 | | 10 | | |
| | 18 | 有开拓新业务的热心 | | 10 | | |
| | 19 | 预测过失的可能性，并想出预防的对策 | | 5 | | |
| 协调性 | 20 | 做事冷静，绝不感情用事 | | 5 | | |
| | 21 | 与他人协调的同时，也朝自己的目标前进 | | 5 | | |
| | 22 | 在工作上乐于帮助同事 | | 5 | | |
| | 23 | 尽心尽力地服从与自己意见相左的决定 | | 10 | | |
| | 24 | 有卓越的交涉与说服能力，且不树敌 | | 5 | | |

| | 25 | 以市场的动向树立营业目标 | 10 | | |
|---|---|---|---|---|---|
| 自我启发 | 26 | 有进取心、决断力 | 10 | | |
| | 27 | 积极地革新、改革 | 5 | | |
| | 28 | 即使是自己份外的事,也会进行企划或提出提案 | 10 | | |
| | 29 | 热衷于吸收新情报或知识 | 10 | | |
| | 30 | 以长期的展望制定目标或计划,并付诸实行 | 10 | | |
| | | 评价分数合计 | 200 | | |

120分以下为不合格;120~140分为良好;140~180分为优秀;180分以上为十分优秀。

## 7.11 销售人员综合考核表

___年___月

| 姓名 | | | 初核 | 复核 | 核定 | 备注 |
|---|---|---|---|---|---|---|
| 考核项目 | | 权数 | 计算 | 一次得分 | 二次得分 | 三次得分 |
| 业绩贡献 | | 60 | | | | |
| 工作态度 | 积极性 | 10 | | | | |
| | 协调性 | 8 | | | | |
| | 忠诚度 | 7 | | | | |
| 职务能力 | 计划能力 | 5 | | | | |
| | 执行能力 | 5 | | | | |
| | 开发能力 | 5 | | | | |
| 等级 | | 合计得分 | | | | |

## 7.12 销售人员年度工作质量标准和年度考核表

| 序号 | 考核项目 | 计算公式 | 标准值 | 最低（高）限值 | 标准分 | 权重 | 实际值 | 考核分 |
|---|---|---|---|---|---|---|---|---|
| 1 | 出勤率 | 差旅天数/出勤天数 | 85% | 70% | 100 | 5% | | |
| 2 | 有效性 | 在客户处的天数/差旅天数 | 70% | 60% | 100 | 8% | | |
| 3 | 回访率 | 回访客户次数/规定回访客户的次数 | 100% | 85% | 100 | 8% | | |
| 4 | 差旅费用率 | 累计差旅费用/回款额<br>差旅费用累计/计划差旅费用累计 | 100% | 105% | 100 | 3% | | |
| 5 | 差旅行动报告率 | 向公司报告的次数/公司规定的次数 | 100% | 90% | 100 | 2% | | |
| 6 | 市场信息反馈率 | 信息反馈量/公司规定的信息反馈量 | 100% | 95% | 100 | 5% | | |
| 7 | 合同回收率 | 合同回收份数/客户数 | 100% | 95% | 100 | 2% | | |
| 8 | 客户增长率 | （当前客户数－上年度客户数）/上年度回款额 | 20% | 50% | 100 | 2% | | |
| 9 | 新客户业务增长率 | 新客户回款额/回款额 | 30% | 10% | 100 | 2% | | |
| 10 | 业务增长率 | （本年度回款额－上年度回款额）/上年度回款额 | 50% | 30% | 100 | 5% | | |
| 11 | 计划准确率 | 实发数量/（实发数＋〔预测数量－实发数量〕） | 85% | 70% | 100 | 8% | | |
| 12 | 退调货率 | 退（调）货金额/客户数 | 0 | 5% | 100 | 8% | | |
| 13 | 对账率 | 已对账客户数/客户数<br>已对账金额/总金额 | 100%<br>100% | 95%<br>95% | 100 | 8% | | |

续表

| 14 | 回单率 | 反馈货单量/发货单总量<br>反馈货单金额/发货总金额 | 100%<br>100% | 95%<br>95% | 100 | 5% | |
|---|---|---|---|---|---|---|---|
| 15 | 汇单差错率 | 汇单差错笔数/汇单总数 | 0 | 0 | 100 | 5% | |
| 16 | 业务周转天数 | 累计客户业务往来的天数/累计汇款次数 | 20天/天 | 25天/次 | 100 | 10% | |
| 17 | 任务完成率 | 回款额/回款任务额<br>发货额/发货任务额 | 100%<br>100% | 80%<br>80% | 100 | 14% | |
| 18 | 合计 | | | | | 100% | |

注：计算公式

（1）对考核的说明

①月度考核为：

考核月度的业务量（回款额）×单位业务工资含量×（实际回款率/计划回款率×40%＋工作质量系数×60%）×40%

②年度考核为：

年终的业务量（回款额）×单位业务工资含量×（实际回款率/规定的回款率×40%＋工作质量系数×60%）×60%

（2）工作质量系数＝考核分/100分

（3）考核分的计算过程为：

①未达标和高于标准值的不奖分

②考核分＝Σ（标准分×权重－扣分）

③扣分＝标准分×权重/［标准值－最低（最高）限值］×［标准值－实际值］

## 7.13 跳槽销售人员业绩考核表

<table>
<tr><td colspan="2">姓　　名</td><td>职　位</td><td>服 务 部 门</td><td>到 职 日 期</td><td></td></tr>
<tr><td colspan="2">考绩项目</td><td>说　　明</td><td>最　高　分</td><td colspan="2">考绩分数</td></tr>
<tr><td rowspan="5">工作表现</td><td>实行力</td><td>如期或提前完成交办事项</td><td>10</td><td colspan="2"></td></tr>
<tr><td>工作品质</td><td>负责事项彻底完成与否</td><td>10</td><td colspan="2"></td></tr>
<tr><td>可靠性</td><td>负责事项或工作报告的可靠性</td><td>10</td><td colspan="2"></td></tr>
<tr><td>问题研判力</td><td>分析与解决问题的能力</td><td>10</td><td colspan="2"></td></tr>
<tr><td>工作知识</td><td>对解决问题的知识技术与能力</td><td>10</td><td colspan="2"></td></tr>
<tr><td rowspan="6">工作品性</td><td>自发性</td><td>主动发掘事情态度</td><td>10</td><td colspan="2"></td></tr>
<tr><td>合作性</td><td>集体工作态度和协助他人情形</td><td>10</td><td colspan="2"></td></tr>
<tr><td>忠实性</td><td>对职守忠实、守秘性</td><td>10</td><td colspan="2"></td></tr>
<tr><td>领导力</td><td>对属下指导、工作指挥能力</td><td>10</td><td colspan="2"></td></tr>
<tr><td>纪律性</td><td>对制度、规定遵守态度</td><td>5</td><td colspan="2"></td></tr>
<tr><td>才　智</td><td>对问题反应能力</td><td>5</td><td colspan="2"></td></tr>
<tr><td colspan="3">合　　计</td><td>100</td><td colspan="2"></td></tr>
<tr><td colspan="6">工作潜在能力说明</td></tr>
<tr><td colspan="6">主管评语（包括应接受训练及上列考核的辅助说明）</td></tr>
<tr><td colspan="2">考　核　期　间<br>自　　　　至</td><td>原工资：</td><td>拟建议调整为：</td><td colspan="2">晋薪比例：</td></tr>
<tr><td colspan="2">人事部门意见</td><td colspan="4">工资核定：_____<br><br>核准_____　日期_____</td></tr>
</table>

60 分为合格；60～70 分为良好；70～80 分为优秀；80 分以上十分优秀

对"挖"过来的销售人员，可使用本表加以考察。核察该员工是否忠诚，工作能力是否出众。

## 7.14 销售部主管能力考核表

___年___月

| 姓名 | | | | 初核 | |
|---|---|---|---|---|---|
| 考核项目 | | 权数 | 得分 | | 备注 |
| | | | 一次 | 二次 | |
| 部门考核 | | 60 | | | |
| 工作态度20 | 积极性 | 8 | | | |
| | 协调性 | 6 | | | |
| | 忠诚度 | 6 | | | |
| 职务能力20 | 计划能力 | 8 | | | |
| | 执行能力 | 6 | | | |
| | 开发能力 | 6 | | | |
| 合计得分 | | | 一次 | 二次 | 等级 |
| | | | | | |

## 7.15　销售经理能力考核表

| 职称 |  | 部 |  | 组 | 姓名 |  |
|---|---|---|---|---|---|---|
| 分类 |  | 评价内容 |  | 满分 |  | 得分 |
| 工作态度 | 1 | 经营计划的提案实施是否有周全的准备 | | 5 | | |
| | 2 | 是否以长期的展望探索公司的未来 | | 15 | | |
| | 3 | 是否能以负责人的眼光注意到全体 | | 5 | | |
| | 4 | 是否重视经营理念 | | 5 | | |
| | 5 | 是否有敏锐的利益感觉 | | 5 | | |
| 基础能力 | 6 | 为了达成目标，是否能站在指挥最前线 | | 15 | | |
| | 7 | 是否能省钱、早日、确实地达成目标 | | 5 | | |
| | 8 | 是否重视长期目标的实施 | | 5 | | |
| | 9 | 是否能严守期限，达成目标 | | 5 | | |
| | 10 | 能否随机应变，在修改目标值的同时也能达成目标 | | 5 | | |
| 业务熟练程度 | 11 | 是否能以全公司的立场提议 | | 5 | | |
| | 12 | 是否能以长期的观点制定计划 | | 5 | | |
| | 13 | 是否能以公司的观点收集情报 | | 10 | | |
| | 14 | 是否能与其他业务人员交流情报 | | 5 | | |
| | 15 | 是否积极地与其他部门协调 | | 5 | | |
| 责任感 | 16 | 是否确实把握部属的优缺点 | | 5 | | |
| | 17 | 是否从旁给予其他部门协调 | | 5 | | |
| | 18 | 是否适才适所 | | 10 | | |
| | 19 | 是否热心培育后继者 | | 5 | | |
| 协调性 | 20 | 是否仔细地聆听部属意见 | | 5 | | |
| | 21 | 是否注意身体的健康 | | 5 | | |
| | 22 | 是否谨慎地使用金钱 | | 10 | | |
| | 23 | 是否热心于小组内部意见的沟通 | | 5 | | |
| | 24 | 绝不引起异性问题 | | 5 | | |

续表

| | 25 | 不与顾客勾结 | 10 | |
|---|---|---|---|---|
| 自我启发 | 26 | 对社会及时代的变迁是否敏锐 | 5 | |
| | 27 | 是否热心于吸取新技术与知识 | 10 | |
| | 28 | 站在国际的视野上是否能自我革新 | 5 | |
| | 29 | 为了改善,是否可以抛弃前例 | 5 | |
| | 30 | 是否不怠于未来的预测 | 5 | |
| | | 评价分数合计 | 200 | |

120 分为合格;120~140 分为良好;140~180 分为优秀;180 分以上为特别优秀

## 7.16 销售经理综合素质考核表

| 职称 / 项目 | NO.　　姓名 | 检查 年　月　日 |
|---|---|---|
| 领导能力 | 率先示范,受部属信赖 | 5　4　3　2　1 |
| 计划性 | 能以长期的展望拟定计划 | 5　4　3　2　1 |
| 先见性 | 能预测未来,拟定对策 | 5　4　3　2　1 |
| 果断力 | 能当机立断 | 5　4　3　2　1 |
| 执行力 | 朝着目标断然地执行 | 5　4　3　2　1 |
| 交涉力 | 关于公司内外的交涉 | 5　4　3　2　1 |
| 责任感 | 有强烈的责任感,可信赖 | 5　4　3　2　1 |
| 利益感 | 对利益有敏锐的感觉 | 5　4　3　2　1 |
| 数字概念 | 有数字概念 | 5　4　3　2　1 |
| 国际意识 | 有国际意识、眼光广阔 | 5　4　3　2　1 |
| 自我启发 | 经常努力地自我启发、革新 | 5　4　3　2　1 |
| 人缘 | 受部属、同事尊敬、敬爱 | 5　4　3　2　1 |
| 协调性 | 与其他部门的协调联系密切 | 5　4　3　2　1 |
| 创造力 | 能将创造力应用于工作 | 5　4　3　2　1 |
| 情报力 | 对情报很敏锐,且有卓越的收集力 | 5　4　3　2　1 |
| 评价 | 分数越多越优秀 | 得分 |

本表从 15 个方面对销售经理的能力进行了全面考核,有利于企业家对下属经理的能力有一个正确评估。

评分标准:65 分以上为能力超强

　　　　　60~65 为能力强

　　　　　55~60 为能较强

　　　　　50~55 为能力一般

　　　　　50 以下为能力差

## 7.17 选拔销售经理候选人评分表

姓名：_____                                                  ___年___月___日

| 任职部门 | | 到职日期 | 年 月 日 | | | | | |
|---|---|---|---|---|---|---|---|---|
| 出生年月 | 年月日岁 | 籍贯 | 省县 | 市 | 性别 | | 学历 | |
| 现任职务 | | | | | | | | |
| 本职位经验 | 十年以上 10 | 五年以上 7 | 三年以上 4 | 二年以上 2 | 执行公司政策 | 贯彻 10 | 大部分 8 | 部分 6 | 小部分 2 |
| 统御能力 | 有领导力 10 | 稍具领导力 6 | 需要加训练 2 | 无能力 0 | 熟悉公司规章的程度 | 熟悉 10 | 尚熟悉 8 | 部分 6 | 不太熟悉 2 |
| 对公司有否建议 | 十次以上 10 | 五次以上 7 | 一次以上 4 | 无能力 0 | 工作态度 | 忠贞 10 | 热忱 8 | 合作 6 | 保守 2 |
| 发展潜力 | 有巨大潜力 10 | 较有潜力 6 | 一般 3 | 没有潜力 0 | 计分 | 评语： | | | |
| 以上由评审小组评分 | | | | | | | | | |
| 学历 | 大专 10 | 专科 8 | 高中 6 | 初上 4 | 为本公司服务年限 | 十年以上 10 | 五年以上 7 | 三年以上 4 | 一年以上 2 |
| 业绩 | 优秀 10 | 良好 7 | 一般 4 | 差 0 | 热忱参加公司集会 | 参加 10 | 部分 7 | 偶尔 4 | 不参加 0 |

续表

| 奖励分 | 大功 | 小功 | 嘉奖 | 表扬 | 惩罚分 | 大过 | 小过 | 劝诫 | 警告 |
|---|---|---|---|---|---|---|---|---|---|
| | 9 | 3 | 1 | 0.5 | | 9 | 3 | 1 | 0 |
| | | | | | | | | | |

| 以上由评审小组评分 | 计分： |
|---|---|
| 批示 | 人事单位： 章 |

## 7.18 销售部业绩考核表

_____年_____月_____日

| 考核项目 | 权数 | 计算 | 初核得分 | 核定得分 |
|---|---|---|---|---|
| 收款率 | 60 | 当月收款/当月计划目标收款额×100% | | |
| 销售额目标达成率 | 20 | 当月实际销售额/计划销售额×100% | | |
| 收款率 | 20 | 1－（当月销售额－当月收款额）/当月销售额×100% | | |
| 等级 | | 合计得分 | | |

## 7.19　销售部门业务能力考核表

| 项　目 | 评　分 | 得　分 | 备　注 |
|---|---|---|---|
| 市场分析是否正确 | 5 4 3 2 1 | | |
| 顾客管理是否周全 | 5 4 3 2 1 | | |
| 是否重视顾客情报 | 5 4 3 2 1 | | |
| 赔偿处理是否迅速 | 5 4 3 2 1 | | |
| 营业计划是否妥善 | 5 4 3 2 1 | | |
| 是否热心于目标达成 | 5 4 3 2 1 | | |
| 是否热心指导部属 | 5 4 3 2 1 | | |
| 是否节省营业上的浪费 | 5 4 3 2 1 | | |
| 部属的评价是否公正 | 5 4 3 2 1 | | |
| 对部属的奖赏是否妥当 | 5 4 3 2 1 | | |
| 是否热心于促销活动 | 5 4 3 2 1 | | |
| 宣传能力如何 | 5 4 3 2 1 | | |
| 掌握销售数额 | 5 4 3 2 1 | | |
| 是否热心于销售分析 | 5 4 3 2 1 | | |

## 7.20　对销售人员工作评估正确度测评

测评说明：

测评能正确评价员工的工作。请根据你的实际情况，选择最符合自己特征的描述。在选择时，请根据自己的第一印象回答，请不要作过多的思考，在符合你情况的答案前划"√"。

测评题

(1) 你认为展开评估的主要目的是什么？
    A. □激励员工努力工作，更上一层楼
    B. □促使员工反思自己以往的表现
    C. □暴露员工的缺点与不足

(2) 你怎么安排与下属进行述职谈话？
    A. □先批评缺点，再表扬优点
    B. □开始和结束时都谈优点，中间穿插缺点
    C. □首先肯定优点，然后再指出不足

(3) 你认为对员工的评估应该以什么为基础？
    A. □严格以实际成果为准
    B. □以他的知识水平、工作能力和工作态度为主，短期效益为辅
    C. □综合考虑他的能力与实际效益

(4) 你为部下写鉴定时最重要的资料依据是什么？
    A. □他的实际表现
    B. □他的出勤记录与费用水平
    C. □他的总结与鉴定为主

(5) 你认为员工的评估工作应在何时进行？
    A. □在其表现下降时
    B. □在本人提出要求时
    C. □定期进行，或每年一次

(6) 在评估工作结束之际，你是否：
    A. □让员工阅读鉴定并写下本人意见
    B. □不让员工阅读鉴定，但征求他的意见
    C. □既不让员工阅读鉴定，也不征求本人意见

(7) 你在指出部下不足之处后，是否：

A. □为他指出克服缺点的方法

B. □提示他这些不足之处对他今后加薪与升职的影响

C. □与他共同探讨今后的努力方向

（8）如果员工在谈话时情绪激动，你是否：

A. □耐心听他发表意见，暂不打断

B. □谴责他不能控制自己的情绪

C. □尽快结束谈话，让他恢复平静

（9）如果某位员工的表现开始明显下降，与以往相比较差距甚大，你是否：

A. □悄悄记下他的过失，以便下次总结鉴定时提出来

B. □与他开诚布公地交换意见，找出其退步的原因，共同制定改进方案

C. □熟视无睹，期望他会自觉醒悟

（10）你在什么场合宣布有关提薪问题的事宜？

A. □在述职谈话时

B. □在关于工资的特别谈话中

C. □写信通知

测评标准

（1）A 得 10 分、B 得 5 分、C 得 0 分

（2）A 得 5 分、B 得 0 分、C 得 10 分

（3）A 得 5 分、B 得 0 分、C 得 10 分

（4）A 得 10 分、B 得 0 分、C 得 5 分

（5）A 得 0 分、B 得 5 分、C 得 10 分

（6）A 得 10 分、B 得 5 分、C 得 5 分

（7）A 得 5 分、B 得 0 分、C 得 10 分

（8）A 得 10 分、B 得 0 分、C 得 5 分

（9）A 得 5 分、B 得 10 分、C 得 0 分

（10）A 得 0 分、B 得 10 分、C 得 5 分

结果分析

80~100 分

深知总结鉴定的策略与方法，能够正确地衡量部下的成绩与不足，让人心悦诚服。

50~75 分

真诚求实，只要稍注意些方式方法，便能成为一流的人力资源管理人员。建议参加一个现代管理培训班，更新、补充管理技巧。

20~45 分

有许多不足，必须立即改进，以免再犯错误，最好是征求一下有经验的老同事或人事

培训部门的意见，需要从基础评估技巧学起。

0～15 分

傻瓜才会喜欢在你手下做事！

## 7.21 销售人员评估细则及评估表

---

**某乳业公司销售人员工作评估细则**

姓名：汤姆李　　职位：北京地区销售代表　　评估时间：2001 年 10 月

上级：北京地区销售经理　　工作地区：北京市　　制定人：汤姆张

**评估目标**

在公司的市场营销策略计划、职位描述及公司其他方面的政策与规定中涉及到的销售任务和计划的框架下，销售人员必须计划、管理并通过其个人的销售努力，有效地保持和提高公司在其所负责区域内的客户数量和销售数量。销售人员必须在其直接上司的指导和协调下按公司的各项规定和要求完成各项销售指标和工作任务。

**工作职责**

1. 负责处理公司所委派的地区的销售业务管理，对其所负责地区内的客户业务往来负责。

2. 产品价格。在维持和扩大公司销售业务的前提下，执行公司的价格政策，为公司创造最好的利润。

3. 个人管理、计划和组织。有效地安排时间，开展业务工作，增长知识和技能，以最优秀的表现来完成公司及上级交予的各项任务，并及时提交规定的各项业务报告。

4. 销售行政管理和信息沟通。保证各项业务信息正常流通，与客户保持联系，保持与上司和销售行政助理的沟通，为客户提供最好的服务。

5. 专业形象。在公司内，以及与客户接触时，在言谈外表、业务能力、产品知识和职业操守等方面应具有一个专业销售人员的形象。

**销售指标**

1. 销售指标。2001 年全年完成销售任务不少于 320 万元，平均每季销售指标不少于 80 万元。

2. 定单金额指标。全年不低于 380 万元，平均每季不少于 95 万元。

3. 年客户访问次数。不少于 280 次，平均每季不少于 90 次。

4. 新客户开发。全年新客户开发不少于 24 个，平均每季不少于 6 个。

5. 新客户销售指标。全年不少于 120 万元，平均每季不少于 30 万元。

续表

6. 原有客户维系比例。不得低于80%。
7. 招待费用。全年不得多于3万元,平均每季不得多于0.75万元。
8. 产品展示。全年不得少于20次,平均每季不得少于5次。

**各评估事项**

1. 销售业绩管理
（1）对所负责的客户进行足够次数的访问。
（2）尽量减少现有客户的流失量。
（3）销售指标完成情况。
（4）积极对目标客户进行访问,开拓新业务,培养新客户。

2. 销售技巧
（1）提供所负责的地区内有关行业、客户、竞争者的信息。
（2）确定购买决策人,与其主要决策人保持经常的联系。
（3）确认客户需求,并迅速安排销售行动。
（4）为客户提供技术服务的能力。
（5）有效运用销售技巧。
（6）完成公司及上级交办的各项任务。

3. 工作知识
（1）对产品知识的了解。
（2）对市场及行业的了解。
（3）对公司的认识及公司各项政策的了解。

4. 自我管理
（1）有效地运用计划和时间管理技巧,提高工作表现。
（2）针对每个客户的潜在需求,制定访问目标。
（3）积极主动地提高自身的工作水平及绩效。
（4）积极对销售工作进行回顾和检讨。

5. 文件及报告质量
（1）向管理层汇报重要信息,并对客户的问题提出解决建议。
（2）保持每次访问的正确记录。
（3）准时提交各方面业务及费用报告。

续表

6. 费用控制

（1）招待费用控制。

（2）有效提高产品价格。

（3）提供正确的不断更新的价格信息。

（4）有效运用谈判技巧来获得最好的产品售价及利润。

7. 专业形象

（1）在与客户和同事的联系及相处中表现良好，受到尊重。

（2）为达到销售目标，争取同事们的必要帮助及支持。

（3）有效地表现出引导、说服或建议能力。

评估表

北京地区销售工程师汤姆李 2001 年第 2 季度评估表

| | 项目 | 定额 | 完成情况 | 比例 | 权重 | 得分 |
|---|---|---|---|---|---|---|
| 定量部分（70%） | 销售指标 | 80 万元 | 76 万元 | 95 | 40 | 36 |
| | 定单金额 | 95 万元 | 112 万元 | 118 | 20 | 23.6 |
| | 新客户开发 | 6 个 | 8 个 | 133 | 10 | 13.3 |
| | 新客户销售指标 | 30 万 | 26 万 | 87 | 5 | 4.3 |
| | 原有客户维系比例 | 80% | 87% | 108 | 5 | 5.4 |
| | 招待费用 | 0.75 万元 | 1.15 万元 | −53 | 15 | −22.9 |
| | 产品展示 | 5 次 | 8 次 | 160 | 5 | 8 |
| | 小计 | | | | | 75.7 |
| 定性部分（30%） | 及时提交各项报告 | 良好 | 80 | 20 | 16 | |
| | 客户满意程度 | 良好 | 80 | 20 | 16 | |
| | 客户投诉情况 | 有三起 | 0 | 20 | 0 | |
| | 同事评估 | 良好 | 80 | 20 | 16 | |
| | 工作态度 | 优秀 | 95 | 20 | 19 | |
| | 小计 | 满分为 100 分 | | 100 | 67 | |
| 合计 | | | | | | 73.1 |

## 7.22 销售人员主观考核记分表

被考评人：　　　　　职位：

| | 考核内容和要求 | 直接主管评分 | 更高一级主管评分 | 平均分 | 分数 |
|---|---|---|---|---|---|
| 岗位职责履行情况及领导交办任务完成情况考核 | 工作经常失误或严重失误，造成严重后果 | | | | 0~10 |
| | 能基本完成任务，效果不高，质量一般 | | | | 11~20 |
| | 基本完成工作任务，质量较好，效率高 | | | | 21~25 |
| | 圆满完成工作任务，成绩优异，效率高 | | | | 26~30 |
| 态度考核 | 工作积极性、主动性 | 经常拒绝接受任务 | | | 0~4 |
| | | 接受任务，但不够主动 | | | 5~7 |
| | | 愉快接受任务、工作主动 | | | 8~10 |
| | 协作性协助相关部门工作情况 | 无协助 | | | 0~4 |
| | | 协助、但欠主动 | | | 5~7 |
| | | 主动协助 | | | 8~10 |
| | 责任心 | 责任心差 | | | 0~4 |
| | | 有一定责任心 | | | 5~7 |
| | | 责任心强 | | | 8~10 |
| | 规章制度遵守情况 | 报告、计划、日记不能及时、全面、真实、细致填报，严重或经常违犯公司规章制度 | | | 0~4 |
| | | 报告、计划不够认真细致、全面及时、无违反规章制度或偶尔有之，但不严重 | | | 5~7 |
| | | 报告、计划、日记能够全面真实、认真细致、及时填报，无违反规章制度现象 | | | 8~10 |
| | 日常纪律会议纪律 | 经常迟到、早退、离岗、旷工 | | | 0~4 |
| | | 偶尔迟到、早退、离岗 | | | 5~7 |
| 能力考核 | 专业熟练程度与组织管理能力均差 | | | | 0~9 |
| | 专业熟练程度一般，组织管理能力一般 | | | | 10~15 |
| | 专业熟练，组织管理能力强 | | | | 16~20 |

直接主管评分：　　　　　　　上级主管复核评分：　　　　　　　总评分：

## 7.23 销售人员工作考核记录表
## （主观考核记分表附表）

被考评人：　　　　职位：

| 考核内容 | | 加扣分、事项记录 |
|---|---|---|
| 岗位职责履行情况及领导交办任务完成情况考核 | | |
| 态度考核 | 工作积极性、主动性 | |
| | 协作性及协助相关部门工作情况 | |
| | 责任心 | |
| | 规章制度遵守情况 | |
| | 日常纪律会议纪律 | |
| 能力考核 | 个人素质 | |
| | 业务技能 | |
| | 学习能力 | |

主管（考核记录人）：

## 7.24 商务代表工作考评记分表

| | 考核内容和要求 | 本人评分 | 上级评分 | 平均分 | 分数 |
|---|---|---|---|---|---|
| 业绩考核<br>（40分） | 岗位职责履行情况 | | | | 0~20 |
| | 客户评价 | | | | 0~5 |
| | 时间、成本、费用管理 | | | | 0~5 |
| | 上级交办任务完成情况 | | | | 0~5 |
| | 创造性工作、合理化建议 | | | | 0~5 |
| 行为考核<br>（36分） | 工作主动性、积极性 | | | | 0~10 |
| | 协助、配合、帮助他人工作 | | | | 0~10 |
| | 工作责任心 | | | | 0~10 |
| | 公司规章制度遵守情况 | | | | 0~6 |
| 能力考核<br>（18分） | 客户开发、管理、服务水平 | | | | 0~6 |
| | 沟通、协调水平 | | | | 0~6 |
| | 政策、策略督导执行水平 | | | | 0~6 |
| 潜力考核<br>（16分） | 进取心、上进心 | | | | 0~3 |
| | 勤奋好学、奋斗目标明确 | | | | 0~3 |
| 总评分 | | | | | |

## 7.25 销售人员相对业绩指标考核记分表

| 考核指标 | 评分标准 | 得分 | 权重 |
|---|---|---|---|
| 销售额（或销售量、回款额）计划完成百分率 | 按实际完成百分率记分。如，完成80%记80分 | | 20% |
| 同比销售增长率（本期/去年同期） | 每增长1%加1分，每下降1%扣1分（负分） | | 15% |
| 环比销售增长率（本期/上期） | 每增长1%加1分，每下降1%扣1分（负分） | | 15% |
| 同比销售增长率（或环比销售增长率）排名 | 每提前一名加20分，每退后一名扣20分（负分） | | 15% |
| 销售额（或销售量、回款额）排名 | 每提前一名加20分，每退后一名扣20分（负分） | | 15% |
| 网点建设指标完成百分率 | 按实际完成百分率记分 | | 20% |
| 加权平均得分 | | | 100% |

# 第8章 销售人员的薪酬与福利

## 8.1 销售人员薪酬制度的设计原则

设计薪酬制度应当注意遵循下述原则：

### 8.1.1 公平性原则

薪酬制度要公平，这是主要的原则，要使销售人员认为你的薪酬制度是公正的、合理的、人人平等的，只要在相同的岗位上，做出相同的业绩，都将获得相同的薪酬。

### 8.1.2 激励性原则

薪酬制度必须能给销售人员足够的激励，能够调动他们工作的积极性，以便促使他们为实现组织的销售目标积极地、不懈地努力去进行各项销售工作，取得最佳的销售业绩，也为自己赢得丰厚的薪酬。

### 8.1.3 灵活性原则

薪酬制度的建立应既能满足各种销售工作的需要，又能比较灵活地加以运用。

### 8.1.4 竞争性与经济性原则

企业的薪酬制度对销售人员应具有吸引力，要有助于企业吸收优秀销售人员并留住他们。为了保持竞争性，企业的薪酬标准至少要等于甚至略高于竞争对手的水平，但是，从管理的角度上，高标准的薪酬水平虽然会提高企业薪酬竞争性与激烈性，但企业的成本也会随之上升，因此，既要考虑薪酬的对外竞争性和对内激励性，同时也不能忽视其经济性。

### 8.1.5 稳定性原则

稳定性原则具体表现在两个方面：一是不论市场环境如何变化，销售人员的业绩如何波动，都应给予维持销售人员基本生活的收入，不至于使他们产生不安全感；二是指薪酬制度应相对稳定，当然，随着时间的推移和环境条件的变化，薪酬制度发生变化是必要的，但是，薪酬制度一旦确立，在一定的时段上（至少一年）应当保持相对稳定。否则，经常变化的薪酬制度会使销售人员产生困惑，无法判定自己的努力将得到怎样的回报，自然会抑制他们的努力程度。

### 8.1.6 控制性原则

销售人员的薪酬制度应体现组织对个人工作的导向性，应能对销售人员的努力方向进行控制。薪酬是为了激励销售人员更加努力工作，而努力工作的根本点就是实现企业的目标，因此，薪酬制度的设立应当设法将销售人员的个人目标统一到企业的大目标上，应能实现企业对销售人员的有效控制。企业所确立的薪酬制度，不能以牺牲必要的控制能力为代价，这是企业保持销售队伍的稳定性并最终占有市场的关键。

## 8.2　建立销售人员薪酬制度的程序

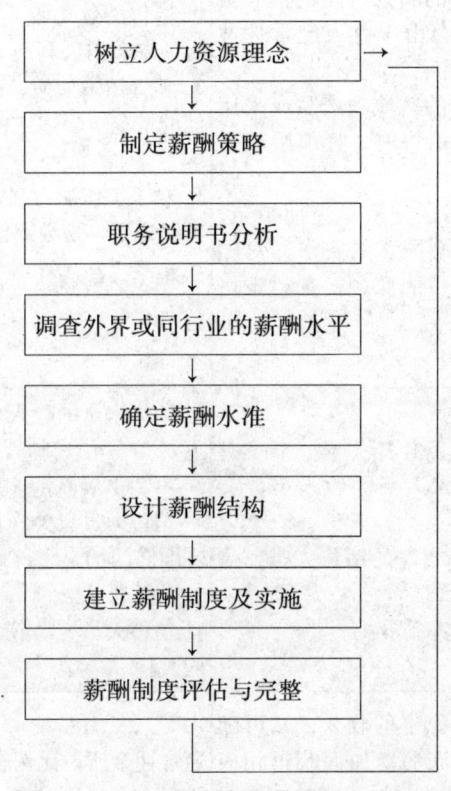

```
树立人力资源理念 →
    ↓           ↑
制定薪酬策略     ↑
    ↓           ↑
职务说明书分析   ↑
    ↓           ↑
调查外界或同行业的薪酬水平
    ↓           ↑
确定薪酬水准     ↑
    ↓           ↑
设计薪酬结构     ↑
    ↓           ↑
建立薪酬制度及实施
    ↓           ↑
薪酬制度评估与完整
```

图 8-1　建立销售人员薪酬制度的程序

## 8.3　销售人员薪酬类型比较表

| 薪酬类型 | | 优点 | 缺点 |
|---|---|---|---|
| 固定薪水制 | | 1. 方式明了简单，便于销售人员了解，且管理和操作方便<br>2. 固定而又稳定的收入，使销售人员产生安全感，不会由于收入经常性波动而产生焦虑<br>3. 当需要开拓新的区域和产品或采用集体努力来完成销售时，管理层较易进行指导<br>4. 销售人员不去过分追求短期销量，因而会过多地关心顾客的要求并对顾客的利益给予恰当的照顾，有利于培养顾客的忠诚度 | 1. 销售绩效与收入不挂钩，显然缺乏激励作用，对效率和销售利润的最大化缺乏刺激<br>2. 不管销量如何，薪水都是固定支出，在销量降低的情况下，固定的薪水支出必然增加销售的成本<br>3. 对于工作能力强、工作效率高的销售人员显得不够公平，易导致他们工作效率的下降甚至离职 |
| 直接佣金制 | | 1. 具有较大的激励作用，当佣金没有上限规定时，销售人员的收入可能会很高<br>2. 有利于稳定业绩好的销售人员，淘汰业绩差的销售人员<br>3. 有利于控制销售成本 | 1. 销售人员的收入欠稳定，特别是销售波动情况下<br>2. 不利于培养销售人员对公司的忠诚<br>3. 销售人员只关心售出产品，对企业的总体目标和顾客的特定情况缺少关心，使管理层推进管理变得困难<br>4. 销售人员容易兼职，以防止和分散收入不稳定的风险 |
| 组合薪酬 | 薪水加佣金制度 | 使销售人员既有稳定的收入，又可随销售额或销售利润的增加而获得相应的佣金 | 通常佣金所占比例较少，激励的效果不大 |
| | 薪水加奖金制度 | 激励销售人员或团队实现已设立的目标方面有较大的灵活性 | 可能导致销售人员对销售额不够重视 |
| | 薪水加佣金再加奖金制度 | 兼顾了薪水加佣金制度和薪水加奖金制度的优点 | 需要较多的有关记录和报告，因而提高了管理费用 |
| | 特别奖励制度 | 鼓励作用更为广泛有力，常常可以促进滞销产品的销售 | 奖励标准或基础不够可靠，这就是足以引起推销员之间的不平以及管理方面的困扰 |

## 8.4 销售人员工资管理规定

### 8.4.1 销售人员的等级划分

本公司根据各销售员的营业能力、工作实绩、出勤状况、劳动态度等要素将销售人员划分为一级、二级、三级三个等级。等级划分首先由主管科长考核再报呈公司经理确定。上述各级别的标准是：

（1）一级——能够协助上级工作，对其他职员能起到指导、监督作用的，具备优秀品格的模范职员。一级销售人员要有两年以上从事销售工作的经历，并且在近半年的销售工作中取得了优异成绩。

（2）二级——有半年以上销售工作经历，工作努力，经验丰富，勇于承担责任的中坚职员。曾由于不当行为显著损害社会利益者，不能定为二级。

（3）三级——经过短期培训的其他员工。

### 8.4.2 职员工资的构成

职员工资为月工资制，由基本工资和津贴构成。

### 8.4.3 基本工资实行职务等级工资制

基本工资实行职务等级工资制，如下：

| 等级 | 一 | 二 | 三 | 四 | 五 | 六 | 七 | 八 | 九 | 十 | 十一 | 十二 |
|---|---|---|---|---|---|---|---|---|---|---|---|---|
| 金额（元） | | | | | | | | | | | | |

各职级内级差相同。

### 8.4.4 工资等级的确定和升降

工资等级的确定和升降，根据考核的结果，在每年二月、五月、八月、十一月进行。对业绩显著低下者，要适当降级。

### 8.4.5 津贴的分类

津贴分为家庭津贴和销售津贴两类：

家庭津贴的分付标准：抚养人口仅一人者给××元，有两人以上则每增加一人增加××元，最多支付到四口人。

销售津贴以班组长为对象，根据本公司考核办法，用下述方法支付：
（1）对突破销售目标的班组长，每得一分增加××元。
（2）不属于上述情况的班组长，每得一分增加××元。
（3）具体支付时间确定在次月工资发放日。

销售职员每人每月付给××元销售津贴。凡旷工一日或迟到早退三次以上者，不发给津贴。家庭津贴和班组长销售津贴，如果是由于生病或其他难以避免的原因造成迟到、早退或旷工，经过上级主管批准，可以照常发放。

### 8.4.6 各项工资的支付时间和方法

各项工资的支付时间和方法如下：
（1）工资的计算截止到每月二十日，二十五日发放。发放日为节假日时，改为前一日或次日发放。
（2）月中进入公司者和中途退职、复职的情况下，按实际工作日对月标准工作日所占比例计算。每月计算基准日定为三十日。
（3）工作实绩不佳或出勤状态差的职员，最多发给基本工资的90%。

另外，有关销售分数的计算和离、退休人员的报酬，另作规定。

## 8.5 销售人员工资管理办法

### 8.5.1 一般规定

（1）公司销售人员，包括营销总部、营销中心、销售中心、办事处所有员工的工资待遇，除有特殊规定外，均应依照本办法办理。
（2）本办法由人力资源部制定，并呈报总经理核准实施，如有未尽事宜，由主管销售的副总及各销售部门经理提出，与人力资源部共同协商后修正再公布实施。
（3）本办法于每年年底根据公司的经营情况重新修订一次。

### 8.5.2 工资制度

（1）营销总部、营销中心、销售中心、办事处负责人的工资收入实行年薪制。
（2）一般销售人员的工资收入实行月薪（基础工资）加绩效奖金制。

### 8.5.3 年薪制

（1）营销总部、营销中心、销售中心、办事处负责人的年薪标准由公司经理会确定。

共分为四个等级标准，如下：

| 等级 | 年薪标准（万元） |
|---|---|
| 营销总部 |  |
| 营销中心 |  |
| 销售中心 |  |
| 办事处 |  |

（2）年薪由基薪和风险收入两个部分构成，其中：基薪占年薪的60%，按月度发放；风险收入占年薪的40%，按年度发放。

（3）基薪月度发放标准按下列公式计算：基本月薪=（年薪×60%）÷12；基本月薪一经确定，年度内不再变动。

（4）风险收入按年度公司销售指标完成情况和个人负责区域销售指标完成情况考核浮动发放。销售目标达成度与风险收入发放比例如下：

| 销售目标达成度 | 60% | 65% | 70% | 75% | 80% | 85% | 90% | 100% |
|---|---|---|---|---|---|---|---|---|
| 风险收入发放比例 | 60% | 65% | 70% | 75% | 80% | 85% | 90% | 100% |

（5）风险收入年度发放标准按下列公式计算：风险收入=年薪×40%×风险收入发放比例。

（6）各销售部门负责人按规定领取应得年薪外，不再另外享受一般销售人员的基础工资和绩效奖金。

### 8.5.4 基础工资

（1）一般销售人员的月工资为基础工资，基础工资分为四个等级标准，如下：

| 等级 | 一 | 二 | 三 | 四 |
|---|---|---|---|---|
| 金额（元） |  |  |  |  |

各等级内级差相同。

（2）公司根据各销售员的营业能力、工作实绩、劳动态度等要素，确定不同的基础工资标准。

（3）新进销售人员根据本人的技能、销售经历、销售年限确定基础工资标准。试用期两个月，试用期工资按基础工资的70%发放。

### 8.5.5 绩效奖金

（1）绩效奖金根据各销售员的综合业绩，每季度发放一次。考核等级与奖金标准如下：

| 考核等级 | 考核分数 | 奖金（元） |
| --- | --- | --- |
| A 等 | 86 分以下 | |
| B 等 | 76～85 分 | |
| C 等 | 60～75 分 | |
| D 等 | 55～59 分 | |

## 8.6 销售人员奖金管理办法

### 8.6.1 制定管理办法原因

为鼓励销售人员发挥工作潜能，积极拓展市场，促进公司产品的营销，维护公司的正常发展，特制定本办法。

### 8.6.2 实施对象

本办法的实施对象为公司销售业务代表以及销售业务的主管人员（主任级及其以上人员）。

### 8.6.3 计算时间

奖励计算的标准时间为每月月初至月末。

### 8.6.4 销售业务代表奖励办法

销售业务代表奖励办法。根据销售达成率、收款达成率、客户交易率三项指标综合评定。

计算公式：

（1）销售达成率 =（销售金额 - 退货金额）/销售目标金额 × 100%

说明事项：等式右方最高按150%计算（之所以限定为最高上限，是因为目标制定过低或某些突发事件出现，而非销售人员个人努力的结果）。

（2）收款达成率＝货款回收率×60%＋天期率×40%＝实际收款额/上月应收款余额＋本月实际销售额×60%＋90/［实际收款额×（货款到期－收款基准日）/实际收款额］×40%。

说明事项：

- 货款回收率低于40%（即等式右方的前项低于24%）时，不计奖金；
- 现金扣5%的客户，等式右方的后项货款到期日应加75天；
- 收款基准日为次月十日；
- 后项的分子数90天是指公司所允许的最长票期（从送货后的次月一日算起）。

（3）客户交易率＝（每日交易客户数/250×50%＋当月交易客户数/总客户数×a）

说明事项：

- 等式右方的前项最高按30%计算，即最高为150。250是指每月工作25天，每位销售人员最起码每天应拜访10位客户。因前项的50%加后项的a的百分数超过100%，所以限定30%为最高限；
- 当月交易客户数对客户不可重复计算；
- 总客户在100户以上者，a定为90%；

  总客户数为90～99户者，a定为80%；

  总客户数为80～89户者，a定为70%；

  总客户数为70～79户者，a定为60%；

  总客户数为70～79户者，a定为60%；

  总客户数为60～69户者，a定为50%；

  总客户数为59户者，a定为0%；

  总客户数是销售人员负责区域内的有往来的客户总数。

### 8.6.5 销售业务主管人员奖励办法

计算公式：

产品销售达成率＝销货量－退货量/A部甲产品销售目标量×40%＋销货量－退货金额/A部乙产品销售目标量×25%＋销货量－退货量/A部丙产品销售目标量×10%＋销售额－退货量/产品销售目标金额×20%＋销售额－退货金额/C产品效销售目标金额5%

说明事项：

（1）等式右方各项新产品的达成率最高以权数的150%计算。

（2）仅负责单项新产品销售的业务主管人员，则比照销售业务人员的办法计算。

### 8.6.6 奖金的核算单位

由领取奖金的单位负责计算奖金金额,并于次月十五日以前提呈,在工资发放日同时发给。稽核科应按时进行抽查工作,以稽查各单位奖金核计的正确性。

### 8.6.7 奖金领取的限制条件

(1) 若有舞弊隐瞒及不正当的虚伪销售、收款及虚设客户冒领奖金的事情,一经查实,除收回奖金外,还要停止该员及该单位主管人员半年内获取奖金的资格,同时按人事管理规定另行处置。

(2) 当月该销售业务代表若发生倒账事件,除该员及其所属主管人员不得领取该月奖金外,还要依照倒账赔款办法处理。

### 8.6.8 办法实施时间

本办法自一月一日起实施,并根据实际情况加以修改。

## 8.7 销售人员奖金发放办法

### 8.7.1 制定奖金发放办法原因

为鼓舞销售人员工作热情,提高工作绩效,积极开辟推销路线,开拓市场,本公司特制定本办法。

### 8.7.2 办法实用对象

销售人员奖金发放办法按营业所销售人员和外部销售人员分别制定。

### 8.7.3 营业所销售人员应得分数的计算

营业所销售人员(整体)应得分数的计算根据以下几项内容:收益率(占20%)、销售额完成率(占40%)、货款回收期(占30%)、呆账率(占5%)、事务管理(占5%)。其各自的计算方法为:

(1) 收益率得分

①收益率得分 = 20 分 + 盈亏率 ÷ 0.1% × 1.5 分

②盈亏率 = 实际盈余(或亏损)/实际销售额 × 100%

③如存在亏损,则盈亏率为负。

(2) 销售完成率得分

①销售完成率得分 = 40 分 × 销售额完成率

②销售额完成率 = 实际完成销售额/目标销售额 × 100%

③如有个别特殊原因使销售额大幅度增长，则原销售目标应再增加，以免使非因个人努力而获得的销售增长计入该月销售目标。

④实际销售额一律按净销售额计算。

(3) 货款回收期得分

①货款回收期项目基准分为 30 分。

②货款回收日期比基准日每增加一天扣减 0.5 分，每减少一天增加 1 分。

(4) 呆账率得分

①呆账率 = 呆账额/实际销售额 × 100%

②无呆账者得 7.5 分，呆账率基准为 0.2%，实际呆账率在 0.2% 以内者得 5 分，每增出基准 0.1% 则扣减 0.5 分。

(5) 事务管理得分

①事务管理项目满分为 5 分。

②公司列入管制的业务报表每迟送或虽未迟送但内容出现错误者，每次扣减 1 分。如因迟送致使绩效统计受到影响，则本项分数为零外，再倒扣 5 分。

(6) 营业所销售人员（整体）应得分数为以上五项各分数的加总。

### 8.7.4 外部销售人员应得分数计算

外部销售人员应得分数根据以下几项内容计算，销售完成率（占 50%）、贷款回收期（占 30%）、客户普销度（占 10%）、呆账率（占 10%）。其各项的具体计算方式如下：

(1) 销售完成率得分

①销售完成率得分 = 50 分 × 销售完成率

②销售完成率 = 实际完成销售额/目标销售额 × 100%

③如有个别特殊原因促进了销售额（量）的增长，则这部分增长应计入该月的销售目标，对原销售目标加以调整。

④实际销售额一律按净销售额计算。

(2) 货款回收期得分

①本项目基本分数为 30 分。

②货款回收期每超过基准日一天扣减 0.5 分，每提前一天增加 1 分。

(3) 客户普销度得分

①客户普销度得分 = 10 × 客户交易率

②客户交易率 = 实际交易客户数/180 户 × 100%

③假如辖区内的总客户数不足此项的最低标准（180户），属于专业外部或特殊地区等情形时，须报请上级批准，根据具体情况酌情处理。

④本项最后得分最高以14分为限。

(4) 呆账率得分

①呆账率 = 呆账额/实际销售额×100%

②无呆账者得15分，呆账率在基准（0.2%）以内者得10分，每超过基准0.1%扣减0.5分。

(5) 外部人员的应得分数为以上四项分数的算术和。

### 8.7.5 获得奖金的基本条件要求

(1) 营业所销售人员（整体）

①销售额完成率要求在100%以上，总分数要求在100分以上。

②全期平均无亏损（假如亏损则保留该营业所名次并列入考绩，但奖金不予发放）。

(2) 外部销售人员

①销售额完成率要求在100%以上，总分数要求在100分以上。

②味精、酱油、奶粉交易客户数均应在150户以上（按月计算）。

### 8.7.6 奖金计发方式

每月计分一次，每三个月累计分数计发奖金一次。

### 8.7.7 奖金金额与分配方法

(1) 营业所销售业务人员

①根据各所实得总分排定前五名，其余符合得奖条件但未能名列前五名之内的营业所列入合格类别。

②奖金的具体分配比重为：

- 主任：……………………………………………………………………每人1.2
- 主计（含副主任）：外务及库名……………………………………每人1.1
- 助计、助库、司机、助理外务、配货……………………………每人1.0
- 守卫……………………………………………………………………每人0.275

③全部外销员的奖金总数根据各个人的销售完成率之比重新实施再分配。

（举例：某营业所获总分第三名，应得奖金额为800元，共有四名外销人员，其各自销售完成率为甲150%、乙135%、丙120%、丁115%，则营业所主任奖金为800×1.2 = 960元，司机奖每人为800×1.0 = 800元，守卫人员每人奖金800×0.275 = 220元，主计每人奖800×1.1 = 880元，外销人员奖金总额为：800×1.1×4 = 3520元，则甲外销员应得奖金为3520元×150/520 = 1015元，乙外销员应得奖金为3520×135/520 = 914元，丙外销员应得资金为3520元×120/520 = 812元，丁外销员应得资金为：3520×115/520 = 779元）。

（2）外部销售人员

①首先根据各人的实得分数排定前十名，符合得奖条件而未能列入前十名者归入合格一级。

②具体分配办法是：外销员获得相应奖金金额的60%，助理外销员（配货）及司机各得奖金的20%。

③如有两位以上助理外销员（配货）司机协助该外销员，则依各人对该外销工作的贡献程度比重实施再分配。

### 8.7.8 对业绩不合格销售的处理办法

销售完成率在80%以下，而且名列最后一名者记过一次，名列倒数第二名者警告两次，倒数第三名者警告一次，如连续两次均名列最后一名，则以降职处理。

### 8.7.9 虚报销售业绩的处理办法

如有虚报销售业绩者，一经查出，除收回所发奖金外，还将另外严加惩处。

## 8.8 销售人员工资设计模型

销售人员工资历来是企业关注的重点，它关系到销售人员的工作热情和工作的积极性，直接或间接地影响着企业的生存与发展。以下是几种模型，供大家参考。

### 8.8.1 数字比例法

数字比例法是指将业务员的销售提成按规定的比例在个人、小团体、大团体之间进行重新分配。其中，小团体与大团体的范围，根据公司的实际情况进行确定。例如，小团体为办事处，大团体为销售大区；小团体为部门，大团体为分公司。数字比例法强调的是团队精神。

在确定个人、小团体、大团体之间比例时，必须综合考虑员工的工作独立性和结构性。如果工作体现高独立性、低结构性，应多考虑个人价值，放大个人比例，如721比例。如果工作体现低独立性、高结构性，应多考虑团队合作所体现的价值，放大小团体与大团体的比例，如442比例、433比例。按计算方法不同，数字比例法分为：提成法、个人目标提成法、团队目标提成法。

提成法：以个人的实际销售额作为提成基数计算提成额，再按规定的比例对提成额进行分配。

提成法举例：

某销售公司下设财务部：2人，办公室：2人，销售一部：甲、乙；销售二部：丙、丁，本月销售额：甲：2万元，乙3万元，丙：2万元，丁：1万元。提成比例10%，使用比例为5：3：2。

甲（个人直接利益）：20000×10%×5/（5+2+3）=1000元

甲（部门分配利益）：20000×10%×3/（5+3+2）/2=300元

甲（公司分配利益）：20000×10%×2/（5+3+2）/8=50元

甲的直接利益=1000+300+50=1350元

乙（个人直接利益）：30000×10%×5/（5+3+2）=1500元

乙（部门分配利益）：30000×10%×3/（5+3+2）/2=450元

乙（公司分配利益）：30000×10%×2/（5+3+2）/8=75元

乙的直接利益=1500+450+75=2025元

丙（个人直接利益）：20000×10%×5/（5+2+3）=1000元

丙（部门分配利益）：20000×10%×3/（5+3+2）/2=300元

丙（公司分配利益）：20000×10%×2/（5+3+2）/8=50元

丙的直接利益=1000+300+50=1350元

丁（个人直接利益）：10000×10%×5/（5+3+2）=500元

丁（部门分配利益）：10000×10%×3/（5+3+2）/2=150元

丁（公司分配利益）：10000×10%×2/（5+3+2）/8=25元

丁的直接利益=500+150+25=675元

乙、丙、丁转移给甲的利益：450+75+50+25=600元

甲、丙、丁转移给乙的利益：300+50+50+25=425元

甲、乙、丁转移给丙的利益：50+75+150+25=300元

甲、乙、丙转移给丁的利益：50+75+300+50=475元

甲的总利益=1350+600=1950元

乙的总利益=2025+425=2450元

丙的总利益=1350+300=1650元

丁的总利益=675+475=1150元

个人目标提成法：根据个人能力及市场情况确定个人销售目标，以实际销售额扣除销售目标额为提成基数计算提成额，再按规定的比例对提成额进行分配。个人销售额达不到目标，不计提个人直接利益，但不影响其他人转移的利益。

团队目标提成法：不影响个人直接利益的计提，在进行团体分配以团体实际销售额扣

除销售目标额为提成基数计算提成额，再按规定的比例对提成额进行分配。团体销售额达不到目标，不计提团体直接利益，但不影响个人直接利益及其他人转移的利益。

数字法的优点：考虑了外部环境对员工完成目标的影响，避免员工在预测自己的任务无法完成时消极怠工，既尊重了个人价值又兼顾了团队利益，体现了内部公平性。

缺点：员工的工资计算比较复杂。

### 8.8.2 底薪加等级提成法

底薪提成法：销售人员的工资由底薪与提成工资组成。提成工资按等级分别计算，该方法是目前使用最广的方法之一。

优点：设计简单，计算方便，保证了销售人员的生活保障，有一定的激励作用。

缺点：销售人员容易造成个人英雄主义，同事之间合作意识比较弱，追求短期效应。底薪与提成等级合理性确定比较困难。

某公司底薪、销售额、工资计提比例如下：

| 底 薪 | 月销售额 | 工资计提比例 |
| --- | --- | --- |
| 1000元 | 0~10000元 | 1% |
|  | 10000~25000元 | 1.5% |
|  | 25000~35000元 | 2% |
|  | 25000元以上 | 3% |

业务员甲本月销售额为28000元。

其工资 = 1000 + 10000×1% +（25000 – 10000）×1.5% +（28000 – 25000）×2% = 1385元

### 8.8.3 提成法

等级提成法：销售人员只有提成工资没有底薪。与底薪加提成法相比，其计算方法更简单。由于没底薪，对销售人员的压力较大。

某公司销售额、工资计提比例如下：

| 月销售额 | 工资计提比例 |
| --- | --- |
| 10000元以下 | 5% |
| 10000~25000元 | 5.5% |
| 25000~35000元 | 6% |
| 35000元以上 | 7% |

业务员甲本月销售额为28000元

其工资 = 28000 × 6% = 1680 元

### 8.8.4 浮动工资法

浮动工资法：以销售人员连续三个月的销售总额为基数目标，确定其工资标准。支付其后面三个月的工资，将后面三个月的实际销售额与前面三个月的总销售额进行比较，按规定标准调整工资，以调整后的工资支付以下三个月的工资，以此类推。

某公司工资调整标准如下，业务员 A 2002 年 1 月 1 日进入该公司，在 1－3 月的销售额为 20000 元，4－6 月销售额为 25000 元，6－9 月销售额为 35000 元，9－12 月销售额为 30000 元。业务员 A 从 2002 年 1 月到 2003 年 3 月的工资额为：

1200 × 6 +（1200 + 100）× 3 + 1500 × 3 +（1500 - 150）× 3 = 19650 元

| 销售额基数 | 工资标准（元） | 销售额增减幅度（元） | 工资增减（元） |
| --- | --- | --- | --- |
| 0 - 30000 元 | 1200 | 1000 - 3000 | 50 |
|  |  | 3000 - 6000 | 100 |
|  |  | 6000 以上 | 200 |
| 30000 - 50000 元 | 1500 | 1000 - 2000 | 50 |
|  |  | 2000 - 4000 | 150 |
|  |  | 4000 以上 | 300 |
| 50000 - 70000 元 | 2000 | 500 - 1000 | 100 |
|  |  | 1000 - 2000 | 200 |
|  |  | 2000 以上 | 300 |
| 7000 元以上 | 2600 | 500 - 3000 | 200 |
|  |  | 3000 - 7000 | 450 |
|  |  | 7000 以上 | 600 |

浮动工资法的优点：扩大对销售人员的考核周期，减弱不确定因素对员工收入的影响，提高销售人员的主动性。

缺点：浮动工资的调整标准难以控制，不适用于季节性产品的销售行业。

## 8.9 销售人员薪资核准表

　　　　年　　月　　日　　　　　　　　　　　　　　　　　　　　　编号____

| 工作部门 | | 职　别 | |
|---|---|---|---|
| 姓　名 | | 到厂日期 | 年　月　日 |
| 学　历 | | | |
| 工作经验 | 相关　年，非相关　年，共　年 | | |
| 能力说明 | | | |
| 要求待遇 | | 公司标准 | |
| 拟订薪资 | | 生效日期 | 年　月　日 |
| 批示 | 部门主管 | 人事经理 | |

## 8.10 销售人员工资提成计算表

| 任务名称 | 每月计划销售量 | 每月完成销售额 | 超额提成率 | 提成工资总额 |
|---|---|---|---|---|
|  |  |  |  |  |
|  |  |  |  |  |
|  |  |  |  |  |
|  |  |  |  |  |
|  |  |  |  |  |
|  |  |  |  |  |

审核：　　　填表：

## 8.11 销售人员工资表

部门名称：_____

| 姓名 | | | | | |
|---|---|---|---|---|---|
| 职称 | | | | | |
| 职务 | | | | | |
| 职等 | | | | | |
| 工作天数 | | | | | |
| 正常工时 | | | | | |
| 应发工资金额 | 本　薪 | | | | |
| | 主管津贴 | | | | |
| | 交通补助 | | | | |
| | 全勤奖金 | | | | |
| | 绩效奖金 | | | | |
| | 加班津贴 | | | | |
| | 住房补助 | | | | |
| | 应付薪资 | | | | |
| 应扣金额 | 所得税 | | | | |
| | 劳保金 | | | | |
| | 福利金 | | | | |
| | 退休金 | | | | |
| | 借支 | | | | |
| | 其他 | | | | |
| | 合计 | | | | |
| 实发金额 | | | | | |
| | | | | | |
| 总　　计 | | | | | |

制表人：_____　　　　　　　　　　制表日期：___年___月___日

## 8.12 销售人员工资明细表

| 部门名称 | | | | 员工姓名 | | 员工编号 | |
|---|---|---|---|---|---|---|---|
| 应发款项 | 工 资 | 津 贴 | 值班费 | 加班费 | 夜点费 | 加 给 | 奖 金 |
| | | | | | | | |
| | 补 发 | 餐 费 | 其 他 | | | 上月尾款 | 应发金额 |
| | | | | | | | |
| 扣发款项 | 上半期预发 | 借 支 | 所得税 | 劳保费 | 保险费 | 分期付款 | |
| | | | | | | | |
| | 利 息 | 补 扣 | 伙食费 | 福利金 | 其他扣款 | 本月尾款 | 应扣金额 |
| | | | | | | | |
| 备注说明 | | | | | | 实发金额 | |

制表人：_____　　　　　　　　　　　　制表日期：____年____月____日

## 8.13 销售人员调薪表

部门名称：_____

| 基本资料 | 姓　名 | | 性　别 | |
|---|---|---|---|---|
| | 编　号 | | 年　龄 | |
| | 到职日 | | 职　务 | |

| 调薪原因 | □年度调薪<br>□机动调薪<br>□调职调薪<br>□试用合格调薪<br>□其他 |
|---|---|

| 异动状况 | 项目 | 异动前 | 异动后 |
|---|---|---|---|
| | 职称 | | |
| | 职等 | | |
| | 职级 | | |
| | 本薪 | | |
| | 主管津贴 | | |
| | 外调津贴 | | |
| | 生活津贴 | | |
| | 全勤奖金 | | |
| | 特勤奖金 | | |
| | 绩效奖金 | | |
| | 合计 | | |

备注：
1. 生效日期：　　年　　月　　日起
2. 本表仅供受薪人参照

总经理：_____　　制表人：_____　　制表日期：___年___月___日

## 8.14 销售人员变更工资申请表

部门名称：_____

| 姓　名 | | 工　号 | | 部　门 | |
|---|---|---|---|---|---|
| 职　称 | | 职　等 | | 担任工作 | |
| 到职日期 | | 本职日期 | | 现有工资 | |
| 申请项目 | □升等<br>□降级<br>□降等<br>□其他 | | | | |
| 表　现 | 月考核前 | 1.<br>2.<br>3. | | | |
| | 特殊理由 | | | | |
| 生效日期 | | | | | |
| 批　示 | | 人力资源部 | | 申　请 | |

总经理：_____　　制表人：_____　　制表日期：____年____月____日

## 8.15 销售人员奖金核定表（一）

月份

<table>
<tr><td colspan="2">本月销售金额</td><td></td><td colspan="2">本月工作人数</td><td></td><td colspan="2">销售商品</td><td></td></tr>
<tr><td colspan="2">可得奖金合计</td><td></td><td colspan="2">调整奖金比率</td><td></td><td colspan="2">应发奖金</td><td></td></tr>
<tr rowspan="2"><td rowspan="12">奖金核定</td><td rowspan="2">编号</td><td rowspan="2">姓　名</td><td colspan="2">职　别</td><td rowspan="2">成绩</td><td rowspan="2">应发奖金</td><td colspan="2" rowspan="2">实发奖金</td></tr>
<tr><td>主管</td><td>其他</td></tr>
<tr><td></td><td></td><td></td><td></td><td></td><td></td><td colspan="2"></td></tr>
<tr><td></td><td></td><td></td><td></td><td></td><td></td><td colspan="2"></td></tr>
<tr><td></td><td></td><td></td><td></td><td></td><td></td><td colspan="2"></td></tr>
<tr><td></td><td></td><td></td><td></td><td></td><td></td><td colspan="2"></td></tr>
<tr><td></td><td></td><td></td><td></td><td></td><td></td><td colspan="2"></td></tr>
<tr><td></td><td></td><td></td><td></td><td></td><td></td><td colspan="2"></td></tr>
<tr><td></td><td></td><td></td><td></td><td></td><td></td><td colspan="2"></td></tr>
<tr><td></td><td></td><td></td><td></td><td></td><td></td><td colspan="2"></td></tr>
<tr><td></td><td></td><td></td><td></td><td></td><td></td><td colspan="2"></td></tr>
<tr><td colspan="2">合　计</td><td></td><td></td><td></td><td></td><td colspan="2"></td></tr>
<tr><td rowspan="7">奖金核定标准</td><td colspan="2">销售金奖</td><td colspan="2">可得奖金</td><td colspan="3">工作人数</td><td></td></tr>
<tr><td colspan="2">500万以上</td><td colspan="2">5万</td><td colspan="3">40人以上</td><td></td></tr>
<tr><td colspan="2">400～500万</td><td colspan="2">4万</td><td colspan="3">30～39人</td><td></td></tr>
<tr><td colspan="2">350～400万</td><td colspan="2">3万</td><td colspan="3">20～29人</td><td></td></tr>
<tr><td colspan="2">300～350万</td><td colspan="2">2万</td><td colspan="3">10～19人</td><td></td></tr>
<tr><td colspan="2">250～300万</td><td colspan="2">1万</td><td colspan="3">10～19人</td><td></td></tr>
<tr><td colspan="2">250万以下</td><td colspan="2"></td><td colspan="3">9人以下</td><td></td></tr>
</table>

总经理：　　　　　　　　　　核准：　　　　　　　　　　填表：

## 8.16 销售人员奖金核定表（二）

月份

| | 本月营业额 | | 本月净利润 | | 利润率 | | |
|---|---|---|---|---|---|---|---|
| | 可得奖金 | | 调整比例 | | 应发奖金 | | |
| 奖金核定 | 编号 | 姓名 | 职别 | 奖金 | 单位 | 姓名 | 职别 | 奖金 |
| | | | | | | | | |
| | | | | | | | | |
| | | | | | | | | |
| | | | | | | | | |
| | | | | | | | | |
| | | | | | | | | |
| | | | | | | | | |
| | | | | | | | | |
| | | | | | | | | |
| 奖金核定标准 | 本月净利润 | 可得奖金 | 个人销售额 | 个人提成 |
| | 10万以下 | 1万 | 10万以下 | 0.5% |
| | 10~20万 | 2万 | 10~20万 | 0.75% |
| | 20~30万 | 4万 | 20~30万 | 0.75% |
| | 30~40万 | 6万 | 30~40万 | 0.6% |
| | 40~50万 | 8万 | 50万以上 | 0.5% |
| | 50万以上 | | | 每增10万增加1万元 |

总经理：　　　　　　　　核准：　　　　　　　　填表：

## 8.17　销售人员统一薪金等级表

| 级别 | 职务 | 底薪 | 奖金 | 津贴 | 提成比例 | 认股权证 |
|---|---|---|---|---|---|---|
| 1 | 实习业务员 | | | | | |
| 2 | 销售人员 | | | | | |
| 3 | 小区经理 | | | | | |
| 4 | 大区副经理 | | | | | |
| 5 | 大区经理 | | | | | |
| 6 | 销售部副总 | | | | | |
| 7 | 销售部总经理 | | | | | |

## 8.18 销售人员提成比例一览表

| 编号 | 姓　名 | 提成比例 | 备　注 | 编号 | 姓　名 | 提成比例 | 备　注 |
|------|--------|----------|--------|------|--------|----------|--------|
|      |        |          |        |      |        |          |        |
|      |        |          |        |      |        |          |        |
|      |        |          |        |      |        |          |        |
|      |        |          |        |      |        |          |        |
|      |        |          |        |      |        |          |        |
|      |        |          |        |      |        |          |        |
|      |        |          |        |      |        |          |        |
|      |        |          |        |      |        |          |        |
|      |        |          |        |      |        |          |        |
|      |        |          |        |      |        |          |        |
|      |        |          |        |      |        |          |        |
|      |        |          |        |      |        |          |        |
|      |        |          |        |      |        |          |        |
|      |        |          |        |      |        |          |        |
|      |        |          |        |      |        |          |        |
|      |        |          |        |      |        |          |        |
|      |        |          |        |      |        |          |        |
|      |        |          |        |      |        |          |        |
|      |        |          |        |      |        |          |        |
|      |        |          |        |      |        |          |        |

总经理：　　　　　　销售经理：　　　　　　制表：

为了激发销售人员的创造性和积极性，你可能和他们协商过销售商品的提成比例。如果是这样，你就应该拥有此表，从而对各位销售人员的提成比例一目了然。

## 8.19 兼职销售人员奖金提成核定表

本月营业额　　千元
本月净利润　　千元

月份：＿＿＿

| 编号 | 职务 | 姓名 | 销售奖金计提比例 | 利润奖金计提比例 | 提成比例 | 合计 | 备注 |
|---|---|---|---|---|---|---|---|
|  |  |  |  |  |  |  |  |
|  |  |  |  |  |  |  |  |
|  |  |  |  |  |  |  |  |
|  |  |  |  |  |  |  |  |
|  |  |  |  |  |  |  |  |
|  |  |  |  |  |  |  |  |
|  |  |  |  |  |  |  |  |
|  |  |  |  |  |  |  |  |
|  |  |  |  |  |  |  |  |
|  |  |  |  |  |  |  |  |
|  |  |  |  |  |  |  |  |
|  |  |  |  |  |  |  |  |
|  |  |  |  |  |  |  |  |
|  |  |  |  |  |  |  |  |
|  |  |  |  |  |  |  |  |
|  |  |  |  |  |  |  |  |
|  |  |  |  |  |  |  |  |
|  |  |  |  |  |  |  |  |
|  |  |  |  |  |  |  |  |
|  |  |  |  |  |  |  |  |
|  |  |  |  |  |  |  |  |
|  |  |  |  |  |  |  |  |
|  |  |  |  |  |  |  |  |
| 合　计 |  |  |  |  |  |  |  |

## 8.20 销售干部奖金核定表

月份_____

| 部门 | 姓名 | 职别 ||销售业务|业务奖金|销售利润|利润奖金|产品市场占有率|占有率奖金|销售人员开发|人员开发奖金|奖金合计|
|---|---|---|---|---|---|---|---|---|---|---|---|---|
|  |  | 经理 | 助理 |  |  |  |  |  |  |  |  |  |
|  |  |  |  |  |  |  |  |  |  |  |  |  |
|  |  |  |  |  |  |  |  |  |  |  |  |  |
|  |  |  |  |  |  |  |  |  |  |  |  |  |
|  |  |  |  |  |  |  |  |  |  |  |  |  |
|  |  |  |  |  |  |  |  |  |  |  |  |  |
|  |  |  |  |  |  |  |  |  |  |  |  |  |
|  |  |  |  |  |  |  |  |  |  |  |  |  |
|  |  |  |  |  |  |  |  |  |  |  |  |  |
|  |  |  |  |  |  |  |  |  |  |  |  |  |
|  |  |  |  |  |  |  |  |  |  |  |  |  |
|  |  |  |  |  |  |  |  |  |  |  |  |  |
|  |  |  |  |  |  |  |  |  |  |  |  |  |
|  |  |  |  |  |  |  |  |  |  |  |  |  |
|  |  |  |  |  |  |  |  |  |  |  |  |  |
|  |  |  |  |  |  |  |  |  |  |  |  |  |

## 8.21　销售人员福利金申请表

| 申请人姓名 | | 性　别 | | 身份证号 | |
|---|---|---|---|---|---|
| 工作部门 | | 职　称 | | 到职日期 | |
| 申请事项 | 金额（元） | 备注说明 |||||
| 短期残障 | | |||||
| 长期残障 | | |||||
| 人寿保险 | | |||||
| 死亡福利 | | |||||
| 休假期支付 | | |||||
| 探亲费用 | | |||||
| 退休及储蓄计划支付额 | | |||||
| 劳工福利总计 | | |||||
| 批示 | |||||||
| 复核意见 | |||||||
| 部门主管意见 | |||||||
| 人力资源部主管意见 | |||||||

批准人：____　审核人：____　申请人：____　　　　　填表日期：____年____月____日

## 8.22 销售人员重大伤病补助申请表

| 姓　名 | | 性　别 | | 年　龄 | |
|---|---|---|---|---|---|
| 部　门 | | 编　号 | | 职　称 | |
| 工　号 | | 职　等 | | 到职日期 | |
| 申请事由 | | | | | |
| 证明文件 | | | | | |
| 申请金额 | | | | | |
| 备　注 | | | | | |

总经理：_____　总务部：_____　主管人：_____　填表人：_____

填表日期：___年___月___日

## 8.23　销售人员婚丧喜庆补贴申请表

| 姓　名 | | 性　别 | | 年　龄 | |
|---|---|---|---|---|---|
| 部　门 | | 编　号 | | 职　称 | |
| 工　号 | | 职　等 | | 到职日期 | |
| 申请事由 | | | | | |
| 证明文件 | | | | | |
| 申请金额 | | | | | |
| 备　注 | | | | | |

总经理：_____　　总务部：_____　　主管人：_____　　填表人：_____

填表日期：____年____月____日

## 8.24 销售人员旅游活动费用补助申请表

| 单 位 | | 预计开始日期 | | 预计结束日期 | |
|---|---|---|---|---|---|
| 参与人 | 参与人数： | | | | |
| | 人员名单： | | | | |
| 活动名称 | | | | 领 队 | |
| 活动目的 | | | | | |
| 活动内容 | | | 活动地点 | | |
| 自付费用 | | | 申请补助费用 | | |
| 备注说明 | | | | | |

总经理：_____  财务部：_____  主管人：_____  填表人：_____

填表日期：___年___月___日

## 8.25 某公司销售人员薪酬制度范例

### 8.25.1 职位资格说明

（1）新进销售人员

指无经验的新进人员。

（2）销售人员

新进销售人员试用期满，能力经认可者或有经验的销售人员。

（3）地区销售经理

具有一定的销售工作经验、有销售管理能力者。另凡销售人员符合下列条件者，也可以在适当的时候晋升为销售经理或提薪：

- 连续4个月业绩达到90万元者；
- 一年之内没有连续4个月业绩达90万元，而每月业绩在70万元以上者。

（4）销售经理

由总经理聘任。

### 8.25.2 薪金制度

（1）新进销售人员

- 责任额：200万元/年；
- 底薪：（含交通津贴）4万元/年；
- 佣金及绩效奖金如下：

| 销售额达 | 佣金比例 | 销售额达 | 绩效奖金 |
| --- | --- | --- | --- |
| 200~400万元 | 1.5% | 100万元 | 0.4万元 |
| 400~700万元 | 1.8% | 200万元 | 0.7万元 |
| 700万元以上 | 2.0% | 500万元 | 1.3万元 |
|  |  | 700万元 | 1.8万元 |
|  |  | 700万元以上 | 2万元 |

- 特别奖：凡表现突出者，另发特别奖。

（2）老销售人员

- 责任额：400万元/年；

- 底薪：（含交通津贴）8万元/年；
- 佣金及绩效奖金如下；

| 销售额达 | 佣金比例 | 销售额达 | 绩效奖金 |
| --- | --- | --- | --- |
| 400~600万元 | 1.7% | 300万元 | 0.5万元 |
| 600~800万元 | 1.9% | 500万元 | 1.0万元 |
| 800~1000万元 | 2.0% | 1000万元 | 2.0万元 |
| 1000万元以上 | 2.1% | 1000万元以上 | 3.0万元 |

- 特别奖：凡表现突出者，另发特别奖。

（3）地区销售经理

- 责任额：600万元/年；
- 底薪：（含交通津贴）12万元/年；
- 佣金及绩效奖金如下：

| 销售额达 | 佣金比例 | 销售额达 | 绩效奖金 |
| --- | --- | --- | --- |
| 600~800万元 | 1.8% | 600万元 | 1.0万元 |
| 800~1200万元 | 2.0% | 1000万元 | 2.0万元 |
| 1200~1600万元 | 2.1% | 1500万元 | 3.0万元 |
| 1600万元以上 | 2.2% | 2000万元以上 | 5.0万元 |

（4）销售经理

- 责任额：2.4亿元/年；
- 底薪：（不含交通津贴）15万元/年；
- 奖金：按销售额完成情况核算。

不足2亿元（含）　　　　1万元
2~2.4亿元（含）　　　　10万元
2.4~3亿元（含）　　　　15万元
超过3亿元　　　　　　　20万元

8.25.3　其他说明

（1）每项产品明确定价，若非特殊情况，原则上不二价。

（2）凡低于定价销售者，其3%以内部分由公司、个人各负担50%，3%~5%部分公司负担25%、个人负担75%，超过5%部分全部由个人负担。

（3）特殊状况（如大量订购者）由销售经理以上人员审批。

(4) 优惠、减价部分，全额由公司负担。
(5) 新产品问世政策另定。

## 8.26 某公司销售人员福利制度

### 8.26.1 制定目的

为吸引和留住优秀人才，公司提供优良的福利条件，并根据国家、当地政府有关劳动、人事政策和公司规章制度，特制定本方案。

### 8.26.2 制定公司福利制度的原则

结合公司生产、经营、管理特点，建立起公司规范合理的福利制度体系。

### 8.26.3 公司福利的原则

公司福利不搞平均主义和大锅饭，应根据绩效不同、服务年限不同而有所区别。避免公司福利一应俱全的弊病，福利享受从实物化转变为货币化。

### 8.26.4 公司福利对象

(1) 正式在职员工。
(2) 非正式员工。
(3) 离退休员工。
不同员工群体在享受福利项目上有差异。

### 8.26.5 公司提供的各类假期

(1) 法定节假日。
(2) 病假。
(3) 事假。
(4) 婚假。
(5) 丧假。
(6) 探亲假。
(7) 计划生育假（产假）。
(8) 公假。
(9) 年假。

(10) 工伤假。

具体请假事宜见员工请假办法文件。

公司提供进修、培训教育机会。

### 8.26.6 公司提供各类津贴和补贴

(1) 住房补贴或购房补贴。
(2) 书报费补贴。
(3) 防暑降温或取暖补贴。
(4) 洗理费补贴。
(5) 交通补贴。
(6) 生活物价补贴。
(7) 独生子女费和托儿津贴。
(8) 服装费补贴。
(9) 节假日补贴。
(10) 年假补贴。

具体事宜见公司补贴津贴标准。

### 8.26.7 公司提供各类保险

(1) 医疗保险。
(2) 失业救济保险。
(3) 养老保险。
(4) 意外伤害、工伤事故保险。
(5) 员工家庭财产保险。

具体事宜见公司员工保险办法文件。

### 8.26.8 其他福利

(1) 公司推行退休福利，所有退休人员享有退休费收入，领取一次性养老补助费。
(2) 公司提供免费工作午餐，轮值人员享有每天两顿免费餐待遇。
(3) 公司提供宿舍给部分员工。申请事宜见员工住房分配办法。
(4) 公司员工享受有公司年终分红的权利和额外奖励。
(5) 公司为员工组织各种文化体育和联谊活动，每年组织旅游和休养、疗养。
(6) 公司对员工结婚、生日、死亡、工伤、家庭贫困均有补助金。

### 8.26.9 劳动保护

公司保护员工在工作中的安全和健康。

（1）凡因工作需要保护的在岗员工，公司须发放劳动保护用品。

（2）劳保用品不得无故不用，不得挪做它用。辞职或退休、退职离开公司时，须交还劳保用品。在公司内部调配岗位，按新工种办理劳保用品交还转移、增领手续。

### 8.26.10 保健费用

（1）凡从事有毒或恶劣环境作业的员工须发放保健费。

（2）对义务献血的员工，除给予休假外，发放营养补助费。

# 第 9 章 销售人员管理范例

## 9.1 销售人员管理方案

### 9.1.1 销售人员管理的概念

"每个成功的企业背后都有一个优秀的销售人员群体。"这是因为一个综合素质高、业务能力强的销售人员群体不仅可以提高企业产品的知名度与市场占有率,扩大销售额,而且可以改变企业在消费者心目中的形象,从而为企业的发展创造良好的社会环境;相反,一群平庸的销售人员则只会使一家企业的产品销售锐减、市场萎缩,直至被市场淘汰。而作为一名优秀的销售人员,不仅要求自身在品质、性格、能力等方面具有较高的基本素质,而且企业必须对其进行业务培训与技巧指导,使之能对企业产品有非常准确地了解,对销售技巧也有切实有效地把握。

### 9.1.2 销售人员素质要求

良好的个人素质是一个销售人员取得成功的基本前提,这些素质主要包括如下几点:

(1) 真诚

真诚是销售人员应具备的最基本的素质。虽然市场充斥着尔虞我诈,更有"无商不奸"之语,但缺乏真诚,销售人员就难以取得客户的信任,或者只能暂时骗得客户的信任,最终还是会失信于人。

(2) 忠实

即对所属企业的忠诚感,把自己的销售工作视为对企业的一种责任。否则,以销售之名,行营私利之实,决不会成为一名成功的销售人员。

· (3) 机敏

面对复杂的情况,能够迅速作出判断,及时采取对策。推销无常法,机遇不常存,销售人员惟有以灵敏的洞察力来捕捉时机,才能出奇制胜。

(4) 创造力

对销售人员而言,与其说是在推销商品,倒不如说是在推销技巧。这些技巧很难从书本中学到,更多地来自个人的独创。

(5) 博学

只有虚心好学,处处留心,事事留意,才能具备广博的知识和健全的知识结构。

(6) 热情

对本职工作充满热情,坦诚友善礼待他人,是创造良好人际关系的基础。

(7) 礼貌

心胸开阔，积极乐观，彬彬有礼，具有绅士风度的销售人员会给客户留下深刻的第一印象。

（8）勇气

这里所讲的勇气有双层含义：一是取胜的信念；一是在陷入困境、四面楚歌中保持乐观和自信。

（9）进取心

对业绩永不满足，时刻以高标准激励自己，具有不为困难所吓倒的勇气。

### 9.1.3 对销售人员的工作要求

（1）职业规范细则

①遵守作息时间，不迟到、不早退，休息时间不得擅自外出。

②外出联系业务时，要按规定手续提出申请，讲明外出单位、外出目的、外出时间及联系方法。

③外出时，必须严格要求自己，自觉遵守企业的规章制度。

④外出时，不能假公济私、公款私用。

⑤外出使用本企业的商品或物品时，必须说明使用理由，并办理借用或使用手续。

⑥本企业与客户达成的意向或协议，销售人员无权擅自更改，特殊情况的处理必须征得有关部门的同意。

⑦在处理契约、合同、收付款时，必须恪守法律和业务上的各项制度，避免出现失误。

⑧外出时，应节约交通、通信和住宿费用。

（2）请示与联系

销售人员外出时，应及时向上级汇报业务进展情况，服从上级工作布置，遇到特殊情况，不能自作主张。外出归来后，要将业务情况详细向上级报告，并请上级对下一步工作作出指示。

（3）外勤安排

①销售人员外出的主要目的是与客户洽谈，所以在时间安排上，应尽量减少往返时间（又称成本时间），而应把更多的时间用于与客户洽谈（又称效益时间），提高出差的时间价值。时间价值越大，销售人员就可以与更多的客户洽谈，或对同一客户进行更多地洽谈，从而提高工作效率。为此销售人员应根据以下几项制定出周密的日程安排：

- 熟悉沿途各种交通工具的始发时间、中转时间和到达时间，对各种交通工具所需要的时间、交通费进行比较；
- 对客户的地理位置、访问路线及次序作出合理安排、尽量减少迂回重复；
- 认真核算访问每一位客户所需要的时间。

②事先与客户联系

在外出之前，应尽量与客户取得联系，以免对方负责人外出，造成无谓的浪费。在联系时，应向对方通报此行的主要业务内容。

③洽谈前准备

销售人员到达目的地后，与客户正式洽谈前，还须进行一系列准备工作：

- 仔细核算客户货款支付情况，对客户未付款的数量、应支付的时间期限有清楚地了解；
- 对欲访问企业的经营情况有清楚地把握；
- 对与客户洽谈的要点、谈话策略、推销（或催收）要领做进一步筹划；
- 确定开始时间、洽谈时间、结束时间；
- 到该企业所属营业机构实地观察，了解商品结构的变化、销售情况、客流量、商品库存、商品陈列、服务质量等情况。

（4）外销应酬与洽谈

①应酬要点

- 给人以彬彬有礼的第一印象，仪表姿态要端正，表达对客户的尊重与谢意；
- 当对方有客人时，要注意掌握谈话时机；
- 对于对方感兴趣的商品，要详加说明。

②洽谈技巧

- 言辞要恳切，要充分，不得随意插话；
- 销售人员与客户洽谈时，应依照事前确定的访问计划行事，将平时演练的洽谈技巧充分地发挥出来；
- 与对方洽谈时，应用语恰当、思维连贯、表达完整、条理清楚、语调适中，不能给人油腔滑调、强买强卖的感觉，努力创造一个良好的洽谈气氛；
- 洽谈时，应开门见山，直接说明来意，不能过多地游离于主题之外，以免浪费双方时间，引起客户反感；
- 洽谈时要察言观色，注意客户的心理变化，抓住时机，循循善诱，引发客户购买欲望；
- 在征求定单时，应以客户急需的商品为突破口，以重点商品带出一般商品；
- 向客户催收货款时，应向客户讲明以往货款支付情况，以及未付款的支付期限与数量。若发生客户长期拖欠货款，销售人员应以坚韧不拔的精神，反复上门催要，但态度不能生硬，而要说明自己的困境，恳请对方协助；
- 与新客户洽谈时，首先不要急于谈成生意，应把主要精力用于三项调查，即客户基本情况调查、信用调查和支付货款情况调查。其中包括经营商品种类、销售方针、经营规模、商品结构、不同商品销售额、销售对象、客流量、服务水平、主要供货商、与主要合作者的业务关系、合作者的反映等。调查结束后，应将上述情况以书面报告的形式报告给上级；

• 销售人员在访问客户时，应尽量与对方的员工及其家属接触，因为个人间的联系，有利于开展工作。

(5) 非外出时间的工作

①日常业务

销售人员因没有外出业务而在公司坐班时，主要负责订货单据的整理、送货的准备、货款的核算、与客户及相关业务单位的联系等工作。另外，还包括下次出差的准备、退货的处理等业务。

②情况报告

销售人员应将出差时所见所闻，包括市场供求状况、客户需求趋势与要求，以及竞争对手的营销动态、价格变动动态、新产品开发情况等及时地向上级反映。

③工作计划

• 对上段工作的总结与回顾；

• 上级对下阶段工作的指示；

• 下一阶段具体的业务对象。

④出差准备

• 产品资料、样品的准备；

• 制定出差业务日程表。工作重点与对策；

• 各种票据、印章、介绍信的准备；

• 车、船、飞机票的预定；

• 差旅费的准备；

• 个人日常生活用品的准备。

(6) 订货和货款处理

• 当接受客户定单时，应及时填制订货传票；

• 若本企业的商品存货不足或已没有存货，销售人员应立即通知客户，延期供货；

• 当接受客户支付货款时，应及时填制收款凭证、收款证明和货款回收管理表。

(7) 售后注意事项

• 销售人员出差归来后，应写出正式的业务报告，将业务进展情况给上级报告；

• 业务报告的内容包括：出差时间、客户名称、接待人、对方业务状况、业务进展情况、业绩与问题、差旅费使用状况；

• 出差中发现的重要事项，如竞争对手的动态、市场供求走势、客户的信用状况的变化等，应及时向上级及有关部门进行汇报；

• 出差直接收回的货款，应立即交付财务部。差旅费应在一周内与财务部结算。

## 9.2 销售人员管理办法

### 9.2.1 总则

(1) 制定目的

为加强本公司销售管理，达成销售目标，提升经营绩效，将销售人员之业务活动予以制度化，特制定本办法。

(2) 适用范围

凡本公司销售人员之管理，除另有规定外，均依照本办法所规范的体制管理。

(3) 权责单位

①销售部负责本办法制定、修改、废止之起草工作；

②总经理负责本办法制定、修改、废止之核准工作。

### 9.2.2 一般规定

(1) 出勤管理

销售人员应依照各公司《员工管理办法》的规定，办理各项出勤考核。但基于工作之需要，其出勤打卡按下列规定办理：

①在总部的销售部人员上下班应按规定打卡。

②在总部以外的销售部人员应按规定的出勤时间上下班。

(2) 工作职责

销售人员除应遵守本公司各项管理办法之规定外，应完成下列之工作职责：

①部门主管

- 负责推动完成所辖区域之销售目标；
- 执行公司所交待之各种事项；
- 督导、指挥销售人员执行任务；
- 控制存货及应收账款；
- 控制销售单位之经费预算；
- 随时稽核各销售单位之各项报表、单据、财务；
- 按时呈报下列表单：销货报告、收款报告、销售日报、考勤日报；
- 定期拜访辖区内的客户，借以提升服务品质，并考察其销售及信用状况。

②销售人员

销售人员的基本事项

- 应以谦恭和气的态度与客户接触，并注意服装仪容之整洁；
- 对于本公司各项销售计划、行销策略、产品开发等应严守商业秘密，不得泄漏予他人；
- 不得无故接受客户之招待；
- 不得于工作时间内酗酒；
- 不得有挪用所收货款之行为。

销售事项
- 对产品的使用进行说明，对产品的设计、生产进行指导；
- 对公司的生产及产品性能、规格、价格进行说明；
- 处理客户的抱怨；
- 定期拜访客户并汇集下列资料：产品品质之反映、价格之反映、消费者使用量及市场之需求、竞争品之反映、评价及销售状况、有关同业动态及信用、新产品之调查；
- 定期了解经销商库存；
- 收取货款及折让处理；
- 客户订货交付之督促；
- 退货之处理；
- 整理各项销售资料。

货款处理
- 收到客户货款应当日缴回；
- 不得以任何理由挪用货款；
- 不得以其他支票抵缴收回之现金；
- 不得以不同客户的支票抵缴货款；
- 应以公司所核定的信用额度管制客户的出货，减少坏账损失；
- 货品变质可以更换，但不得退货或以退货来抵缴货款；
- 不得向仓库借支货品；
- 每日所接的定单应于次日中午前开出销货申请单。

（3）移交规定

销售人员离职或调职时，除依照公司《离职工作移交办法》办理外，并依下列规定办理。

①销售单位主管
- 移交事项

财产清册、公文档案、销售账务、货品及赠品盘点、客户送货单签收联清点、已收未缴货款结余、领用、借用之公物、其他。
- 注意事项

销售单位主管移交，应呈报由移交人、交接人、监交人共同签章的《移交报告》。

交接报告的附件，如财产应由移交人、交接人、监交人共同签章。

销售单位主管移交由总经理室主管监交。

②销售人员

• 移交事项

负责的客户名单。

应收账款单据。

领用之公物。

其他。

• 注意事项

应收账款单据由交接双方会同客户核认无误后签章。

应收账款单据核认无误签章后，交接人即应负起后续收款之责任。

交接报告书由移交人、交接人、监交人共同签章后呈报总经理室。监交人由销售主管监交。

### 9.2.3 工作规定

（1）工作计划

①销售计划

销售人员每年应依据公司的《年度销售计划表》，制定个人的《年度销售计划表》，并填制《月销售计划表》，呈主管核定后，按计划执行。

②作业计划

销售人员应依据《月销售计划表》，填制《拜访计划表》，呈主管核准后实施。

（2）客户管理

①销售人员应填制《客户资料管制卡》，以利客户信用额度之核定及加强服务品质。

②销售人员应依据客户之销售业绩，填制《销售实绩统计表》，作为制定销售计划及客户拜访计划的参考。

（3）工作报表

①销售工作日报表

• 销售人员依据作业计划执行销售工作，并将每日工作之内容，填制于《销售工作日报表》中；

• 《销售工作日报表》应于次日外出工作前，呈主管核阅。

②月收款实绩表

销售人员每月初应填制上月份之《月收款实绩表》，呈主管核实，作为绩效评核，账款收取审核与对策的依据。

(4) 售价规定

①销售人员销货售价一律以本公司规定的售价为准，不得任意变更售价。

②如有赠品亦须依照本公司之规定办理。

(5) 销售管理

①各销售单位应将所辖区域作适当划分，并指定专属销售人员负责客户开发、销货推广收取贷款等工作。

②销售单位主管应与各销售人员共同负起客户信用考核的责任。

③货品售出一律不得退货，更不准以退货抵缴贷款；但变质货品可依照公司有关规定办理退货。

(6) 收款管理

①销售人员收款，必须于收款当日缴回公司财务。

②销售人员应于规定收款日期，向客户收取货款。

③所收货款如为支票，应及时交财务办理银行托收。

④未按规定收回的货款或支票，除依据相关规定惩处负责的销售人员外，若产生坏账时，销售人员必须负赔偿的责任。

## 9.3 销售人员考核细则

### 9.3.1 总则

(1) 制定目的

为激励销售人员工作士气，鼓励先进，从而提高绩效，特制定本办法。

(2) 适用范围

凡本公司销售人员之考核，除另有规定外，均依照本办法所规范的体制考核之。

(3) 权责单位

①销售部负责本办法的制定、修改、废止之起草工作。

②总经理负责本办法制定、修改、废止之核准。

### 9.3.2 考核办法

(1) 考核时机

每月五日前提出。

(2) 考核方式

分为部门考核和个人考核。

(3) 考核权责

| 考核 | 初核 | 审核 | 核定 |
|---|---|---|---|
| 部门考核 | 部门经理 |  | 总经理 |
| 个人考核 | 部门主管 | 部门经理 | 总经理 |

(4) 考核办法

①考核部门

• 计算权数表：

| 考核项目 | 权数 | 计算公式 |
|---|---|---|
| 收款额目标达成率 | 60 | 达成率×权数=得分 |
| 销售额目标达成率 | 20 | 达成率×权数=得分 |
| 收款率 | 20 | 达成率×权数=得分 |
| 合计 | 100 |  |

• 总经理

收款额目标达成率=当月实收款/当月计划目标收款额×100%

销售额目标达成率=当月实际销售额/当月计划销售额×100%

收款率=1-（当月销售额-当月收款额）/当月销售额

注：收款率低于60%，销售额目标达成率得分不得超过最高权数。

• 部门考核奖金系数：

| 等级 | A | B | C |
|---|---|---|---|
| 得分 | 81分以上 | 60~80分 | 60分以下 |
| 奖金系数 | 1.2 | 1.0 | 0.8 |

②个人考核

主管之考核计算

• 计算权数表：

| 考核项目 | 权数 | 计算方法 |
|---|---|---|
| 部门考核 | 60 | 部门考核得分×权数=得分 |
| 工作态度 | 20 | 见说明 |
| 职务能力 | 20 | 见说明 |
| 合计 | 100 |  |

• 权数说明

工作态度：

积极性——8分（凡事主动、做事积极，尽最大努力把工作做好）。

协调性——6分（为部门的绩效所做的内部沟通、外部沟通）。

忠诚度——6分（凡事能以公司利益为前提，并忠于职守）。

职务能力：

计划能力——8分（年度计划、月度计划、专案计划的能力）。

执行能力——6分（各项计划的执行控制及采取改善措施的能力）。

开发能力——6分（对新产品新服务的开发能力）。

销售人员之考核

- 计算权数表：

| 考核项目 | 权数 | 计算方法 |
| --- | --- | --- |
| 业绩贡献 | 40 | 实收款目标达成率×权数＝得分 |
| | 15 | 收款率＝1－（当月销售额－当月收款额）/当月销售额 |
| | 15 | 销售额目标达成率＝当月实际销售额/计划销售额×100% |
| 工作态度 | 20 | 见说明 |
| 职务能力 | 20 | 见说明 |
| 合计 | 100 | |

- 计算公式：

实收款目标达成率＝当月实收款/当月计划销售额×100%

- 权数说明：

工作态度20分

积极性——8分（凡事主动、做事积极，尽最大努力把工作做好）。

协调性——6分（为部门的绩效所做的内部沟通、外部沟通）。

忠诚度——6分（凡事能以公司利益为前提，并忠于职守）。

职务能力10分

计划能力——4分（年度计划、月度计划、专案计划的能力）。

执行能力——3分（各项计划的执行控制及采取改善措施的能力）。

工作品质——3分（各种资料、各项作业之品质）。

- 个人考核奖金系数：

| 等级 | A | B | B |
| --- | --- | --- | --- |
| 得分 | 86分以上 | 70~85分 | 70分以下 |
| 奖金系数 | 1.2 | 1.0 | 0.8 |

（5）月度绩效奖金计算

①月度考核作为年度升降调薪及年终奖金发放的依据；
②年度内有6次A等则升级调薪；
③年度内有6次C等则降级或解除合同。

## 9.4 销售人员激励细则

### 9.4.1 总则

（1）制定目的
为了更好地对不同的销售人员采取不同的激励方式，特制定本办法。
（2）适用范围
凡本公司销售人员的激励，除另有规定外，均可依照本办法所规范的体制激励之。
（3）权责单位
①销售部负责本办法的制定、修改、废止之起草工作。
②总经理负责本办法制定、修改、废止之核准。

### 9.4.2 激励方法

（1）追求舒适者
①一般年龄较大，收入较高。
②需要：工作安全、成就感、尊严。
③激励方法：分配挑战性任务，参与目标的设置，给予一定的自由和权力，经常沟通。
（2）追求机会者
①一般收入较低。
②需要：适当的收入、认可、工作安全。
③激励方法：薪资、沟通、销售竞赛。
（3）追求发展者
①一般比较年轻，受过良好的教育，有适当的收入。
②需要：个人发展。
③激励方法：良好的培训栽培。
（4）根据业绩状况，采取不同的激励方式
①优秀销售人员：他们关心的是地位、社会认可和自我实现。
②一般销售人员：他们关心最多的是奖金和工作安全。

需要不同，激励的方式也不同。

### 9.4.3 建立激励方式应遵循的原则

（1）物质利益原则，制定合理的薪资制度。
（2）按劳分配原则，体现公平。
（3）随机创造激励条件。

### 9.4.4 附件

激励的几种常见方式：
（1）培训和薪资。依据销售人员的不同需求而定。
（2）工作级别。根据工作年限和业绩，把销售人员分为不同级别，每一级别有不同的权责、福利待遇及工作权限。
（3）提升。很多的销售人员愿意从事管理工作（其中部分人员却不适合做管理），也有的不愿意从事管理工作，而希望负责较好的销售区域、有利的产品、较大的客户等。应依据不同的需求，建立不同的激励机制。通常，公司的销售人员走向管理岗位的机会很少，因此销售主管设置了两种提升方案：一是前面讲述的工作级别；另一种是提供合适的管理职位。
（4）奖励和认可。通过物质的手段奖励优秀的销售人员，如宣传先进事迹，发放纪念品，大会表扬，成立优秀销售人员俱乐部，参与高级主管会议，佩带特殊的工作卡等。
［注］在设置奖励方法时，注意要使受奖面大，受奖机会多，使不同的人都有获奖的机会。

## 9.5 销售人员客户拜访管理办法

### 9.5.1 总则

（1）制定目的
为规范客户拜访作业，以提升工作业绩及效率，特制定本办法。
（2）适用范围
凡本公司销售部门之客户拜访，均依照本办法管理。
（3）权责单位
①销售部负责本办法的制定、修改、废止之起草工作。
②总经理负责本办法制定、修改、废止之核准。

### 9.5.2 实施办法

（1）拜访目的
①市场调查、研究市场。
②了解竞争对手。
③联络客户感情：
- 强化感情联系，建立核心客户；
- 推动业务量；
- 结清货款。
④开发新客户。
⑤新产品推广。
⑥提高本公司产品的覆盖率。
（2）拜访对象
①业务往来的客户。
②目标客户。
③潜在客户。
④同行业。
（3）拜访次数
根据各销售岗位制定相应的拜访次数。

### 9.5.3 拜访作业

（1）拜访计划
销售人员每月底提出次月拜访计划书，呈部门主管审核。
（2）客户拜访的准备
①每月底应提出下月客户拜访计划书。
②拜访前应事先与拜访单位取得联系。
③确定拜访对象。
④拜访时应携带物品的申请及准备。
⑤拜访时相关费用的申请。
（3）拜访注意事项
①服装仪容、言行举止要体现本公司一流的形象。
②尽可能地建立一定程度的私人友谊，成为核心客户。
③拜访过程可以视需要赠送物品及进行一些应酬活动（提前申请）。
④拜访时发生的公出、出差行为依相关规定管理。

（4）拜访后续作业

①拜访应于两天内提出客户拜访报告，呈主管审核。

②拜访过程中答应的事项或后续处理的工作应即时进行跟踪处理。

③拜访后续作业之结果列入员工考核项目，具体依相关规定办理。

## 9.6 销售拜访作业计划查核细则

### 9.6.1 总则

（1）制定目的

①本细则依据公司《销售人员管理办法》之规定制定。

②促使本公司销售人员确实执行拜访作业计划，达成销售目标。

（2）适用范围

本公司销售人员拜访作业计划之核查，依本细则管理。

（3）权责单位

①销售部负责本办法的制定、修改、废止之起草工作。

②总经理负责本办法制定、修改、废止之核准。

### 9.6.2 查核规定

（1）计划程序

①销售计划

销售人员每年应依据公司《年度销售计划表》，拟定个人之《年度销售计划表》，并填制《月销售计划表》呈主管核定后，按计划执行。

②作业计划

- 销售人员依据《月销售计划表》，每月填制《拜访计划表》；
- 销售人员应于每月月底前，将次月计划拜访的客户及其预定停留时数，填制于《拜访计划表》中"客户"及"计划"栏内，呈主管审核；
- 经主管审核后，销售人员应依据计划实施，主管则应确实督导查核。

（2）查核要项

①销售人员

- 销售人员应依据《拜访计划表》所定的内容，按时前往拜访客户，并根据拜访结果填制《客户拜访报告表》；
- 如因工作因素而变更拜访行程，除应向主管报告外，并须将实际变更的内容及停留时数记录于《拜访计划表》内。

②部门主管

- 审核《销售拜访报告表》时，应与《拜访计划表》对照，了解销售人员是否依计划执行；
- 每周应依据销售人员的《拜访计划表》与《销售拜访报告表》，以抽查方式用电话向客户查询、确认销售人员是否依计划执行，或不定期亲自拜访客户，以查明销售人员是否依计划执行。

（3）注意事项

- 销售部主管应使销售人员确实了解填制《拜访计划表》并按表执行的目的，以使销售工作开展顺畅；
- 销售部主管查核销售人员的拜访计划作业实施时，应注意技巧，尤其是向客户查询时，须避免造成以后销售人员工作的困扰与尴尬；
- 拜访计划作业实施的查核结果，应作为销售人员年度考核的重要参考。

## 9.7 销售工作日报表审核制度

### 9.7.1 总则

（1）制定目的

为加强本公司销售管理，使销售人员的销售能力得以充分发挥，以提升销售绩效，特制定本制度。

（2）适用范围

凡本公司销售人员工作日报表之审核，均依照本办法管理。

（3）权责单位

①销售部负责本办法制定、修改、废止之起草工作。

②总经理负责本办法制定、修改、废止之核准工作。

### 9.7.2 工作日报作业规定

（1）日报作业流程

①销售人员

- 每日应将当日进行的工作内容，详细填入《销售工作日报表》，并呈部门主管；
- 前一日的《销售工作日报表》，应于次日10时前（外出作业前）交出，不得延误。

②部门主管

查核销售人员所呈的《销售工作日报表》后，转呈部门经理批示。
③部门经理
将各销售主管转呈的《销售工作日报表》批示后，交内务汇总，转呈企划部。
④企划部
将各销售部送交的《销售工作日报表》核计，并加以分析，作为制定修正销售计划的依据。

（2）审核要领
①销售主管
- 应依据《拜访作业计划查核细则》之规定，确认销售人员是否按照拜访计划执行。
- 将销售人员所呈的《销售工作日报表》与客户定单及缴款明细表等核对，以确认日报表的正确性；
- 对销售人员所提出的问题及处置对策，应予以初步核实；

②销售部经理
- 综合审查各销售单位所呈的《销售工作日报表》；
- 出现异常情况，应立即加以处理。

③企划部门
- 核对并统计《销售工作日报表》的各项内容；
- 依据《销售工作日报表》与《拜访计划表》，计算各销售人员成功率与变动率；
- 将统计资料呈上核实，并拟定对策供销售部门参考。

## 9.8 销售人员士气调查管理办法

### 9.8.1 总则

（1）制定目的
为激励本公司销售人员工作士气，以提升销售绩效，达成销售目标，特制定本办法。
（2）适用范围
凡本公司销售人员，均应依照本办法的规定接受士气调查。
（3）权责单位
①销售部负责本办法制定、修改、废止之起草工作。
②总经理负责本办法制定、修改、废止之核准工作。

### 9.8.2 士气调查规定

（1）调查主旨

①销售绩效成果，除了本公司的组织运作外，最重要的在于销售人员的工作士气。

②达成公司所设定的销售目标，销售人员的工作士气高昂。

③在销售主管指导下，一致合作，愉快而积极地完成职责的一种集体工作热情。

④本公司的销售人员士气调查，亦即销售工作情绪调查，其用意在于了解销售人员中有多少人热忱服务于工作目标，并探讨销售组织运作上的问题点，作为相关单位改进的指标。

（2）调查重点

销售人员士气调查重点如下：

①对本公司是否具有向心力。

②组织运作是否合理且有效率。

③对主管的领导统御方式是否具有信心。

④同事间相处是否和谐。

⑤销售人员精神上的建设是否健全。

（3）调查时间

本公司每年一月及七月，定期调查一次。

（4）调查方式

①本公司销售人员士气调查应以无记名方式进行。

②以各销售单位为调查单位。

（5）调查程序

①总经理室应排定各销售单位接受调查的预定时间，并事前行文通知。

②总经理室于预定时间派员至各销售单位，集合全体销售人员，分发《士气调查问卷》，请大家填写。

③接受调查人员应详实填写《士气调查表》，以提供有效资讯作为公司制定政策的参考。

④总经理室应于调查完后一周内，将《士气调查表》统计分析并作成报告，报告应包括解决对策。对策内容应包括下列各项：

- 提出具体而明确的改善方针；
- 销售人员适应性调整组合建议；
- 对产生的问题点提出分析与检讨；
- 提出如何增进组织运作与检讨。

⑤报告应呈总经理审核，副本转销售部各有关主管参考；必要时应召开会议，以商讨解决问题的方案和对策。

### 9.8.3 士气调查问卷

总经理室应将每次的销售人员士气调查作成《士气调查问卷》，《士气调查问卷》应针对本办法的调查重点编制。

问卷内容

总经理室编制《士气调查问卷》，除了应考虑本办法的调查重点外，原则上仍应考虑下列各项调查内容：

(1) 公司的方针或指示，是否都能彻底实施？
(2) 你对自己目前的工作是否感到满意？
(3) 是否有因为指挥工作的人过多，而感到无所适从的情形？
(4) 职务或工作上的分配有没有偏颇现象，或感到不满？
(5) 直属上司在工作上的指导是否适当？
(6) 在工作上，是否需要学习更多的知识或技术？
(7) 对于每天的工作，是否觉得倦累？
(8) 休息时间是否能够充分利用？
(9) 现有的设施，若运用得法，是否还能进一步提高效率？
(10) 你认为薪资、奖金的决定公平吗？
(11) 你认为你的薪资计算方法是否太过琐碎？
(12) 你觉得工作环境中，哪个地方最不方便？
(13) 你工作的四周有没有危险有害的地方？
(14) 你知道你的薪资计算明细吗？
(15) 你认为改善什么地方最能提高工作效率？
(16) 你认为公司的干部是否十分了解员工的心情或思想？
(17) 你认为公司的气氛很好吗？
(18) 你是否打算一直在这家公司工作？
(19) 你为工作上的事情常与上司商量吗？
(20) 你曾为私人的事情常与上司商量吗？
(21) 你是否希望常常有与公司干部聚集谈话的机会？

## 9.9　某公司销售人员管理规定

### 9.9.1　招聘

(1) 通过报纸、电台、人才市场、张贴广告、熟人介绍等方式招聘。
(2) 能吃苦耐劳、口齿清晰，听从指挥。
(3) 交身份证、最高学历证复印件及照片一张。

(4) 详细登记现住址及联系方式。

### 9.9.2 培训

(1) 讲解产品知识、公司背景。

(2) 讲解销售技巧。

(3) 老业务员传帮带3天。

(4) 上班后公司要给业务员提供：

①销售证明文件：《营业执照》、《税务登记证》、《生产许可证》、《卫生许可证》、《保健食品批文》、《价格表》。

②终端日报表、笔记本、笔。

③名片、计算器。

④产品样品、传单和招贴画

### 9.9.3 日常管理

(1) 出勤：每周五天工作制。

(2) 每天早晨参加晨会，晨会由主管或经理主持。内容是：

汇报昨天工作情况。包括在哪些地方推销，洽谈成功了几家，有哪些问题需要解决。

今天的工作安排。今天打算去什么地方，预计会成功几家。

(3) 8时30分准时外出。

分区销售不得越界。

统一价格不得抬高或降低。

有效地张贴和散发传单。

出发前检查仪容仪表是否整洁，销售物品是否齐备。

(4) 参加每周例会和每月工作会，总结前段工作情况，提出下段工作的问题和工作建议，改进工作。

### 9.9.4 工作任务

(1) 完成分管区域的销售任务。

(2) 熟记产品知识、功效、服用方法、作用原理，了解公司基本情况；掌握基本功效及延伸功能，熟知口碑宣传资料以及产品优势，并能形成一套有见解的说服客户的理论。

(3) 高质量地做好终端工作

①做好分管区域终端开发和维护工作，管好终端用品。

②做好分管区域终端拜访工作。按规定，每周拜访频率：

辖内A类店为3次以上；

B类店为2次以上；
C类店为1次以上。
③开展公关营销，负责辖区终端营业员生日礼物派送，与终端营业员建立良好关系。
④做好培训工作，扩大公司产品的影响力。
⑤建立终端档案。
（4）组织、参与各项促销活动。
（5）参与培训、指导和管理、考核促销员。
（6）做好日常基础工作，包括工作日志、各类报表等。
（7）处理消费者投诉。
（8）及时了解市场动态，特别是竞争品牌动向，提出合理化建议。
（9）参与公司各项业务、文化活动。

## 9.10 促销和直销人员管理范本

### 9.10.1 促销员管理

促销员经招聘培训合格后上岗，办事处统一管理，并遵守以下规定条款。
（1）服务规范
①言语举止符合规范。
②对产品及相关专业知识谙熟，当好顾客的参谋，不浮夸产品功能或功效。
③热情、自信地待客，不冷落顾客。
④顾客较多时，应"接一、待二、招呼三"（重点接待某位、分发宣传品给几位、回答另一位的提问或提供帮助），要借机造势，掀起销售高潮。
⑤耐心待客，不得有不耐烦迹象。
⑥为顾客拿产品或进行包装时应熟练、正确，递给顾客时应使用双手。
⑦收钱、找钱均应使用双手。
⑧不管顾客是否购买，均应文明待客、礼貌送客。
⑨不强拉顾客。
⑩不中伤竞争产品。
（2）行政纪律
①准时上下班，上班时间内不允许出现空岗。
②请假应遵守公司和卖场的考勤规定。
③就餐时间严格遵照卖场规定。

④上班不得闲聊、吃东西、看报刊、哼歌、喧哗等。

⑤不得在公共场所剪指甲、梳头、化妆等。

⑥不得坐、靠着待客。

⑦不得以任何理由与他人发生争吵。

⑧不得兼职。

（3）货款管理

①工作时间内妥善保管，上下班交接要全面、仔细；

②有收货款的人员：

- 经销商的产品，应当天下班前与经销商指定负责人对账结算，并得到对方签字方可；
- 卖场的产品，每天下班前与卖场指定负责人对账结算，并得到对方签字方可。

③负责售点的货款、产品、赠品以及各种物料的安全，若有遗失，则照价赔偿。

④做好售点的各种销售记录报表，及时向上级汇报销售情况。

⑤不得挪用货款、产品等本企业或经销商、卖场的财与物。

（4）售后服务处理规范

①对购买后回头咨询的顾客，应热情、耐心地予以解答。

②对待投诉，应热情地接待，确认投诉内容是否确因本公司的产品或服务引起的；若不是也必须耐心解释。

③确因本公司的产品或服务引起的，应确认是否因使用不当引起的；对于用法不当引起的，应悉心讲解，并表示歉意。

④确因质量问题引起的，应予以退、换货，并表示歉意（若企业允许，可送给某种赠品等），但要遵守有关退换货规定执行；处理时应取得卖场的盖章证明，交办事处上报公司总部。

⑤问题较严重的，应先安抚好顾客情绪，并马上向业务主管或其他上级汇报请示。

⑥业务主管必须迅速核定事实，与顾客取得联系（最好登门拜访），表示歉意，安抚其情绪，了解其需要，商洽合适解决办法，达成初步谅解；注意不可拖延，以防事态扩大。

⑦马上填制《投诉处理办法申请表》，向销售总部提出申请，获准后方可执行；销售总部必须迅速作出决策，不可拖延。

⑧及时与顾客协调处理，并取得相关部门证明（如鉴定报告、费用发票等），签定《投诉处理协议》。

⑨月底将所有相关资料（卖场小票或证明、相关部门证明、顾客有效证件复印件、上级批复的申请、协议等）带回或寄回销售总部。

⑩整个处理过程应注意隔离事件，谨防事件被媒体进行不利的报道。

（5）考核条例

①上班时间 8：00－14：00；14：00－20：00。

②积极参加公司各种培训活动，努力提高推销技巧。

③促销员必须定期上报小柜台销售情况及竞品销售情况报告；异常情况及时上报。

④实行末位淘汰制，连续两个月在办事处评比中为倒数第一的给予辞退处理。

⑤业绩考核

- 薪资构成

薪资＝基本工资＋销售提成奖＋考核奖金

- 基本工资

基本工资是促销员最低生活保障，与考勤挂钩，暂定 400－550 元人民币/月。

- 销售提成奖

任务销量：依据具体城市确定。

实际销量小于 60% 的任务销量时：

销售提成奖＝（实际销量－任务销量×0.6）×2 元/台

实际销量大于 60% 的任务销量时：

销售提成奖＝（实际销量－任务销量×0.6）×3 元/台

- 考核奖金（通过各种工作质量指标计算出得分）

考核奖金＝实际得分/100 分×100%×标准考核奖金

标准考核奖金金额 200 元。

## 9.10.2 直销员管理

直销员经招聘和培训考试合格后，方可正式上岗。

（1）招聘

直销员来源：应届毕业生，学历较低、但素质不错的社会人员，在校大专院校的学生，最好有担保人。

申请、招聘、入职程序同营销人员。

（2）培训

企业文化。

产品及相关专业知识。

工作职责。

每日基本工作流程。

工作计划。

促销技巧。

规章制度。

业绩考核与薪资发放办法。

(3) 货物管理

直销员领走货物须缴纳一定的押金。

每天上班领走样机不仅缴纳押金，而且做好领/退货登记。

每天下班样机如还没售出，则如数上交办事处，并且做好领/退货登记。

(4) 货款管理

直销员应每天将销售的货款上缴办事处（会计或经理）处。办事处按货款额度大小决定存入办事处账户或汇入公司总部账户。

小额货款可由直销员经办，巨额货款必须由办事处经理指定专人陪同配送、结算或另作安排。

(5) 业绩考核

①薪资构成

薪资 = 销售提成奖 + 考核奖金

②销售提成奖

销售提成为 3~5 元/台

③考核奖金（通过各种工作质量指标计算出得分）

考核奖金 = 实际得分/100 分 ×100% ×标准考核奖金

标准考核奖金金额 200 元。

## 9.11 某公司销售人员佣酬及考核晋升制度

### 9.11.1 佣酬（核实业绩）

(1) 固定薪资。1000 元/月。

(2) 交通补助。300 元/月。

(3) 手机补助。200 元/月。

(4) 业绩奖金。当月业绩达到基本责任额时，可领取业绩奖金 500 元。

(5) 餐费补助金。每月补助餐费为 220 元。

(6) 达成奖金。当月业绩额超过 18,000 元 RMB 时，开始领取达成奖金。奖金比例如下：

| 业绩（元） | 奖金比例 |
| --- | --- |
| 0~18,000 | 0% |
| 18,001~50,000 | 8% |
| 50,001~100,000 | 10% |
| 100,001~150,000 | 12% |
| 150,001~200,000 | 14% |
| 200,001~250,000 | 160% |
| 250,001以上 | 18% |

（7）持续奖金。每周业绩达15,000元以上，连续3周，发放持续奖金1000元。

（8）杰出奖金。当月业绩超过10万元，且为上海及北京两地业务人员业绩评比的第一名时，加发杰出奖金1000元。

（9）年终分红。当次年农历春节仍然在职者，可领取年终分红。年终分红的额度为个人全年业绩的2%。

（10）业绩定义

①当成交价等于定价时，业绩以成交价的100%计算。

②当成交价不等于定价时，业绩的计算方式由市场部主管会同总公司财务部精算后决定。

③开拓经销商及代理商业务，不列入业绩计算，酬佣办法另定。

④受理业绩。当财务部接到客户订金的"整笔定单业绩额"。

⑤核实业绩。当财务部接到客户尾款的"整笔定单业绩额"。

（11）佣酬计算均以核实业绩计算

## 9.11.2 考核（核实业绩）

（1）业绩考核。每月基本业绩考核额度为18,000元。

（2）工作考核

①差勤考核。须按公司规定办理。

②活动量考核

• 每周拜访量不低于13个（拜访量是指与客户面对面的销售约会次数）；

• 每日电话拜访数不低于20个。

③行政工作考核。业务人员须按时且确实填写业务报表（含，活动管理表、客户资料

表、电话记录表、潜在客户名单)。

(3) 合同的维持。

| 考核期 | 三个月 | |
|---|---|---|
| 评估时间 | 每月月底 | |
| 考核标准 | 须同时通过业绩及工作考核 | |
| 合同终止 | 业绩考核 | 连续2个月业绩为零 |
| | 工作考核 | 由主管裁量 |

### 9.11.3 晋升（核实业绩）

(1) 晋升前6个月个人业绩总额达30万元以上，其中连续3个月每月核实业绩达到40,000元以上。

(2) 无重大违规记录。

(3) 由直属主管推荐，经市场部主管批准。

## 9.12 某商店销售人员管理规定

### 9.12.1 经营方针

本商店奉行的经营方针是：

(1) 客户第一。

(2) 一切服从于本店的繁荣发展。

(3) 实现员工的劳动目的。

以适宜的价格，向每一位客户提供其所需要的商品，是本店义不容辞的责任。顾客光临本店，是对本店的信任和支持。

### 9.12.2 本规定的要旨

本规定旨在为销售人员业务工作提供规范。各销售人员必须严格地按照本规定的要求开展销售工作，以保证销售人员个人目的实现和本店经营目标的完成。

### 9.12.3 销售准备

(1) 店内外清扫

在营业开始前与营业结束时：
①清扫商店外周围及道路。
②清理店内杂物，清扫地面。全体员工都须参加清扫店内外的工作。
③清扫柜台、货架、楼梯、电梯等处。
④擦拭门窗玻璃。
⑤清扫店内各种通道等。

（2）设施检修
①检查店内各种照明用具，如有故障应迅速报告有关部门，以便及时更换检修。
②检查店内外各种装置的情况。
③检查各种售货设施的运转情况。
④检查各种备用品和销售用品是否到位。

### 9.12.4 出勤规定

（1）严守出勤时间
①员工必须严格依照出勤时间，提前到达商店。
②如无特别通知，员工须提前15分钟进入商店参加例会。

（2）正确着装
①进入商店后，销售人员应更换统一工作服。
②正确佩戴胸卡。

（3）例会内容
①例会在正式营业前15分钟召开。
②例会由主管人员轮流主持。
③领导布置工作，提出注意事项。

### 9.12.5 销售实务

（1）销售场所
①努力在销售场所内营造一种积极向上的工作气氛和融洽的购物气氛。
②销售场所必须清洁、舒适、自然、美观。
③销售场所的大小必须依据所在位置、服务半径、客流量等加以设定。
④根据市场需求状况确定店铺的业务构成、部门构成、商品构成及业务规模和人员设置。
⑤根据客流量和顾客购买心理，确定柜台的设置与面积、各楼层的经营品种，以及各种商品的陈列方式和陈列数。
⑥听取顾客意见，适时调整销售场所。

(2) 店内设置

①基本要求

- 在出口处须设置收款台；
- 购物通道应宽阔，尽量减少阻碍；
- 在入口处放置购物车、物品存放架，以吸引携带物品的顾客进入；
- 商品的摆放应以便于顾客察看和选择为原则。

②确定畅销商品的摆放位置

为了使顾客在销售区域内停留更长的时间，必须将畅销商品（指有特殊吸引力的商品，如特卖品、优惠价商品、有奖销售商品等）放于恰当位置。

(3) 商品陈列

①商品陈列的基本原则

- 显而易见；
- 易于寻找；
- 易于选择；
- 富有吸引力。

②商品陈列要点

- 陈列必须美观清洁。为此，必须认真研究各类商品的色彩和形态，确定不同排列组合方案，从中选择视觉效果最佳的方案。同时应经常清扫陈列物品；
- 陈列要体现出商品的丰富感和立体感；
- 陈列要有季节性和流动感。不同的季节有不同的陈列内容和陈列方式。各类商品的陈列不能千篇一律，在保持整体风格一致的前提下，不同的销售区域要有自己的特色；
- 配以醒目的销售广告和装饰品，强化陈列的效果。

(4) 顾客接待

①了解顾客心理

顾客在一次具体的购买行为中，一般要经过：注目、兴趣、联想、欲望、比较、信任、行动、满足八个阶段的心理变化，销售人员须对此加以认真分析，了解和掌握顾客心理，适时介绍商品，激发顾客购买欲。

②端正服务态度

- 永远从顾客的角度考虑问题；
- 从内心感谢顾客光临本店；
- 认识自我的服务价值。

③规范服务用语

- 注意服务用语与态度、动作的协调统一；

- 面带微笑；
- 强调要点，注意语序；
- 注意顾客反映，认真听取顾客意见；
- 语言尽量通俗易懂；
- 精神集中，不得东张西望；
- 不得与顾客发生争论。

④商品包装
- 商品包装的目的

便于顾客携带。

利用包装物宣传企业。

保护商品。

- 包装总体要求

牢固。

美观。

便于携带。

易于打开。

顾客满意。

- 包装纸包装

根据商品的大小和体积选择不同大小的包装纸。

注意包装纸的正反面，不得使用破损或有皱折的包装纸。

不规则的商品，应先装入纸盒中再包装。

对商品合装还是分装，须征求顾客意见。

包装要求熟练快捷，不得令顾客久候。

④包装袋包装

依据顾客所购买商品的重量和体积选择适用的包装袋。

重物应放于底部。

易损毁商品应放于上部。

④小物品应插入空隙。

(5) 广告宣传

①广告内容须以切合消费者的心理为原则。

②广告内容须有针对性，依据顾客可能关注的问题撰写。

③不得使用晦涩难懂的语言。

④行文要凝炼概括，要点突出。

(6) 促销活动

促销活动是指利用各种庆典、节假日换季等有利时机，实行优惠价格销售商品。

①制定详细的促销计划

对每次的促销活动，都须制定详细的活动计划。

②确定具体的业务安排
- 促销活动的具体时间安排；
- 降价销售的范围与幅度；
- 广告的制作；
- 广告商品的陈列布置。

（7）店内检查整理

控制财务预算，协调各部门保持良好的购物环境，是店内检查整理的目的，销售人员须充分认识其重要性，认真对待，合理安排。

①商品检查整理
- 商品上是否积满灰尘；
- 某些商品是否已经脱销；
- 商品上是否贴有标签，标签是否混乱或是否会引起顾客误解；
- 对破损商品是否已做处理；
- 在通道内是否放有商品。

②通道和销售区检查整理
- 通道内是否清洁；
- 通道是否畅行无阻；
- 店内装饰物、灯具等是否有损坏；
- 店铺的天棚、墙壁是否有污损；
- 店内的广告、装饰物是否有碍顾客通行；
- 包装纸、购物袋是否准备充足；
- 收款台是否干净整洁，收款机是否运转正常。

③仓储检查整理
- 商品存放是否整齐、安全；
- 存货量是否适度；
- 污损商品是否妥善处理；
- 仓储商品是否物账相符。

④商品陈列整理
- 商品陈列数量是否适度；
- 商品陈列是否美观、整齐；
- 商品陈列是否稳固安全。

⑤防火防盗检查
- 销售人员是否具备防火、防盗知识；
- 消防器械是否安放于固定场所；
- 危险之处是否有易燃杂物；
- 烟灰缸是否存留余火；
- 煤气开关是否损坏；
- 楼梯、通道、仓库及店铺周围是否有障碍物；
- 保险柜、收款台是否上锁；
- 门窗是否关好；
- 贵重物品的数量是否已经清点；
- 商店关门后是否尚有无关人员滞留。

⑥广告宣传用品的检查整理
- 广告张贴是否整齐美观；
- 广告宣传品是否污损；
- 广告宣传与实际销售是否相符；
- 购物指南、商品分布图等是否清楚；
- 各类宣传广告中文字是否有误。

⑦商店周围环境检查整理
- 商店周围是否能保持整洁卫生；
- 商店外部设施是否运转正常；
- 外部装饰有无损坏。

## 9.12.6 行为管理

（1）商品陈列

销售人员须将商品陈列视为一种重要的销售技巧和促销技巧，认真思考，合理布局。

①符合一般视觉规律

商品陈列须便于顾客察看，商品的种类、名称、价格等要一目了然。

②便于顾客选取

开架售货的货架高度不得超过顾客所不能触及的范围。

③注意商品组合

商品陈列切忌千篇一律，单调呆板。应通过商品组合营造美感，增强商品吸引力，刺激顾客购买欲望。

（2）商品整理

商品整理是将商品物归原位、各适其所。为此，须将经销商品分类，确定放置场所，并记录备案。

（3）商品标签

①销售人员须认识到商品标签的重要作用，即能够向顾客传播商品主体信息。

②标签上应标明商品名称、规格、价格、颜色、产地等。

③一件商品必须对应一个标签，可以按照商品的种类，使用不同颜色的标签。

④对标签应经常加以检查，防止出现错误的情况。

（4）商品供销动向把握

①所谓商品供销动向的把握，是指对一定期间内的商品销售和采购状况具有准确地了解，其中最重要的是对各类商品销售状态的把握，其目的是为了更全面准确地向顾客介绍推荐商品，从而扩大商品销售。

②把握商品供销动向的主要方法

• 全面观察法

在销售活动中，应随时随地观察各种商品的需求状况和销售状况，随时观察，随时积累，随时分析。

• 销售额分析法

分析各类商品销售额的增减变化，以确定何种商品畅销、何种持平、何种滞销。

• 销售量分析法

依据进货记录，结合存货情况，定期盘点，以把握某一期间内各种商品的销售情况。

（5）减少工作失误

销售人员应严格要求自己，将工作失误减少到最小。以下失误均须避免：

①事务部门

• 账目不清；

• 成本、销价核算有误，定价不准确；

• 采购、退货等账目处理失误；

• 销售商品与销售凭证不符；

• 记账时出现错记、漏记、重记。

②收款结账部门

• 看错标签，收款错误；

• 计算有误，款额不符。

③销售人员

• 因方法不当或疏忽造成商品的破损；

• 由于疏忽而导致商品被盗；

• 标签价格填错。

④检验部门

- 商品数量盘点不准确；
- 对于质量不合格商品把关不严。

⑤商品管理部门
- 因排水防雨不及时而损耗商品；
- 因防暑防寒措施不当造成商品损坏；
- 因超量进货造成积压。

⑥其他
- 因顾客责任出现商品退换；
- 因顾客责任造成商品污损；
- 发生商品被盗。

### 9.12.7 勤务

（1）休假
①休假必须在5天前向有关负责人提出申请，经批准后方可进行。
②因生病等特殊原因需要休息时，须在当日营业前请有关负责人核准。
③原则上非节假日不准休假，特殊情况应事先申请，经上级批准后施行。

（2）迟到和早退
①所有员工均须严守勤务纪律，不得任意迟到、早退。
②迟到、早退确有原因者，应提前通知和请示上级，否则即视为违反纪律。

（3）休息时间
休息时间内，销售人员可用于就餐、店内购物、化妆、休息等。一般情况下应在专用休息室休息。

（4）外出
在休息时间一般不得擅自离开商店，如果确属需要，应将理由、去向、所需时间向有关负责人说明。如果在工作时间暂时离开工作岗位，须与同事声明，以免影响工作。

（5）员工购物
①购物时间应利用非工作时间，如休息时间、上班前或下班后。
②严禁在购物高峰时间同顾客一同购物。在营业时间内，严守顾客优先原则。
③对限量销售商品，应礼让顾客。
④对已经购买的商品，应保存好发票，以供携商品外出时核查之用。

（6）电话业务
①基本要求
- 语言应简单明了、热情亲切；
- 应使用普通话，声音要清晰洪亮；

- 通话中不得与他人说笑；
- 若电话中断，应立即挂上听筒，等待对方重新打进；
- 对重要事项，必须进行记录；
- 要听到对方挂上话机的声音后，再行挂断电话。

②拨打电话
- 拨打电话时，首先要确认对方的号码和姓名；
- 主动报出自己的单位和姓名；
- 讲话尽量简洁，对重要问题应进行记录；
- 通话中若要与他人讲话，应先向对方致歉。

③接听电话
- 电话铃响后应迅速接听，报出单位名称，然后询问对方事由；
- 自己如果不能决定时，应请示主管后再作答复。

（7）私人电话

私人电话要尽量不占用办公用电话，特殊情况须经上级同意方可使用，但只限市内电话，否则应交纳长途话费。

（8）收款复核

①基本要求
- 准确。无论复核商品还是计价收款，都必须准确无误；
- 迅速。不得令顾客长时间排队等候；
- 亲切。必须亲切周到，努力为顾客留下良好印象。

②注意问题
- 相关人员必须清楚自己的职责，认识自身工作的重要性；
- 营业前，必须将各类票据、印章、印泥、包装纸、包装袋、包装绳等准备就绪；
- 营业中不得擅离工作岗位；
- 经常检查收银机的运转情况。

（9）店内外扫除

在关门前30分钟清扫店内外，方法是由外到里。店内清扫要等顾客全部走后方可进行。

（10）例会

待店面扫除结束、主要出入口门窗关好后，应到指定场所集合，听取主管总结本日工作、布置明日工作，然后离店。

（11）自我总结

销售人员结束一天工作后，应对自己一天的工作情况进行总结反省：

①今天工作态度、服务质量、勤务状况如何。

②今天的销售业绩如何,是否完成预定任务。
③工作过程中与同事和主管是否保持了良好的人际关系。
④对明日的工作是否明确。

# 第 10 章　销售经理的塑造

## 10.1 销售经理的基本素质与能力

身为销售经理，你应具有什么样的素质内涵，使你更能胜任工作？你应具有何种能力，才能迎合更高的市场要求？你应具有何种涵养，来管理好部属？这些都将对你构成挑战。如果你相对地符合条件，并经受住了考验，那么你就是合格的销售经理。

经理必须发挥领导才能，这种领导才能是各种条件的总和。下面就是销售经理所应具备的基本素质和能力，作为管理者的销售经理应当努力在这些条件下进行强化和锤炼。

(1) 统帅力。如不能完全掌握、统帅部属，这种管理者就没有存在的意义。

(2) 责任感。销售工作是一项有风险的事业，你必须对事业具有强烈的责任感。

(3) 诚实。销售工作来不得半点虚假，需要的是诚恳的态度和踏实的作风。

(4) 指导力。销售经理本身即使很优秀，如果不能指导、栽培部属，也不能成事。

(5) 洞察力。销售经理善于洞察各类事项的本质，才能作出正确地判断，并有助于拟订成功的策略。

(6) 创造力。工作中能够不断提出新的想法、措施和工作方法。

(7) 思维决策力。依据事实而非主观想象进行决策，能在几个方案中选择一个最佳的方案。

(8) 规划力。对事物进行计划，制定实施步骤的能力，以及调研能力与组织能力。

(9) 应变力。能够预测可能遇到的市场情况，并对此作出正确地判断，使公司顺利适应各种变化。

(10) 交际力。销售经理作为公司形象的代言人，需要具备交流方面的技能。

(11) 企划力。制定各种策略和规划战术的能力。

(12) 整合力。将各种资源合理组织起来并成功运用的能力。

(13) 意志力。如果意志力薄弱，是无资格做领导者的，因为有许多事情需要销售经理亲自决定。

(14) 个人吸引力。最低限度不要让他人对自己生厌，应获得部属的好感及尊敬。

## 10.2 销售经理的五大任务

### 10.2.1 销售的计划、组织与渠道客户管理

(1) 营销环境的把握与市场实态调查。

（2）制定销售计划。
（3）决定新设立经销店、特约店的条件。
（4）渠道客户人际关系的确立。
（5）收集竞争者的情报。
（6）销售目标与销售配额的设定。
（7）销售目标管理。
（8）防止价格混乱和窜货现象的发生。
（9）设定发展渠道客户的条件。

### 10.2.2 渠道客户的量化分析

（1）渠道客户销售统计与销售分析。
（2）渠道客户的经营分析与指导。
（3）渠道客户的资金运转指导。
（4）信用调查。
（5）信贷额度的设定。

### 10.2.3 渠道客户的营销参谋

（1）渠道客户销售方针的设定援助。
（2）支援渠道客户制定计划方案。
（3）协助渠道客户搞好市场考察。
（4）销售促进指导。
（5）为经销店、特约店发掘顾客并予以通报。

### 10.2.4 推销技术人才

（1）传授讲解销售活动。
（2）商品知识、销售基础知识的传授。
（3）销售不佳的原因分析与对策。
（4）陪同销售及协助营销。
（5）销售活动指导。
（6）售后服务指导。
（7）顾客抱怨处理指导。

### 10.2.5 专业销售人员

（1）接受定单。

（2）物品订购。

（3）销售事务与企业内部的联络。

（4）赊账管理。

（5）账款回收。

（6）销售报告。

## 10.3 销售经理的职责和权限

销售经理的职责：

### 10.3.1 销售经理职能

- 需求分析、销售预测；
- 确定销售部门目标体系和销售配额；
- 销售计划和销售预算的制定；
- 销售队伍的组织；
- 销售人员的招募、培训；
- 确定销售人员的报酬；
- 销售业绩的评估；
- 销售人员行动管理；
- 销售团队的建设。

### 10.3.2 销售经理的责任

- 对销售部工作目标的完成负责；
- 对销售网络建设的合理性、健康性负责；
- 对确保经销商信誉负责；
- 对确保货款及时回笼负责；
- 对销售部指标制定和分解的合理性负责；
- 对销售部给企业造成的影响负责；
- 对所属下级的纪律行为、工作秩序、整体精神面貌负责；
- 对销售部预算开支的合理支配负责；
- 对销售部工作流程的正确执行负责；
- 对销售部负责监督检查的规章制度的执行情况负责；
- 对销售部所掌管的企业秘密的安全负责。

### 10.3.3 销售经理的权限:

- 有对销售部所属员工及各项业务工作的管理权;
- 有向营销副总报告权;
- 对筛选客户有建议权;
- 对重大促销活动有现场指挥权;
- 有对直接下级岗位调配的建议权和作用的提名权;
- 对所属下级的工作有监督检查权;
- 对所属下级的工作争议有裁决权;
- 对直接下级有奖惩的建议权;
- 对所属下级的管理水平、业务水平和业绩有考核权;
- 对限额资金有支配权;
- 有代表企业与政府相关部门和有关社会团体联络的权力;
- 一定范围内的客诉赔偿权;
- 一定范围内的经销商授信额度权;
- 有退货处理权;
- 一定范围内的销货拆让权。

## 10.4 优秀的销售经理应该具备的知识

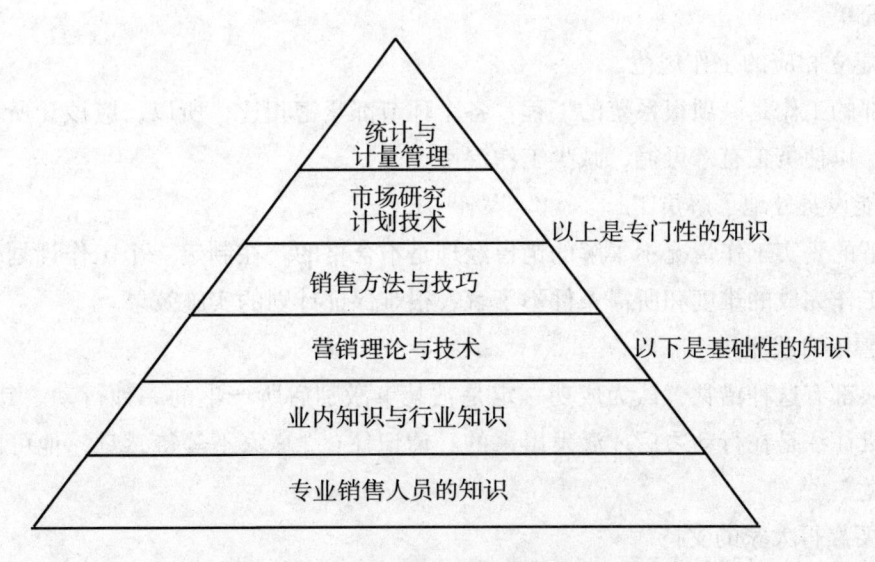

图 10-1 优秀销售经理应具备知识图

（金字塔从上至下：统计与计量管理；市场研究计划技术；销售方法与技巧；营销理论与技术；业内知识与行业知识；专业销售人员的知识。以上是专门性的知识；以下是基础性的知识）

## 10.5 销售经理成功的主要要素

（1）正确地把握市场

销售经理应当做到对需求预测、销售效率分析、趋向变动分析、季节变动分析、相关关系分析、市场占有率分析、购买动机分析、竞争者分析等驾轻就熟。

（2）能对工作业绩提出保证

很多公司的销售经理有权利要求自己的薪水，尤其是美国，他们用实力去保证业绩，也用这项保证去要求自己的报酬。他们认为销售经理必须自己宣布自己的目标，自己对那个目标负起责任，并争取相应的报酬。

（3）能根据事实作判断

销售经理对员工作出判断，不应是听员工说了什么，而应是看员工做了什么。如果部下提交的报告是"大概……"之类的词语，一定要确定一下事情的究竟，决不能让这类模棱两可、语气暧昧的报告去左右判断。

（4）有良好的人际关系

在某种程度上说，一个销售经理能否在社会上立足，不仅是看他能做什么，而更重要的是看他有多少朋友。良好的人际关系可以表现出一个人的社会活动能力。

（5）能简化各种复杂问题

一个成功的销售经理应该能够把握重点，解决疑难，却又让遇到困难的人觉得事情原来是这么简单。

（6）建立相应的工作规范

销售部的工作是一项很系统的工程，各个环节都紧密相连，所以，应该让所有的工作都标准化，以使员工有章可循，减少工作混乱。

（7）能设身处地了解员工

对部下的真实工作情况不了解的销售经理是不合格的。在制定一个工作计划时，如果对各部分工作完成的难度和所需条件不了解，很难保证计划的实施效果。

（8）善于自我激励

许多人都有这种错觉，认为成功一定是被某事激励后所产生的一种行动。其实不然，强烈的动机往往是在行动之后才激发出来的。请记住："赢家不等待感觉，他可以用行动去创造感觉"。

（9）要赢得大家的支持

玩弄权术所造成的成功只是暂时的，一个销售经理要争取的是真正的支持者，同事、上级以及更重要的部下的支持。而这些人是否真正支持你，则完全看你待人的态度。

（10）具有恒心与毅力

通往销售经理成功之路，充满着无数坎坷和陷阱，最后的输赢往往取决于你的恒心和毅力。坚定的信心和顽强的毅力能让你不断披荆斩棘而终获全胜。然而恒心和毅力意味着不断的牺牲，这种付出能使一个平凡的人成为不平凡的人。"愚公移山"便是明证。

（11）促进销售，创造利益

销售经理应该站在顾客的立场，把顾客的一切需要都考虑周到，并提供顾客所需要的服务。换句话说，只有做到系统化营销，才可能创造更大的利润。

（12）总结过去的成功的经验，把成功的秘诀告诉部属

虽然失败的分析有时是必要的，但过分介意过去的失败会打击自己的自信心，影响当前工作的开展。销售经理不妨多分析过去的成功，并记着把总结的经验写下来，教给自己的部下。

（13）能够正确对待失败

失败并不可怕，关键在于失败后怎么做。俗话说："失败是成功之母"。但应切记的是：失败并非一定是成功之母，两者之间并没有必然的母子关系。

作为销售经理，工作中不可能没有失败，关键还在于如何化失败为动力，下面有几种方法：

①诚恳而客观地审视周围形势，不要归咎于别人，而应反省自己。

②分析失败的过程和原因，拟定计划，采取必要措施，以求改正。

③在重新尝试之前，想象自己圆满完成工作的情景。

（14）具体写下今后几年的目标

一个人不懂得争取的话，成功不会凭空而来。销售经理应该将自己的目标具体地（可能的话，应该使用数字）写下来。如在一年内、两年内、五年内所要达到的工作业绩。此外，还应清楚地列出对自己的财力、地位、知名度、交友范围，以及其他有关自己所要求的目标，每年朝着那个目标全力以赴地去奋斗。

## 10.6 销售经理如何建立影响力

（1）学习并掌握营销的精髓

有自己所从事行业营销方面的真知灼见，可以全面指导下属的工作，必要的时候，能够替代或加强下属的工作；有清晰的工作思路，对于下属，可以担当起教练的角色，对于公司领导和其他部门，是营销专家，深湛的营销知识是建立影响力的重要因素。

（2）认清环境

销售经理务必认清组织的环境，就某些方面来说，一个人的影响力是来自他对组织结构及其内部作业方式的了解。熟知公司的内部结构和运作习惯会使大家觉得你属于这个大家庭，会对你抱有信心。大家还会看到组织是设法来帮助你做事，而不是你的绊脚石。一位能够不被组织及其制度绑住的经理人，才可以放开手脚做更重要的事。不熟悉公司的环境，即便处理最简单的例行工作也会举步维艰。有影响力的销售经理会先求适应环境，然后再求改变。因为，他知道如果不能在早期涉过沼泽和丛林，就要被环境吞噬。因此，一位销售经理到了新公司之后，最合适的做法是接受该公司的现有制度，而非试图改变它，或至少不要用一种夸张的态度去改变它。

（3）富有政治头脑

缺乏政治头脑会使销售经理无力推动事情，甚至可能被同事视做"外人"。管理的目标虽然不是争取老板支持，但是获得了这种支持后，管理目标确实容易达到。有影响力的销售经理一般都会尽量在一个组织中八面玲珑。越受到大家的重视和接纳，工作就越顺畅。

富有政治头脑的销售经理该怎样做呢？找出适当的人，在适当的时机和场合，以适当的方式去接洽适当的人就是关键性的一种政治头脑。因此，认识公司权力的结构是第一步，知道哪些人与这一权力结构有关是第二步，知道如何与这些人打交道则是第三步。能够自如地和积极地运用这一权力结构，就能产生影响力。

有政治头脑的销售经理会在公司讨论之前，确认谁到时会持异议，并且先与他沟通，他也许稍加修正之后才会接受，私下先说服他，使他在公开的会议中支持你。这就是有影响力的销售经理的做法。

有政治头脑的销售经理在选人时，会把一个人的人缘看得比他的专业能力更重要。

有政治意识的销售经理熟知每一个关键人物的特点。

有政治头脑的销售经理会事先拟妥许多接近完成的销售方案，但并不提出来，当时机成熟时，可以立刻拿出系统的解决方案，给人以高手快手的鲜明印象。

有政治头脑的销售经理话不会说绝，路不会堵死，处理任何事务都留有回旋余地，因为他知道今天的盟友到了明天也许就成了冤家，今天的对手明天或许就成了伙伴，商场变幻莫测，你知道哪块石头会绊倒你。

有政治头脑的销售经理不但关心对上的影响力，也关切平行和朝下的影响力。

（4）加强沟通能力

影响力最大的销售经理，应该是有高度沟通能力的人。沟通能力包括说、听、读和写的能力。可以在最短时间里建立最大影响力的就是演讲能力。

听的能力同样重要，它关系到销售经理是否能提出适当的问题，从而促成对方参与，不但能促使别人说出其观点，而且能使别人最终站到和他一致的立场上。

除了听说读写，知道何时沟通和沟通什么也同样重要。永远能够吸引别人的注意力，能够清晰表达自己的观点，能够在适当的时机把适当的信息传达给适当的人，并获得支持。这就是影响力。

销售经理的衣着必须符合自己的体貌、环境和公司的规定或惯例，不论它是明示的还是暗示的。这种规定或惯例就是现在的做法，以及行之已久并且被广泛接受的做法。一位想要适合组织的人，不会标新立异。职位越高，仪表的影响力就越敏感，不在乎仪表会失去很多重要的影响力。在没有规定或惯例可循的情况下，例如驻外的分公司或办事机构，有两个方向可以参考：一是穿着正规、保守一些，如深色的衣服套装。根据观察，成功企业主管的穿着都很保守。我们不必深究是因为成功了才保守，还是因为穿着保守而成功，总之小心无大错。二是可以考虑追随上级主管，他穿什么风格的服装，您也穿什么风格的服装。

除了穿着，仪表还包括您的头发、胡子，坐立和走路的姿态，要舍得投资，经常修饰你的头发和胡子，完好但过时的衣服要及时丢弃，健美您的身材，休息好，保持心境平和，从里到外给人一个精干、得体、充满活力的印象。

(5) 工作条理化、标准化

把所有例行的工作标准化，把尽量多的工作制度化是使工作有条理的秘诀。规定每个人的工作职责，可以减少许多日常的决策。设定报告的期限，可以减少不必要的催促。设定必要而够用的表格，可以及时得到所需信息和规范员工的工作，再制定合理的工作流程，可以简化工作。定期开会，可以使每人事前安排他们的时间和工作，提高效率。文件有条理地分类归档，可以使你随时找到所需文件，不积压也不遗漏每份公文的处理。公文包有条理地安排空间和内容，可以使您随时一伸手就能准确取到所需用具：便笺、贴纸、计算器、通讯工具、文件，等等。当工作高度条理化后，您就拥有了一支稳定的团队和较多的时间。它们是您的骄傲，是您增加影响力的有力支持。

(6) 保持积极的态度

无论顺境逆境，始终表现出积极的态度：自信、勤奋、幽默、敢于冒险、公平正直，将使员工在精神上与您产生共鸣，也有助于打动高层主管和兄弟部门。自信首先要建立在事实的基础上，能以工作绩效来支持。其次，要用合适的表达方式，静默而坚定的表现方式最佳，吹嘘和做作最糟，真正自信的人平和，而不是虚张声势。勤奋乃至刻苦，是古今中外每时每刻都被最广泛接受和赞许的态度，每一个勤奋敬业的员工，公正的企业里都会有他的一席之地。我多次看到许多人因其勤奋敬业而被同事、老板和顾客接受，此时，他的绩效还没有完全表现出来。

(7) 不要扩大问题

不要说："我需要向您汇报时，您总是不在。是不是您在有意回避我。"最好是想一想最直接的问题。比如说，"关于这项任务，我需要更多的指示。我在星期一下午和星期二上午到您的办公室去找过您。我知道您很忙。今天什么时间我来找您最合适？"

## 10.7　销售经理如何激励员工

"你可以买到一个人的时间，你可以雇一个人到固定的工作岗位，你可以买到按时或按日计算的技术操作，但你买不到热情，你买不到创造性，你买不到全身心的投入，你不得不设法争取这些。"

员工激励归纳起来不外乎两种方法：合理的薪酬制度和科学、系统的管理体系。但人的需求是多层次的，物质需求只是最低层次的需求，因而薪酬的激励作用有限；而管理一但制度化就变得僵硬，用死的东西去管活的人不一定有效。

我们必须从人性出发，去探索人们行动背后真正的动力源泉。我们发现，危机、荣誉、使命、竞争、沟通、生存、兴趣和空间能带给人们最强大的行动力。基于这八种动力源泉，开发出20种激发员工工作热情的非经济手段和保证激励效果必须坚持的两个基本原则。

激发员工工作热情的非物质方法

激励基本原则之一：公平性

公平性是员工管理中一个很重要的原则，任何不公的待遇都会影响员工的工作效率和工作情绪，影响激励效果。管理者在处理员工问题时，一定要有一种公平的心态，不应有任何的偏见和喜好，不能有任何不公的言语和行为。取得同等成绩的员工，一定要获得同等层次的奖励；同理，犯同等错误的员工，也应受到同等层次的处罚。如果做不到这一点，管理者宁可不奖励或者不处罚。员工只要存有不平的心态，许多以前能激励员工的方法，都会变得不管用。

激励基本原则之二：因人而异

按能力和心态划分，所有类型企业的员工都可以分为四个级别，在采取激励措施时应因级别而异。企业理想的杰出人才。重用——给这些人才充分授权，赋予更多的责任。这类人才一般对自己职位和前程没有明确目标。1. 挽救：不断鼓励、不断鞭策，一方面肯定其能力和信任，一方面给予具体目标和要求；特别要防止这些"怀才不遇"人才的牢骚和不满感染到企业，要与他们及时沟通。2. 解雇辞退：对难以融入企业文化和管理模式的，干脆趁早辞退。较常见，尤其年轻人和新进员工。充分利用员工热情，及时对他们进行系统、有效的培训；提出提高工作能力的具体要求和具体方法；调整员工到其最适合的岗位或职务。这类人对企业作用不大。1. 有限作用：不要对他们失去信心，但控制耗费的时间，仅开展小规模培训；首先激发其工作热情，改变其工作态度，再安排到合适岗位。2. 解雇辞退

### 10.7.1 使命法

**1. 自我激励**

A. 方法：

激励斗志的方法可以多种多样。如：由公司老总或其他事业有成的人士为员工讲解创业经历，让员工认识到事业成功的可能行和艰难性；邀请成功学方面的专家到公司讲课；订购成功学方面的书刊给员工阅读；让员工讲出自己心中的理想以及实现理想的打算等。

B. 原理：

每个人都有自己的梦想，都渴望成功，都希望过上美好的生活。当员工心中被尘封已久的理想再次被点燃时，他们会表现出很大的爆发力。而他们心里明白，要成功就必须从做好手头上的工作开始。

**2. 个人业务承诺计划**

A. 方法：

让每名员工年初制定本人全年业务计划，向公司立下"军令状"。由其直接主管负责考察业绩完成情况、执行力度及团队精神，并予以必要的指导、协助和鼓励。但不要给员工制定太多的目标，而要鼓励他们充分发挥潜能和创造性。

B. 原理

根据期望机率理论，一个人从事某项活动的动力或激励力的大小，取决于该项活动所产生的成果的吸引力和该项成果实现的机率的大小。完全的目标导向激发了员工奋斗和创新的动力，计划的一步步完成使他们充满成就感，团队的支持让他们感受到动力和宽慰。

**3. 组建临时团队**

A. 方法：

将某个重要的业务计划或项目交由一个临时组建的团队去做。

B. 原理：

临时团队之所以可以产生较高的工作效率，其组织形式对成员的激励功不可没。临时小组有以下的特点：人少（最佳规模为3~7人），志愿组成，目标导向，通常完成任务之后自行解散。适当的、具有一定挑战性又有可能达成的目标能很好地激发临时团队成员的创新激情，同时临时团队实行自我管理，即团队成员从本来的被控制变成具有一定的决策权。当一个人充满责任感的时候，他将会全身心地投入进去。

### 10.7.2 生存法

**4. 生存竞争**

A. 方法：

对员工进行动态评估，让每个人都知道自己所处的位置。

B. 原理：

让员工明白，如果他们不努力工作或者工作没有业绩的话，就有可能被公司淘汰出局。在生存竞争异常激烈的现代社会，可能失去饭碗的压力将会极大地激发员工的工作热情。

C. 范例：

美国通用电气将其所有的员工分为五类。第一类是顶尖人才，占10%；次一些的是第二类，占15%；第三类是中等水平的员工，占50%，他们的变动弹性最大，他们有机会选择何去何从；接下来是占15%的第四类，需要对他们敲响警钟，督促他们上进；第五类是最差的，占10%，只能毫不留情地辞退他们。这种淘汰机制给了全体员工充分的紧迫感，也给了他们充足的动力。

### 10.7.3　竞争

5. 新陈代谢机制

A. 方法

制定公司、部门及个人工作目标，建立相应的考核机制，达不到目标的责任人员无论级别、资历、以往贡献都得下台。

B. 原理

许多公司的业务计划在制定时意气风发，可是在执行过程中却因种种原因不断打折扣，最后即使完不成也不了了之，使得制定业务计划本身已经失去意义，领导丧失权威，员工丧失紧迫感和责任敢。

6. 分组竞争机制

A. 方法：

将公司业务部门划分为若干小组，每天（周）公布业绩排行榜，月终总结，奖励先进，激励后进。

B. 原理

最好的机制不是试图去"让懒人变得有生产力"，而是在企业中形成高绩效的环境，使员工的敬业精神得以发扬光大，让懒惰者无处藏身。基于真诚合作和责任承诺之上的内部竞争，来自同级的压力比来自上级的命令更能促进员工的积极性和工作热情。

7. 在内部引入外来竞争

A. 方法：

允许内部机构向外界采购产品或服务，使内部相关的供应部门不能再依靠独家生意，舒舒服服过日子而不思进取。

B. 原理：

"铁饭碗"变成"泥饭碗"。内部机构不努力就会没饭吃，当然会加倍努力改善产品或服务质量，并努力降低成本以增强竞争力。

### 10.7.4 兴趣法

8. 鼓励"非法行动"

A. 方法

允许和鼓励员工做一些正常工作、常规程序以外的尝试。

B. 原理

很多时候，员工在工作中的新想法、新创意是突如其来的，但是这一部分计划外的想法却同很多计划内的想法同样具有价值，需要被企业重视并予以支持。有些耗资不多的新构思，技术人员可以通过自己简单试验进行测试。类似情况经常发生在企业的基层，基层员工常常是最了解产品、客户和市场的，他们由于成年累月的实际操作，对这些方面有独到的了解，知道怎样提高生产和市场拓展效率。

B. 范例：

通用电器公司的巨大成功，例如在工业用塑料和飞机发动机早先得到的成功，就是"非法活动"的直接结果。IBM甚至在管理制度上故意设计得有一点"漏洞"，以便让一些人在预算之外做点事，执行计划以外的计划。在长达二十五年中，IBM重要产品的生产没有任何一项是该公司的正式系统搞出来的。

9. 给员工完全自由发挥的空间

A. 方法：

如对公司科研人员而言，可以允许其花费公司时间的15%，在自己选定的领域内从事研究和发明创造活。

B. 原理：

兴趣是最好的老师，也是最好的工作推进剂。员工只有对自己所从事的工作真正感兴趣，能从中获得快乐，才会竭尽全力把工作做好。

### 10.7.5 空间

10. 培训机会

A. 方法：

为员工提供全方位、多层次的培训机会，增加企业人力资源的价值和员工自身的价值。

B. 原理：

在知识更新越来越快的信息时代，"终身学习"和建立"学习型组织"已成为个人与企业在激烈竞争中立于不败之地的基本要求。企业应该通过培训开发？？这既是调动员工积极性的需要，也是维护和提高企业市场竞争力极为重要的一环。

11. 岗位轮换

A. 方法：

员工定期（比如一年）轮岗，尝试不同的工作岗位。

B. 原理：

在传统管理时代，强调组织分工明确，结果员工每天重复单调的工作，虽然在一定程度上提高了生产率，但成员的满意度下降。人本思想问世后，对人的激励有了新的认识，开始注意完善人的能力，开发人的潜力，并在此基础上健全岗位轮换制度使员工能更加充分、更加主动地选择具有挑战性的工作，从而使工作内容横向丰富化和纵向扩大化。这样，工作产生的乐趣和挑战性就成为了工作本身对员工的回报。

12. 给予员工畅顺的事业发展渠道

A. 方法：

在干部选拔上，企业要给员工更多的机会，从以前对外聘用为主，转变为对外聘用与内部选拔并重，最后过渡到内部培养选拔为主，变"伯乐相马"为"在赛马中选马"。

B. 原理：

事业发展是员工内在报酬体系的重要组成部分。依据马斯洛的需要层次理论，自我实现是人的最高层次的需要。职业发展属于满足人的自我实现需要的范畴，因而会产生更大的激励作用。

13. 减少审批程序

A. 方法

减少一个产品研发或市场拓展计划的审批程序和时间，不要设置过高的审查标准，留给相关人员更多的空间。

B. 原理

复杂性引发冷漠及惰性。如果业务人员的一项雄心勃勃的拓展计划面临公司的层层把关，他自然会降低工作的热情。而事实上很多划时代的产品或营销方案只是出于一个看似荒谬的点子。

14. 员工参与决策

A. 方法：

建立员工参与管理、提出合理化建议的机制，提高员工主人翁参与意识。如让员工参与公司发展目标、方向的分析研讨，让员工参与项目确定，参与保证公司正常运转的各项规章制度的制定。

B. 原理：

没有人喜欢别人强加于自己身上的东西。但如果让员工参与公司经营目标、管理制度等的制定，他们就会觉得那就是自己的目标和行为规则，就会充满期待地投入工作。

### 10.7.6 荣誉法

15. 荣誉激励

A. 方法

对有突出表现或贡献的员工，对长期以来一直在为公司奉献的员工，毫不吝啬地授予一些头衔、荣誉，换来员工的认同感，从而激励员工的干劲。

B. 原理

每个人都对归属感及成就感充满渴望，都希望自己的工作富有意义。荣誉从来都是人们激情的催化剂。拿破仑"为法兰西而战！"的名句更是使他的军队所向披靡。

C. 范例：

IBM 公司有一个"百分之百俱乐部"，当公司员工完成他的年度任务，他就被批准为该俱乐部会员，他和他的家人被邀请参加隆重的集会。结果，公司的雇员都将获得"百分之百俱乐部"会员资格作为第一目标，以获取那份光荣。

### 10.7.7 危机

16. 危机教育

A. 方法：

不断地向员工灌输危机观念，让他们明白企业生存环境的艰难，以及由此可能对他们的工作、生活带来的不利影响。

B. 原理：

企业发展的道路充满危机。正式因为如此，盖茨才会不断地告诫他的员工：微软永远离破产只有18个月！任正非才会警告：华为的冬天很快就要来临！然而这种危机往往并不是所有员工都能感受到的，特别是非市场一线人员。此有必要不断向员工灌输危机观念，树立危机意识，重燃员工的创业激情。

### 10.7.8 沟通

17. 双向沟通

A. 方法：

基层员工与高层管理人员恳谈会、经理接待日、员工意见调查、总裁信箱、设立申诉制度，让任何的意见和不满得到及时、有效的表达；建立信息发布会、发布栏、企业内部刊物等，让员工及时了解企业发展动向、动态，增强他们参与的积极性。

B. 原理：

使员工感受到自己受重视、有存在价值，自然会有热情去为公司做事。

18. 变惩罚为激励

A. 方法：

员工犯错误，通过管理者与其进行朋友式的沟通和交流，让员工感受到被尊重和爱护，从而主动承认错误，主动接受惩罚，主动改善工作质量。

B. 原理：

对员工犯的错误，企业普遍的做法就是严厉批评和惩罚！然而处罚并不能真正解决问题，反而会造成员工积怨甚至流失。只有沟通才能取得事半功倍的效果。

19. 亲情关怀

A. 方法：

企业的经理和主管应该是一个细心的人。对员工的工作成绩，哪怕是很小的贡献也及时给予回馈。一张小纸条，一个电话留言，一封 e-mail，一个两张电影票的红包，都能让员工感到自己受领导关注、工作被认可，并为此而兴奋不已。

此外还有建立员工生日情况表，总经理签发员工生日贺卡、关心和慰问有困难员工等。可以很好地增强员工的归属感。

B. 原理：

任何人都希望自己努力的成果能被认可、赞同和感激，这是人们前进的动力。

20. 变消极管理为积极管理

A. 方法：

管理者对员工给予积极意见而不是责备。

B. 原理

员工往往只体验到"因犯错而做出的管理（消极管理）"，亦即上司大多是在认为他们犯错误而须加以纠正时才给予意见。如果员工觉得他们的决定普遍获得支持，并在真正犯错时会获得适当指导，他们便会更为积极进取而且充满自信，并愿意承担职责和做出决定。如果员工清楚知道上司对他们的期望，知道自己受到重视和信任，并会获得鼓励和激励，他们便会全力以赴，尽心工作。

## 10.8 销售经理的影响力记分表

请将你自己与其他销售经理比较后，按照表列项目记分。左边所标示的是最高分。你若觉得自己完全欠缺某一项能力，则以分记之。记分完后全部加起来，把总分填入最后"总分"中。

| | 加分项目 | | | 减分项目 | |
|---|---|---|---|---|---|
| | | 最高分 | 打分 | 3～5分/个 | 打分 |
| 知识技能及应用能力 | 专业性知识（对所从事工作的基本了解） | 25 | | 狂妄自大 | |
| | 组织的知识（制度及运用） | 5 | | 独特 | |
| | 政治意识 | 10 | | 报复心理 | |
| | 听说读写能力 | 10 | | 占有欲 | |
| | 组织和规划能力（构思和分派工作） | 20 | | 鲁莽 | |
| | 一般商业知识（经济、财会、法律和税务的了解） | 5 | | 不愿负责 | |
| | | | | 自私自利 | |
| 个人特质及运用能力（每项2分） | 仪表 | 视野 | | 服饰 | 偏心 |
| | 预测 | 社交 | | 耐力 | 懒惰 |
| | 坚忍力 | 创造力 | | 理解力 | 孤立 |
| | 人格 | 探究心 | | 记忆力 | 随便 |
| | 彻底 | 乐观/幽默感 | | | 缺乏同情心 |
| | 决断 | | | | 与人易生摩擦 |
| 行为中表现出来的态度（每项2分） | 自信 | 愿意花钱/时间 | | 野心 | 缺乏节制 |
| | 愿意接受不愉快的工作 | | | | 轻率 |
| | 决心 | 客观 | | 公平 | |
| | 关心质量标准 | | | 关心数量标准 | |
| | 对上或对下的忠诚 | | | 关心生产力 | |
| | 关心别人的福利和前途 | | | 愿意承担责任 | |
| | 愿意共享光荣 | | | 愿意冒险 | |
| | 正数总分 | | | 负数总分 | |
| | 净管理影响力 | （正分－负分） | | | |

## 10.9 销售经理的五类领导方式及选择

### 10.9.1 销售经理的五类领导方式

(1) 专断方式

发号施令，要求他人依从，在进行决策时不征求部属的意见，采用自上而下的沟通方式，采取"胡萝卜加大棒"的奖惩手段强力推行他的决断，经常说的话是："照我说的去做。"

(2) 民主方式

就拟议的行动和决策同下属磋商，鼓励下属的参与，对部属有充分的信心和信任，经常采纳下属的想法和意见，乐于上下双向沟通信息，以奖励为主，惩罚为辅。对部分决策采用投票方式确定。

(3) 放任方式

领导者极少运用其权力，给下属以高度的独立性，依靠下属来确定他们的目标以及实现目标的方法，为下属提供信息，充当团队与外部的联系人，帮助下属的工作进行。

(4) 官僚方式

决策依据上级的指示和文件，管理依据公司的相关规定，对于没有规章可循的工作，等一等、看一看，看别人怎么做，或请示上级，奖惩同样依据公司统一规定，很少根据具体情况进行细化或变通，是上传下达的枢纽，公司规章和指示的忠实传声筒和执行人。他经常强调的是："照章办事"。

(5) 教练方式

指导部属自己设定工作目标和绩效标准及达成方法，及时反馈对部属行为的肯定与否定意见，主要以精神激励为主，引导下属自己解决问题，不断提高工作能力的标准。

### 10.9.2 领导方式选择技巧

(1) 何时采用专断领导方式

在下列场合适宜采用专断领导方式：

- 遇到不明白工作任务或程序的未经训练的新员工时。
- 您发现具有通过发布详细的命令或指示才能有效地完成主管任务时。
- 员工对其他领导方式无动于衷时。
- 每天要处理大量的日常事务，或者您的决策时间有限时。
- 您的权力受到某些人的挑战时。
- 您在一个您上任之前管理得不得力的企业工作时。
- 下属自主愿望和能力很差时。

在专断的领导人手下，短时间内部属的效率会大大提高，但在一定场合，这种方式就不适用了，下列场合忌用专断方式：

- 部属期望上级吸取他们的意见时。
- 可能会引起部属紧张、恐惧和憎恨时。
- 部属开始事事等您给他们拿主意时。
- 有迹象表明部属的士气低下、缺勤率上升，人员变换频繁，甚至出现怠工现象时。
- 您领导的部门缺乏可以数量化描述并客观衡量的工作标准时，如市场研究部和市场部。

（2）何时采用民主领导方式

下列场合适用民主的领导方式：

- 当您希望员工随时了解涉及他们利益的事情时。
- 当您希望员工分担决策和解决问题的责任时。
- 当您希望提供机会，让员工培养高度的自我发展和职业满足感时。
- 当您希望考虑员工的看法、意见和不满时。
- 当您手下拥有技术高超、经验丰富的员工时。
- 当您必须作出影响某员工或某些员工的变动，或解决有关问题时。
- 当您希望鼓励团队精神和集体参与时。

在民主方式下，销售人员能够长时间地保持优质的服务。他们喜欢主管给予他们的信任，因而表现出集体精神和很高的士气。但是，采用这种领导方式有其局限性。在下列场合您应避免采取民主方式：

- 当时间紧迫时。
- 当由您作决定更容易、更节约开支时。
- 当您不能容许犯错误时。
- 当您感到民主环境的威胁时。
- 当员工的安全是关键问题时。

（3）何时采用放任领导方式

下列场合适用放任领导方式：

- 当您的部属技术高超、经验丰富和受过良好教育时。
- 当您的部属对他们的工作具有自豪感，有强烈的独立完成工作的欲望时。
- 当您使用外来的专家，如人事问题专家、顾问或临时的其他部门支持人员时。
- 当您的部属忠诚可靠且富有经验，可以依赖时。

放任的领导环境里，员工会认为他们是在给自己干活。他们不把您看做是上司，而是一位需要时可助一臂之力的人。销售人员在这种环境里可能保持长期的优质服务。但是，这种领导方式亦有其局限，下列场合不宜采用放任的领导方式：

- 您的员工因为找不到您而可能感到无依靠和不安时。
- 当您不能经常地向部属反馈情况，让他们了解他们自己的工作之优劣时。
- 当您不能对员工的出色工作表示感谢时。
- 当您不懂得您的责任而寄希望于您的部属去为您遮掩时。

（4）何时采用官僚领导方式

下列场合适用官僚领导方式：

- 员工的工作涉及必须遵照一定程序操作危险或易损的设备时。
- 员工重复地进行简单工作时。

- 您欲使员工认识到他们必须保持一定的标准和程序时。
- 当员工的安全是关键问题时。
- 当您并不想实质解决这个问题时。

在下列场合应避免官僚领导方式：
- 当这种方式导致不再适用却难以打破的工作习惯时。
- 当员工对本职工作和同事失去兴趣时。
- 当主管不像领导，反似警察时。
- 当员工只顾份内之事，不愿多出力时。

（5）何时采用教练式领导方式
- 当您管理的团队已经达到良好工作状态时。
- 当部属的学习热情高涨，而时间和其他条件允许时。
- 当员工面对大部分是例行性的、少部分是偶发性的工作时。
- 当员工的素质高，主要缺乏的是经验时。
- 当公司急需营销管理人才，特意安排资质好的员工在你手下实习时。

## 10.10 销售经理管理部属的技巧

### 10.10.1 销售人员的激励

激励部属士气是衡量销售主管能力的条件之一。激励销售人员的方法多种多样，主要有目标激励，竞赛激励，荣誉激励等。

### 10.10.2 授权

所谓授权就是指上级授给下属一定的权力，使下属在一定的监督之下，有相当的自主权和行动权。在销售工作中也经常使用授权这种方式，可以从两个方面去理解授权。

（1）为何要逐级授权

对于一个销售经理来说，其能力、精力和时间都是有限度的，现代心理学研究证明：对于大多数人来说，同时思考两个以上问题时，思维效率大大降低。而销售经理的日常工作千头万绪，往往要处理大量纷繁复杂的问题，当然这其中也有一些是相对简单而且不那么重要的，在这种时候，销售经理就应该考虑授权，将一些简单的日常问题交由下属处理，并授予下属处理这些问题所需的权力。这样可以大大地提高工作效率，从而让销售经理能有更多的精力和时间去处理一些更主要的例外问题，便于统筹整个销售全局，而下属也因此得到了锻炼的机会。

(2) 授权技巧

合理适当授权能收到上述的良好效果，但在授权过程中有些细节问题需要注意，这就要求销售经理具有更老练的授权技巧。

首先，选定合适的授权对象。由于不同的下属在家庭背景、受教育程度、社会经历、工作经验以及天赋方面的差异，导致他们在工作能力方面的强弱不同。按照授权的谨慎性原则，销售经理必须对下属的特点、性格、能力等各方面进行分析，从中选出工作能力强，意志坚强并适合所授工作的下属，对其进行授权。

其次，赋予一件完整的任务并提供完整的相关训练。授权时，授权者必须向被授权的下属明确所授事项的任务目标及权责范围。一般来说所授的任务通常都是一件完整的任务，这样被授权者更能看清任务的全部，更好地处理任务的各个方面，免受掣肘。同时，由于被授权者（下属）的工作与所授任务（原属于销售经理的）有相异之处，为使其能更好地、更有把握地完成所授任务，销售经理必须给被授权者提供完整的相关训练。

再次，所授权的工作，必须能有利于提升该名下属的专业涵养。上面已经进过，授权具有栽培下属的功能，所以，授权的意义不仅仅是完成任务这么简单。从这个角度出发，销售经理对所授权的工作也有必要做适当地选择。另外，还必须拟订一套考核方案，这是为评价和控制的需要。根据这套方案，如果被授权的下属不能承担职责时，应明智地及时收回职权。同样，如果下属完成所授权的工作成效卓越，就应给予肯定和表扬甚至奖励，让其有更强的自信心。

### 10.10.3 领导

销售事业的成败，也就是能否实现既定的目标，关键在于领导。在现代社会背景下，销售事业会受到多种因素作用的影响，销售工作与社会有着千丝万缕的关系。因此，对销售经理的领导方法也提出了更高的要求，同时也决定了销售经理的领导工作在很大程度上必须具有创造性。国际上公认的 80/20 法则认为销售工作是 80% 的科学与 20% 的艺术，富有创造性的领导方法就是这 20% 的艺术，这些是建立在销售经理个人的经验、素养和洞察力的基础上的，要具备这些条件才能灵活地运用各种领导方法和技巧，提高工作的效率，率领和引导销售团队克服前进的各种障碍，顺利实现预定的目标。那么，怎么样才能成为拥有熟练领导技巧的销售经理呢？

(1) 因事、因势而变

企业内外的环境是时刻变化着的，销售团队员工的思想、心态、行为等也因此而时刻变化着。针对不同的情况和不同的事情，要注意使用不同的领导方法，因为领导方法的使用随着所针对对象的不同而产生的作用也有差异。这种随机应变的能力是销售经理掌握领导技巧的第一要素。

(2) 了解自己的下属，在工作上做他们的后盾不了解自己下属的优缺点，不了解自己下属能力的强弱，不了解自己下属对所指派的任务能否胜任，在下属工作出了问题的时候也不能妥善地处理，这样的销售经理就不是一个好领导。要成为一个好领导首先必须了解自己的下属。此外，还要全心全意做下属在工作上的后盾，让其无后顾之忧，这样，他们才可能努力去工作、冒险、创新。

（3）在适当的时机邀请下属参与决策过程

一个好的领导必须愿意聆听下属的心声与建议。员工在工作中常会遇到一些需要经理帮助解决的事情以及提出许多个人对工作的看法和建议，销售经理就应及时了解这些信息，这不但可以达到检查自己工作成效的目的，而且还可以满足员工的自尊心理，进而对其进行有效的领导。此外，在适当的时机还应邀请下属参与决策过程，毕竟他们工作在销售的第一线直接接触市场，对市场的敏感度比较高，对市场需求趋势比较了解，因而往往可以从中获得许多建设性的意见。

（4）在达成任务、维系团队士气，以及满足下属需求三者之间求得最适当的平衡

在实际工作中往往会出现这样一种情况，就是为了达成任务必须满足下属需求，而下属需求又不是合理的，但不满足其需求又影响团队的士气和任务的达成。这就要求销售经理有非凡的协调能力，在三者之间求得最适当的平衡，这也是领导方法具有艺术性的表现。

### 10.10.4　对销售人员业务活动的指导

业务洽谈是销售活动的重点工作之一，它的成功与否关系到销售年度计划的可实现性。一般来说，业务洽谈的人员是基层的销售人员（关系特别重大的除外），为使业务洽谈能获得成功，销售经理应对销售人员进行必要的相关指导。实务中，销售经理通过使用"2W1H"对销售人员进行指导。所谓"2W1H"，就是Why，What，How。

Why，即明确这次业务洽谈的目的，你为什么要进行这次业务洽谈？通过这次洽谈你希望达到什么样的效果？明确了这两个问题才能决定整个业务洽谈的进程安排以及谈判底线。

What，即为了这次业务洽谈你们应该了解一些什么信息。比方说客户的性格和特征，为了适应其性格，提高自身说服力所应该采用的工作方式或在交流方面做一些针对性的改变，为了了解需求环境与自身竞争优势方面的信息，要准备询问客户哪些问题等。

How，即针对出现的问题，你将采取何种方式去解决问题，有了前面的Why和What，你就得对整个业务洽谈进行预测，预测可能出现的问题与障碍，分析其原因，并为此准备一整套解决方案。

（1）对业务洽谈进程的指导

在业务洽谈中，常常会因为谈判陷入僵局或者因为该次洽谈的重要性而要求销售经理的介入。销售经理介入业务洽谈时必须明确自己介入的目的是什么？是为了重新启动陷入

僵局的谈判还是为了通过谈判达成协议，或者是别的什么目的，这是必须要明确的。明确了介入目的有利于销售经理更好地完成具体角色的扮演，如监督、强化关系、优化环境、了解信息等。

（2）事后汇报会议

业务结束后，无论成功与否都要举行事后汇报会议。确保销售人员对整个的洽谈情况与细节有充分而客观的认识，成功的总结经验，失败的则吸取教训。通过会议提升销售人员的工作素质，加深了解公司对他们所从事工作的要求。

（3）对于紧急情况处理的指导

在业务洽谈的进程中常会因为某种紧急情况的出现而导致谈判陷入僵局。销售经理在此种情况下就要分析出现问题的原因，并根据具体原因对销售人员处理问题进行必要指导。如果是产品质量方面的问题，就应立即登门拜访，了解样品使用的情况，研究解决方案；如果是服务方面的问题导致谈判破裂，则由销售经理出面与客户交流，明确立即改善，表明公司的态度和决心，以求重建关系；如果是竞争对手的因素导致的问题，就该先了解竞争对手的行动，采取更加优惠的条件，重新吸引客户的注意与兴趣。

（4）沟通

沟通，通俗的话是信息交流，就是指某一信息（或意思）传递给客体或对象，以期取得客体做出相应反应的过程。完整地沟通包括注意、接受、了解、行动四个方面，缺乏任何一环都是不完整的，是无效地沟通。沟通在销售组织中非常重要，销售经理要注意以下几方面的问题：

①沟通的障碍

造成沟通障碍可能有很多的原因，但大体可归为人为造成的原因和非人为造成的原因。上级在下达指示和阐述预定的目标与奖励标准时含糊不清，造成下属理解上的困难，这就要求上级要以诚待人，说话要直截了当，不要拐弯抹角，下达指示要清晰这就属于人为原因造成的沟通障碍。非人为原因主要是因为信息量过大或者沟通渠道不畅通所致。

②沟通渠道

有了沟通渠道的畅通，有效沟通才会成为可能。销售经理要建立一种良性的双向沟通渠道，并保持这种畅通性，减少非人为因素造成的沟通障碍。

③沟通的作用

有效地沟通可以营造出互信互赖的良好的工作气氛，上级愿意倾听员工的心声和栽培下属，在工作上给予下属支持与帮助，同样，下属也能接受上级的指导，改进自己的工作。

## 10.11　销售经理自我检测

如何衡量自己是否是一名合格的销售经理呢？下面列出了七组供测试的问题，你可以通过对这些问题的回答（是肯定，还是否定）来进行自我检测。

(1) 第一组
①是否不知道自己产品的市场占有率，从而作不出需要预测呢？
②是否不知道自己产品的季节变动因素，从而使生产计划变得混乱？
③是否抓不住市场实态，而用强迫推销的方法去销售呢？
④是否对过去的败因分析不够，而重复着过去的失败呢？
以上四个问题若选择"是"占多数或全部选择"是"说明不能把握市场。

(2) 第二组
①没有适当的销售目标，随意分配销售比率。
②对于销售目标，没有赋予销售员充分的推销动机。
③没有适当的利润，卖得越多越赔钱。
④每个月的营业额是否过分不规则。
以上四个问题若选择"是"占多数或全部选择"是"说明销售目标有错误。

(3) 第三组
①营业额增加很少，患了慢性营养不良症。
②销售促进活动虽然花了很多钱，却一点也看不出效果。
③销售促进的构想已经枯竭了吗？
④不知如何选择用量少的流通成本，去促进物品和服务流通的营销渠道吗？
⑤广告费花很多，广告效果却一点也看不出来。
以上五个问题若选择"是"占多数或全部选择"是"说明销售战略错误。

(4) 第四组
①对于每一种商品的特性了解不足，不知如何去访问推销，以至业绩低落。
②尚未想出应付顾客反对意见的话语。
③是否有太多推销能力太低的销售员。
④对购买心理的研究不足吗？
⑤为处理顾客的诉怨和不满而过度忙碌吗？
⑥推销员为没有商谈能力而苦恼吗？
以上六个问题若回答"是"占多数或全部选择"是"，说明销售人员的能力不足与缺乏。

（5）第五组

①销售部门士气低落，推销员倦怠吗？

②人员的流动率过高吗？

③采用的推销员适当吗？

④人事配置适得其所吗？

⑤有些推销员为人际关系而苦恼吗？

以上五个问题，若大部分选择"是"或全部选择"是"，说明推销员斗志不足。

（6）第六组

①销售部门与生产部门的协调是否不良？会议是否占有太多的时间？

②是否对推销员管理不善？是否不做日报表，推销员一出门就把事情搞砸？

③上司想要教育下属，下属又想改变上司，以致双方互相牵制同床异梦。

④销售业务过度复杂，以致计算和情报都停滞而不流畅。

⑤组织内部派系斗争激烈，上下左右缺乏信赖感，以致人人心情都不开朗吗？

如果以上五个问题回答"是"占多数或全部选择"是"，说明销售活动管理有误。

（7）第七组

①货款回收困难，呆账过多？

②赊账管理与资金管理从不一目了然吗？

③每个推销员的销售效率没有被计算出来吗？

④预定目标与实际业绩从不做比较吗？

如果以上四个问题回答"是"占多数或全部选择"是"，那么数字管理有问题。

## 10.12 销售经理管理准则

### 10.12.1 销售方针的确立与贯彻

（1）销售方针的内容

①销售方针是销售经理在自己所辖的业务范围以内，制定促销及营运方面的方针。

②销售方针分为长期方针（3~5年）及短期方针（1年以内）两种；销售经理所决定的属于短期方针。

③销售方针的确立，应以公司经营的目的为基础。

（2）销售方针定定立

①明确公司业务的经营目标，依据董事长与直属上司的政策，制定适合的销售方针。

②销售部对于各方面的问题，如：市场开发、利润的提高、广告宣传、回收管理等

等，都必须制定方针。

③配合当年的营运重点及公司的经营方针来制定销售方针。

（3）销售方针的贯彻

①除了以口头发表说明之外，还要发布文件，以期方针能正确并彻底地实施。

②尽量避免自己（上司）认为有关人员（属下及其他人）已经明白，而实际上并未彻底了解的情形发生。

③销售方针公布后，仍需反复地加以说明。

### 10.12.2 销售计划的要点

（1）销售计划的内容

①销售经理所拟定的销售计划，不能仅包括以销售额为主体的预算数值和计划的实施步骤。

②应包括销售组织、商品、消费者、售价、销售方法、促销（包括广告和宣传、销售预算等）在内的广义计划。

（2）拟定销售计划时应注意的事项

①配合已拟定的销售方针与政策来制定计划。

②拟定销售计划时，不能只注重特定的部门（或个人）。

③销售计划的拟定必须以经理为中心、全体销售人员均参与为原则。

④勿简单地沿用前期的计划或制定习惯性的计划，必须要拟定新计划，确立努力的新目标才行。

（3）销售计划的实施与管理

①经理对于销售计划的彻底实施，必须负完全的责任。

②拟定计划后，要确实施行，并达成目标，计划才有意义。所以，销售计划的实施与管理必须彻底。

③计划切勿随便修正，除非遇到情势的突变，或尽了一切努力，仍无法达成目标时，方可更改。

### 10.12.3 销售部内部组织的营运要点

（1）销售组织与业务效率

①销售部内的组织和推销人员的关系、组织的编成方式和业务效率及销售有密切的关系。

②销售经理对于自己所辖部门的组织形态和有效率的营运，应经常留意。

③不可忽略组织管理的研究。

（2）组织营运的重点

①销售组织有效率地营运，首要关键在于销售经理的努力，尤以销售经理的领导能力发挥最为重要。

②对于推销人员，要训练其团队精神。

③在销售组织里，要特别注意：
- 销售的分配与配置；
- 任命、报告系统；
- 责任与权限的明确划分。

（3）权限内组织的修正

①销售组织的大纲，应由董事会或董事长裁决销售经理的权责。

②在销售经理的权限内，应视环境的变化而修正组织，使之具有适应性；对于组织的合理化，也需立即着手进行。

### 10.12.4 适当人选的配置

（1）适当人选的配置

①并非每个人都适合做市场的开发工作，故要选用挑战欲望较强的人员担任此项工作。

②以兼职的性质来从事市场开发，是收不到效果的；故组织需重新编制，设立专门的部门及配置适当人选。

③公司内若无适当人选，可向外寻求。

④行动必须勤勉而积极，并要有耐性。

（2）销售经理应有的态度

①销售经理应身为表率，去应付更强的竞争者。

②当部属求援时，要即时行动。

③若市场开拓的情况未见好转（或趋向不利），要经常与部属接触，对部属工作进行指导。

### 10.12.5 促进销售的重点

（1）一般的重点

①公司及销售部门必须具有综合性促销计划和实施方法。

②在决定销售方针、销售政策前，必须进行综合性调整。

③企划、计划的事项必须在不失时效的条件下确实施行。

（2）直销部门应注意的事项

①不要做出与自己公司的营业和销售实情不合的推销方法。

②倘若销售不佳，不可只责备推销员（直销部门），应视为大家共同的责任，而加以

反省与检讨。

③不可太固执于自己的企划，应随着情势的变化，迅速修正企划。

（3）销售部门应注意事项

①关于销售的促进，不可完全依赖销售企划部门。

②让各科实行独自的销售计划。

③综合性的、基本性的销售计划所需情报和构想应由销售经理提供。

④销售部门是否能够提高销售，这完全是经理的责任。

### 10.12.6 宣传、广告的要诀

（1）宣传、广告政策

①应将宣传、广告政策当做与市场开发有密切关系的政策。

②根据营业与销售的基本政策、销售战略环境来制度宣传、广告政策。

③有关宣传、广告方面，应同业务部门的干部召开研讨会商讨，及时调整政策。

（2）宣传、广告业务的管理

①宣传、广告业务的管理应由宣传科或销售促进科、销售企划科等专任管理，并且能够实施专门化管理。

②宣传、广告预算要在年度计划中，依广告主题、内容、方法编列预算。

③当销售各科一起研商时，不要以个人的构想，或外行人的技术为凭借，应尽量采用专家的意见。

（3）借助公司外的机构、专家时应注意的问题

①不要因过去的人际关系、惯例等而随便签约。

②应保持自主性，不可完全依赖他人。

③签约时，应提出自己的意见、期望及条件。

④对于每一次的广告主题，都要充分地洽商、研究。

### 10.12.7 展示会、旅行招待会的实施要诀

（1）共同要点

①企划时，不要完全依赖以下做法

- 高层上司的构想；
- 经理的构想；
- 特定部下的意见；
- 过去计划的惯例；
- 同行业的做法。

②要特别重视利润

利润的算法可以采用以下两种方法：
- 个别计算各展示会、旅行招待会的利润；
- 综合计算一定期间内所有的展示会、旅行招待会的利润。

③尽早定立计划。计划前应充分地调查、分析、研讨。
④会场上要用和谐的态度，主动地招待顾客。

（2）展示会的要诀
①不可依照销售经理的喜好来选择展示会的商品。
②销售经理应亲临租用的会场察看。
③销售经理要亲自邀请主要的客户莅临。

（3）旅行招待会的要诀
①事前要确知参加者的姓名、人数，并特别留意参加者是否携带家眷或同伴。
②分配房间时，销售经理应成为中心人物，尽量使气氛热闹。

### 10.12.8 情报管理的要诀

（1）情报内容
①情报越多越好，对其内容要彻底地研究。
②情报内容的取舍，应从促进营业销售、业务的经营等不可缺少的部分着眼。
③销售经理、科长及相关者应共同协商对情报内容的取舍选择。

（2）情报的收集法
①情报收集的来源，分为公司内部和公司外部。
②有关公司内的情报，销售部门应自行决定，采取各方情报由各自特定的人员负责，还要注意收集情报的方法。
③公司外的情报收集法更讲究。特别是对于非公开的、机密性的情报，要个别研究其收集法。

（3）情报的运用
①情报应有系统地分类整理，以便随时采用。
②情报的目的在于运用，因此，应让关系者彻底地明了情报的内容及其运用的方法。
③情报、资料应不断地更新。

### 10.12.9 配销的实施要诀

（1）销售目标的修订要诀
①依分公司、科和个人的努力，编定可能实现的销售目标。
②尽量依照利润本位（营业利润、毛利、大概的附加价值等）修订销售目标。
③分配销售目标时，要考虑各部门、个人的能力及特点等。

（2）尽量朝着目标管理的方向努力

①要将上司分配的销售目标，当做自己（或者是科、股）的目标，努力实现。

②个人的销售额总计，最好能符合公司的销售目标。

③销售经理应教导部属，使之具有达成目标的信念。

④管理者应努力提高部属的信念，这是欲达成目标所需的最重要工作。

（3）分配额的调整与检讨

①公司内、外的情况发生重大变化时，要慎重地调整分配目标。

②不可忽略实绩与结果的检查，以作为再挑战的参考。

### 10.12.10 减价退货的实施要决

（1）决定实施标准

①不可让推销员依个人的判断，随意决定减价或退货。

②应列出减价及退货的限度及其标准。

③减价及退货均应获得销售经理同意才可实行。

（2）把握实际的情况

①减价、退货时，一定要开发票，以保留确切的记录。

②把握全体及个别（经办人类别、客户类别、商品类别、季节类别及其他）减价、退货的金额、比率、件数等。

③需和财务部门（或负责账务者）保持业务上的密切联系。

（3）减价、退货的减少及预防政策

①应加强指示及提醒相关者有关减少、防止减价与退货方面的问题。

②彻底分析减价、退货的原因，从主要原因着手处理。

③切莫强迫推销员必须达成一定的销售额，以免遭致退货。

### 10.12.11 推销员的活动管理要诀

（1）推销活动的特征

①推销员必须离开公司，远离上司，依靠自己的责任行动。

②推销活动的管理以自我管理为主体，故提高推销员的道德心及责任感为最重要的事。

（2）行动报告制

①各推销员的行动预定表，应由他们自己制作并以一个时期为单位，记录每天访问地点及事项。

②按日报告（或按周报告）不仅可以达到行动管理的目的，同时，也是情报管理上的重要事项。

③每日（早晨或黄昏）开会需以上司为中心，作必要的指示。

(3) 出差管理

①近距离的出差，要让员工提出申请（预定），并审阅出差内容。

②长期性出差，有关情况包括经过与成绩应让下属作定期报告，并及时联络（利用文书、电话等）。

③应在规定期限内完成旅费的清算。

### 10.12.12 销售会议的处理要诀

(1) 必要时才开会

①必不可缺的洽商讨论时，才召开会议。

②销售部门的主要会议：

- 销售干部会议；
- 各科、股的洽商会议；
- 与制造部门（或提供货源的厂商）的协调会议等。

(2) 会议的进行法

①议题要在会前通知参加者。

②要严守时间（开始与结束的时间）。

③理该参加者，均应出席。

④设一司仪，依会议程序进行。

⑤不可变成特定者或个人的演讲会。

⑥尽量让多数人发言。

⑦最后应将决议事项整理好，让参加者确认。

⑧应在短时间内完成会议（没有时间限制的会议）。

(3) 销售经理的注意事项

①不要随便开会，不要变成喜欢开会的人。

②不要变成销售经理个人的演讲会。

③会议中所决定的事情，要确实地施行。

### 10.12.13 销售统计的处理要诀

(1) 统计内容的决定

①作太多的销售统计徒劳而无功，故只要把必要的加以统计并迅速正确地做好即可。

②应以销售经理为中心，与有关人员共同协议，确定何种统计才是必要的。

③适时检查统计内容，就会发觉有些统计是不必要的。

(2) 统计的方法

①尽量节省手续及时间。
②有效地利用电子计算机及其他计算机器。
③利用其他部门（如财务、企划、制造部门）所作的统计资料。
④当同一销售部门的各单位作同样的统计时，应由一个单位做好后，再送给有关的单位。

（3）统计资料的有效运用
①统计的结果往往与经验或直觉不尽相符，故不可轻视统计。
②有效运用统计对于销售促进方面最为重要。销售经理与全体有关人员应对统计资料予以重视，并运用于销售业务上。

### 10.12.14 管理者所需的自觉与矜持

（1）有自觉才会有正确的行动
①销售经理本身往往因为缺乏自觉精神，以致有错误的行动及失误的情况发生。
②无论面对何种事态、对象、场面，均不可失去管理者的自觉。
（2）提高自觉性
①销售经理（干部、管理者）首先需了解自己的职责后，才会产生高度的自觉性。
②了解身为干部者的职责后，才能言行一致，产生正确的自觉意识。
（3）干部应有的矜持
①销售经理首先需对自己（管理者）的立场和能力有自信心，办事要慎重、沉稳、果断。
②缺乏自尊心与信心，是懦弱而无主见的人，这种人是没有资格当管理者的。

### 10.12.15 销售经理的职责

（1）有些销售经理并不了解自己的职责
①要全面地、正确地了解销售经理的职责。
②站在当事人（销售经理）的上司或部下的立场来看，就会发现销售经理常做出不适合自己职位的工作或事务来。
（2）把握的原则
①销售经理对自己应做哪些事情需进行计划安排。
②应依自己公司的组织、职务规定等把握销售经理的责任范围。
③需视情况的变化，判断什么事最重要，什么事应先处理。
（3）不能偏爱于自己的喜好
①销售经理切勿专注于自己喜欢的事务，而忽略其他事务（例如专注于销售活动，而忘却对属下的管辖责任）。

②往往自己不拿手或讨厌的事情，正是管理者应尽的职责。

### 10.12.16　管理者的配置方法

（1）分担的工作要适当
①每个部门的业务分担，可依分担规定等实施，重要的是销售经理本身应分担何种工作。
②个人的业务分担，量的方面不可过多或过少，质的方面应求适合。
（2）把握实际情况
①身为销售管理者，应该知道自己的部属负责何种工作。
②最好能制作一张图表，以了解各部属的工作情形。
③人数多时，定期地做个人职务分析与工作分担调查法。
（3）重点应放在重要的工作上
①个人的分担工作，应从最重要、不可缺的工作开始。
②管理者不要因工作太多，或工作忙碌，而忽略了工作的分担。
③销售业务的重要性依内外情势的变化而有所不同，故不可把分担的工作，固定让一个人处理。

### 10.12.17　权限委任的方法

（1）权限的内容
①权限委任一般是根据职位（经理、科长、股长等）划分的。
②权限的区分
- 共同权限；
- 个别权限；
- 职务间共同的；
- 因职务不同而有所不同的。

（2）权限规则的决定
①对主管以上的人员，按公司的权限规定（虽然有些事情没有规定）执行。
②主管以下，即股长、主任及一般员工，也需明确规定其责任权限。
③销售经理应在可能的范围内，决定自己部属的责任与权限。
（3）委任的要诀
①若欲将工作的决定及处理委任给部属，应视部属的能力来处理。
②各部属能力的判断，应公正客观地把握。
③应有计划地逐步将一些事情委任给部属，否则，部属永远不会提高真正的能力。

### 10.12.18 销售经理命令部属的方法

（1）命令系统的确立与遵守

①命令系统是联络组织上下的系统，但有些组织并未明确地设立此种系统，致使指示、命令贯彻不力。

②原则上，命令系统应将命令依序逐级下达（经理下达给科长，科长下达给股长），若有特殊情况，需直接命令时，应将命令告诉受命者的直属上司。

（2）命令的内容要明确

①命令的内容应具体、简洁、易于了解。有时，自己认为易于了解，但对方（受命者）可能并不明了。

②下达命令时，切勿加上希望、注意事项或抱怨等。

（3）要确定受命者是否完全了解

①最好让对方复述一次，以确认他是否了解。

②一定要让受命者带着备忘录，以便把内容记下来。

（4）经过结果的追踪

①不要以为命令下达，就算了事。

②若受命者未提出报告，应主动地追踪、观察其结果。

### 10.12.19 销售经理接受部属报告的方法

（1）报告制度的确立

①应于事前决定提出报告的对象、事情、时间及方式。

②一定要让部属遵守报告制度。对于不遵守者，应加以强调（或反复地说），促使其履行。

（2）接受报告时

①应让提出报告者先说出结论，若有时间，应尽量听其说明经过。

②口头报告时，接受者需保持热心倾听的表情及态度。

③对于书面报告，应审阅。

④不管是口头或书面报告，若部属的报告不得要领时应教导他。

（3）安抚、指导与支援

①部属完成报告后，身为上司，应视情加以安抚与激励。

②必要时，身为上司，应作指导，若认为部属需要支援时，应立即行动。

### 10.12.20 销售经理褒奖部属的方法

（1）褒奖的重要性

基于下列理由，用人时，褒奖是不可缺少的。

①褒奖后，部属会产生信心。信心就是力量，褒奖会使其深具信心。

②受到褒奖，心境自然愉快，碰到困难的事，也不觉得苦。

③受褒奖后，会增加对上司的信赖感。

（2）褒奖的要诀

①褒奖就是承认对方优秀、工作出色。

②褒奖时：

- 要了解值得褒奖的事实；
- 若固执自我，将看不见他人的优点，更谈不上说出褒奖的话了。

（3）不可奉承

①奉承与褒奖在意义上不同。奉承是夸大其辞，或任意褒奖。

②奉承之事，偶而为之，并无大害，但常常如此，会使：

- 部属变得无能；
- 对上司失去信赖感。

### 10.12.21 销售经理告诫及责备部属的方法

（1）告诫及责备的必要性

①褒奖会使人内心舒适，是用人不可或缺的；但培养部属，告诫及责备也是必要的。

②部属受了上司的告诫、责备后，就会自我反省，因而会有所进步。

③若用会损及对方的自尊心、面子的方法，是不会有效果的（如在他人面前指责等）。

（2）注意事项

①一般应保持褒奖三次，指责一次的比例。

②先褒奖，再提出告诫。

③告诫、责备的时间越短越好。

④要选择对方在心理上能够接受的时候。

### 10.12.22 销售经理管理部属的方法

（1）把握应注意的重点

①要正确了解管辖部门的全体部属的情形，先决条件是留意各细节。

②销售经理若对重要的事情不甚留意必会遭致部属怀疑，而失去权威。

（2）管理的方法

①根据数值。应注重计划、预估与实际数值的差异。

②根据报告。从口头、书面报告，掌握各问题的内容及重点，以便管理。

③根据会议、检讨会等。若销售经理经常不在公司内，这种方法最为有效。

④根据观察。在室内，可静坐观察；在室外，则应以巡视、巡回等方法观察。

(3) 自我管理为原则

①只有在上司监督下，才会努力工作的人，实在太没有敬业精神了。

②要培养不管上司在不在，都会尽力工作的人，以创造良好的工作气氛。

## 10.12.23　销售经理指导、培养部属的要决

(1) 要有计划、持续性地实施

①身为管理者的销售经理，应有指导、培养部属的强烈观念。

②应制定全体的（部门）、个别的（各人）教育计划、指导计划，以培养、指导部属。

③培养一个人，需要长久的时间，连续不断地努力。

(2) 选定指导的方法

①教育、指导方法分为集体指导与个别指导，又分为会议式的、讨论式的等。

②对教育对象、教育内容、预算应选择最理想的教育方法。

(3) 重视个别教育

①身为主管者，应特别注重个别教育。

②个别教育、指导，最好由经理、科长亲自做，同时，也要让部属的直接上司实施。

③评价教育、指导的效果。

## 10.12.24　销售经理与上司关系的注意事项

(1) 把握上司的方针

①销售经理的上司是高阶层人士，故销售经理需要正确地把握其上司的方针与想法。

②若对上司的方针不了解，便要主动地请示。

(2) 指示与命令的接受法

①接受时，需力求明确，若有不明了处，应以礼貌的态度请示。

②要以愉快、热心、诚恳的态度接受。

③重要的事要记录在备忘录里。

(3) 报告、联络的要决

①需依规定实行报告、联络。

②报告时，应先提出结论，对经过的说明，要配合上司的询问及时间的限制。

③书面报告应站在审阅者的立场来实施。

(4) 告诫、责备的接受法

①对告诫、责备应虚心地接受，不可当场辩解。

②若上司的告诫有明显的错误，应另外找时机，委婉地说明。

销售经理本身若能恰当地实行上述各点，对部属也能保持上司应有的正确态度。

### 10.12.25 销售经理与其他部门的联络与协调

（1）特别重要的联络、协商
①销售业务内容特别复杂或重要的事件。
②销售业务需要和其他部门共同协调处理时。
③互相间存在着误会或双方步调不一致时。
④事件的处理，对其他部门有很深的关联性时。
（2）联络、协调方法
①利用会议。
应视事件的重要性，经常召开。
②利用电话、文书等。
事件的内容特别重要时，经常使用电话、文书等。
③应采取主动的态度。
主动作访问，或接受对方的访问。
（3）应采取主动的态度
①不可嫌麻烦，应主动与其他部门联络、洽商。
②不要存着"对方应该会与我联络"的想法。

### 10.12.26 销售业务的改善与合理化

（1）销售经理应保持正确的观念
①对该如何有效地处理自己所管部门的业务，应深切地表示希望改善。
②除有正确的观念外，也不可忽视或压抑部属的改善意见、构想、提案等。
（2）改善与合理化的手续
①决定改善合理化的对象（尽量把重点放在效果大的事项上）。
②相关业务的实态与调查分析（调查越广泛，越能清楚地了解实态）。
③改善合理化的案件的检讨与决定，需有充分的人员和时间。
④案件的实施与修正应迅速地执行（使用新方法，发生障碍时，应除去障碍，修正案件）。
（3）改善与合理化的范围
①对全公司的事务或特定的事项，若有专门负责合理化的部门时，除了此一部门应处理的事务外，其余的问题均归自己所管的部门负责。
②只要是销售经理的责任权限内的事务，均不可忽视。

### 10.12.27 销售经理执行职务的方法

（1）视部属是自己的镜子

①欲了解领导者的才能如何，观察他的部属便可一目了然。销售经理应记住这一点，并以之为处事、行动的准则。

②若有不能充分发挥能力或不能主动办事的部属，销售经理应视之为自己的责任。

（2）身为销售经理要以身作则

①必须身为表率，部属才会服从。

②上司是部下的模范，若上司经常迟到，就不能对迟到者提出告诫。

③干部要怀有先忧后乐的态度。

（3）经常反省

①虽然自己认为没有错，但若站在别人角度，就会发觉自己的言行或对事务的处理，有很多有待改进之处。

②若能经常自我反省，就可发现自己的缺点。这时，应有坦率接受的勇气，并立即改正。

### 10.12.28 自我启发的要诀

（1）自我启发的重要性

①自我启发对所有的人都是必要的，对身为销售业务领导者的经理，更是重要的事。

②人大多有好逸恶劳的本性，即使销售经理也不例外。

（2）自我启发的方法

①工作方面。对自己的工作，若全力以赴，自然就会进步。

②生活方面。若能适当地安排自己的生活，使之更充实，也是一种自我启发。

③要做各种努力，学习、阅读、听取他人的意见、自我学习、参加研习会、参观等，都可以增加见闻。只要努力，学习的方法是无穷的。